中学生のための
怒りのコントロール
心理教育プログラム
の開発

桜井美加 著
Mika Sakurai

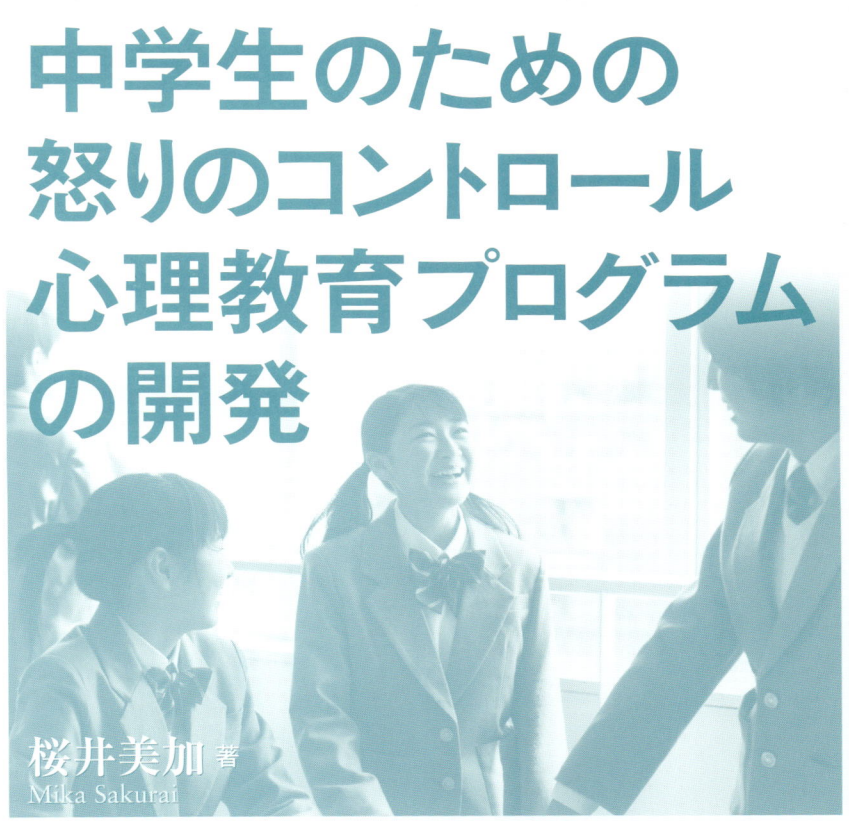

ナカニシヤ出版

まえがき

　本書は筆者が執筆した博士論文に修正を加えて完成させた。筆者が博士論文執筆にあたり作成した質問紙やプログラムを，怒りのコントロールの研究に関心のある方どなたにも使用していただけることを願って作られている。

　中学生を対象にした怒りのコントロールの研究に着手したのは，筆者がアメリカから帰国した年であった。当時マスコミなどで「キレる」という言葉が流布し，周囲からおとなしい普通の子と見られている子どもが突如として暴力をふるったり暴言を吐くという現象が取りざたされていた。アメリカでカウンセラーとして仕事をしていた筆者は，Anger Management について学び，それを発達障害の子どもや被虐待児，行為障害の子どもに対して心理教育として教えていた。筆者自身のカウンセラーとしてのオリエンテーションがそうだからというより，そのような心理教育の必要性が問われ，クリニックなどで研修や訓練を受けたからである。しかしそれはアメリカならではの子どもの問題であり，日本ではこのような Anger Management は必要ないであろうと筆者は考えていた。それが帰国後，筆者が大学院に進学した際には，日本でもすでに Anger Management の必要性が学校現場で問われるようになっていて，自分が実践してきた子どもに対する Anger management を日本の子どもに適用してみることを博士論文のテーマとして選んだ。

　本書の中でとりあげている怒りを感じている相手に直接自分の気持ちを話すアサーションスキルは，アメリカでは多くの人が自然と身につけ日常的に使用していた。そこで筆者もアメリカの友人たちを見習ってアサーションスキルを実際に使ってみると，相手も自分も互いに気持ちがすっきりして人間関係が改善されることが多かったので，アサーションスキルのひとつ "I Statement" を日本に導入してみるとどうだろうかという，シンプルな動機から始めた研究でもあった。幸い指導教官（ジェリー・クスマノ，上智大学教授）の後押しもあり，また筆者が在学していた当時の上智大学の先生方の多大な協力や，質問紙

を配布したりプログラムを実践する上で協力していただいた中学校のおかげで，博士論文は完成した。

その後しばらく，怒りのコントロールプログラム研究から遠ざかっていた。ところが不思議なもので，この研究テーマに興味と関心をもっていただいた山崎勝之先生（鳴門教育大学教授）から共同研究者として声をかけていただき，再度研究を始めたのである。山崎先生は筆者が博士論文を執筆していたころから，子どもの攻撃性，特に学校現場における心理教育の研究で第一線の方であった。山崎先生をリーダーとする学校現場における子どもの様々な問題に対する予防教育の研究に大きな影響を受けた筆者は，平成 23 年度科学研究費の助成金を受け日米における怒りのコントロールの比較研究を始めることになった。同年，渡辺弥生先生（法政大学教授）からは，『発達と臨床の心理学』（ナカニシヤ出版）第 8 章の執筆担当の機会を与えていただくことで，家庭的な要因や様々な個人的特性により怒りのコントロールが困難な子どもの事例と向き合い，示唆を深めることができた。これらの一連の研究の流れの中で，平成 24 年度は，本書の科学研究費学術図書出版助成を受け，筆者のはじめての単著が出版されることになった。今筆者は再び怒りのコントロールの研究に打ち込んでいる。多くの人が困っている，また周囲の人が攻撃性の強い子どもから影響を受けて困っているこの問題について，なにか良い方法はないものか明らかにしたいという静かな情熱がわいてきている。

本書は，ナカニシヤ出版の編集者である山本あかねさんにサポートしていただいて日の目を見ることになった。社長をはじめとしナカニシヤ出版には，私のような無名の学者の単著出版にあたり，後押しをしていただいたことに深謝申し上げたい。

最後に，今後の日本における怒りのコントロールの研究の発展を心から願い，前置きの筆をおくことにする。

平成 25 年 1 月 16 日
国士舘大学研究室にて
桜井美加

目　　次

まえがき　i

Figure 1　研究全体の流れ　v

第1章　問題と目的 ……………………………………………………… 1
　　第1節　問　題　1
　　第2節　本書で用いる用語の操作的定義　5
　　第3節　日本人中学生が経験する怒り感情に伴う諸反応の特徴理解の
　　　　　　ための諸要因　9
　　第4節　怒り感情に伴う諸反応の測定に関する研究概要　15
　　第5節　怒りのコントロールプログラムに関する研究概観　18
　　第6節　日本文化と中学生の怒りのコントロール
　　　　　　―アメリカの怒りのコントロールとの比較検討―　28
　　第7節　目　的　29

第2章　測定具開発と実態調査 ……………………………………… 31
　　第1節　Anger Response Inventory-Adolescent（日本語版）の作成
　　　　　　―思春期版怒り反応尺度の作成―〈研究1-1〉　31
　　第2節　中学生が経験する怒り感情に伴う諸反応の特徴
　　　　　　―発達要因（青年期との比較検討）―〈研究1-2〉　44
　　第3節　日本人中学生が経験する怒り感情に伴う諸反応の特徴
　　　　　　―自由記述による質問調査―〈研究2〉　48
　　第4節　日本版思春期怒り反応尺度（JARI-A-R）の作成
　　　　　〈研究3〉　56
　　第5節　簡略版日本版思春期怒り反応尺度（JARI-A-R-S）の作成
　　　　　〈研究4-1〉　70

第6節　中学生が経験する怒り感情に伴う諸反応における特徴
　　　　　―怒り感情に伴う諸反応における意図レベルと実行レベルと
　　　　　の因果関係および対人的要因との関連からの検討―
　　　　　〈研究4-2〉　75

第3章　怒りのコントロールプログラム作成と中学生への適用 …………………………………… 81

　第1節　怒りのコントロールプログラムの作成と施行
　　　　　―予備調査その1―〈研究5-1〉　81
　第2節　怒りのコントロールプログラムの作成と施行
　　　　　―予備調査その2―〈研究5-2〉　90
　第3節　怒りのコントロールプログラム（1回シリーズ）改訂版，
　　　　　JAMP-A-RⅡの作成と施行―本調査その1―
　　　　　〈研究6-1〉　100
　第4節　中学生が経験する怒り感情に伴う諸反応の特徴
　　　　　―攻撃性の高い生徒に関する担任教員への半構造的イン
　　　　　タビューによる質的調査―〈研究6-2〉　106
　第5節　怒りのコントロールプログラム（3回シリーズ），JAMP-A-
　　　　　RⅢの作成と施行―本調査その2―〈研究7〉　115

第4章　日本文化における中学生の怒りのコントロール ……… 123

　第1節　日本人中学生が経験する怒り感情に伴う諸反応における特徴
　　　　　―学校適応感と文化的要因との関連―〈研究8〉　123

第5章　総合的考察と今後の展望 …………………………………… 129

　引用文献　137
　Appendix　143
　謝　辞　211
　索　引　213

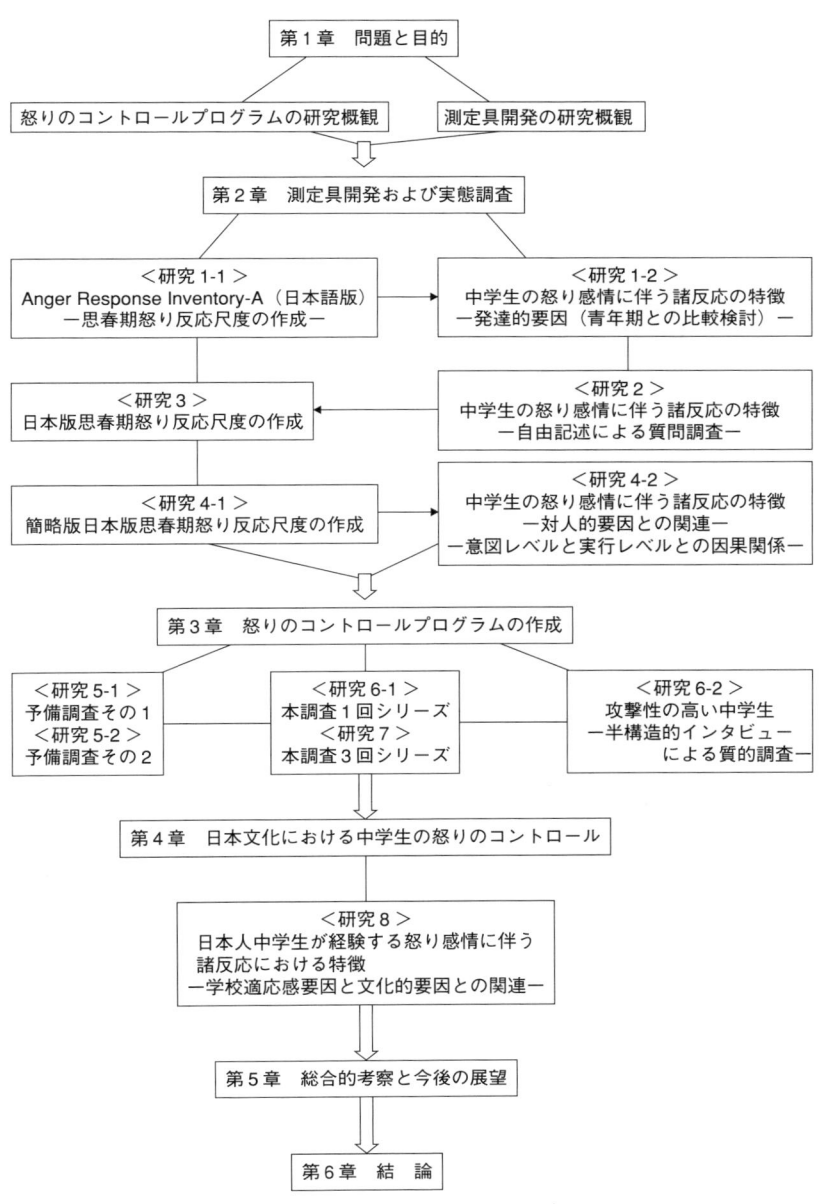

Figure 1　研究全体の流れ

第1章

問題と目的

第1節 問　題

　文部科学省の調査（2010）では，中学生の暴力件数の増加が指摘されており，いわゆる荒れた学級では，校内暴力や過激な非行・問題行動，授業妨害などの深刻な問題が起こっている（朝長・福井・地頭薗・小島・中村・小原・柳田,2009）。中学生が効果的な心理教育的介入により，適切な怒りのコントロール方法を学ぶことができれば，中学生個々人のメンタルヘルスの向上のみならず，学級の雰囲気も併せて向上するなど，多大なメリットが予測される。

　本書はこのような中学校の教育現場における諸問題に着目し，現代中学生の怒り感情に伴う諸反応の特徴や，怒りのコントロールプログラム開発に至る経緯について，第1章で述べることにする。

1. 背　景

　日本では，怒りなどのネガティブな感情表現については，自己抑制を行うなどの表示規則が伝統的に存在している（工藤・マツモト,1996）。文化が人間の行動を制約する過程には，文化が発達や教育を通して心の中の表象としての内在化が生じると考えられている。文化と行動の議論においては，どの部分の行動が文化に特有であり，どの部分の行動は文化を超えて普遍的なのかを明確に分けることは難しいため，特殊性と共通性の両面を考えていくことが必要である（平井・高橋,2003）。怒りなどの感情表現についても，表示規則が存在すると言われているが（Ekman & Frisen, 1969），表情などの生得的な特性を基盤としつつ，文化的な要因を強く受けるものと，文化を超えた普遍的なものと

の両面があると言われている（林，1999）。

　日本の感情表現の多くは，英語の感情語彙と比較して，人の内的で主観的な感覚を私的にあるいは個人的に述べるというよりも，人と人との間，集団と集団との間の結びつきを育む要素が大きいと言われている。たとえば，自分の所属していない外集団に対して怒りをぶつけている人たちに加担する行為としての怒り感情の表現は，身内としての内集団を強めるのに有効である。一方，自分の属する内集団の誰かに怒りを向ける振る舞いは，その怒りによって内集団の結束が脅かされるという結果を招きやすい（工藤・マツモト，1996）。このようなことから日本社会においては，誰に対してどのように感情を表出するかは，その人の所属する文化および社会構造の文脈に沿った形で行われていると考えられる。

　しかし日本文化に色濃く影響を受けてきた感情表現の自己抑制に対し，近年衝動性が高いために自分の行動をコントロールできない「キレる」という行動傾向が思春期の子どもたちの間に見られるようになった（嶋田・吉川・戸ケ崎，2002；亀澤，2000）。亀澤（2000）は中学生1,235名を対象にキレる頻度の調査を行っている。その結果，毎日あるいは週に何度かキレると答えた者が16.6％，またキレると何をするかわからないと答えた生徒は3割程度という数値が示された。

　「キレる」行動傾向の背景として，家庭・学校・社会の子どもに対する役割機能の変化，子どもの人格の未熟化や自立心の低下，適応力や耐性の弱体化が指摘されている（磯部ら，2003；大木・神田，2000）。一方，子どもたちが「キレる行動」に至る背景について，「我慢を重ねてきたあげく爆発してしまう」との指摘（山崎，2002a）や，①いい子になろうと他者の期待に合わせようとするあまり，あるがままの自分を主張する能力が不足している，②自分の意志で責任をもって選択する経験が不足している，③結果に至るまで迷いながらプロセスを経ていくことが過小評価されるために衝動性のコントロールが不足している（前川，2000）ことなどが指摘されている。

　現代の日本の子どもたちにそのようなスキルが不足しているならば，誰がどのようにしてスキル向上を目指して介入していくのかについて，明らかにすることが望まれる。さらに，これまで用いられてきた日本の伝統的な怒り感情の

表出方法についても，再度検討する必要があるだろう。何故なら，「キレる」前段階として，我慢に我慢を重ねるという反応プロセスがあるという山崎（2002a）の指摘に見られるように，「我慢する」ことだけを中学生に求めることは，上述したストレス耐性の低下などの問題により，限界があり現実的ではないと予測されるからである。したがって，我慢だけではなく，日本人中学生に適した多様な怒り感情のコントロール方法を探索的に検討することは，有意義であると考えられる。そのためには，「キレる」という攻撃行動の一側面のみを見るだけでは不十分である。怒り感情経験に伴った様々な反応について，認知的側面や行動的側面，またネガティブな反応だけでなくポジティブな反応などを包括的に扱うことによって，現代の中学生の怒り感情のコントロールの実態により近づくことができると思われる。

2．本書の対象

本研究では，中学生を対象とする。日本人中学生には全般的に怒り感情のコントロールの問題があり，それに対する予防的介入の必要性があることが先行研究より示されているからである。

小嶋・松田（1999）は，中学生297名を対象に，学校生活に対する意識，暴力への欲求と規範意識，被害経験の3つの変数と加害経験との因果関係を検討した。その結果，暴力の被害経験が，規範意識の崩れよりも，強く暴力の発現と結びついていることが示された。小嶋・松田（1999）は，被害者があらたな加害者となりうるという加害と被害の連鎖関係から，中学生を対象に，暴力に対する欲求をコントロールする術を教える必要があるとしている。

一方，田中・栗山・園田・柴田（2001）は，普通の中学生がキレるという現象に着目して調査を行い，一見普通のように見えても，無気力感の高い子どもには強い攻撃性が内在していることを示唆した。これらの知見は，攻撃性に関して顕著に問題のある中学生だけでなく，一見普通に見える中学生にも潜在的にキレる可能性と危険性を示唆するものである。

したがって，現代の日本人中学生が怒り感情を体験したときに，どのような反応を選択することが，中学生が社会的に，特に学校生活において適応し，なおかつ人間関係を良好に保つために有効であるのかを明らかにすることが重要

である。またそれに伴い，具体的な介入方法を探索的に研究することは，有意義であると考えられる。

そこでその問題を解決する方法のひとつとして，アメリカにおいてすでに開発され，その効果もある程度示されている怒りのコントロール（Anger Management）に着目した（桜井・クスマノ，2002）。

3．怒りのコントロールスキルをアメリカから日本に導入することの意義

怒り感情については，その対処方法を間違えば，人間関係を崩壊させ，困難な状況をさらに悪化させることがある。また，怒り感情は攻撃行動を誘導したり，心身に不調をきたし，抑うつ感，罪悪感，恥，コントロール喪失感などをもたらすと指摘されている（Ellis & Tafrate, 1997）。このようなことから，怒り感情に伴う諸反応に関する研究については，攻撃行動など否定的側面に焦点が当てられてきた（Tangney, Barlow, Wagner, Marshall, Borenstein, Santner, & Gramzow, 1996）。ところが近年アメリカを中心に，状況を肯定的に変化させるための重要な要因として怒り感情を積極的に活用するという，建設的側面に着目した研究が見られるようになった。それに伴い，怒りは認知しないようにするのではなく，むしろ積極的に認知することによってより適切な対処方法を編み出し，状況を変えるための動機付けにもなりうると考えられるようになった（Gottlieb, 1999; Mahon, Yarcheski, & Yarcheski, 2000; Tangney et al., 1996）。Anger Management（怒りのコントロール）は，以上のような考えをもとに開発されたのである。

Averill（1980）は，怒り感情を経験したとき，建設的な反応と言われるような，自分自身にとっても相手にとっても利益となる対処の仕方をする人が多いことを，質問紙調査により示した。また，多くの人が「怒りを感じた相手と話し合いをする」，「人に自分の怒りについて話をし，聞いてもらう」あるいは「その状況を改善するために行動する」といった建設的なスキルを用いていることを示した（Averill, 1980）。Tangney et al.（1996）は Averill（1980）の調査結果を参照し，「話し合い」，「状況を改善する」という2つのスキルを建設的な反応と設定し，思春期の子どもを対象に調査を行った。その結果，子どもたちも怒り感情を経験したときそのような建設的反応を示していることを明ら

かにした。

　日本においても，怒りをアサーティブに表現することが推進され，その有効性が主張されるようになっている（園田・中釜, 1999；土沼, 2000）。これらのことから，日本人中学生にもこのような怒りのコントロールスキルの獲得をターゲットとした，心理教育的プログラムを実施することは有効であると推測される。

第2節　本書で用いる用語の操作的定義

　第2節では，本書で用いる主要な用語の操作的定義について述べる。

(1)　怒り（Anger）

　定　義　怒りは，個人が認知し，主体的に経験する感情で，社会，文化の特質に強く規定される形で徐々に構成される（遠藤, 1998）。

　説　明　怒りは，状況に対処する反射機能などに代表される基本的情動と，感情に分けることができる。感情は，社会的相互作用が複雑化していく過程で作り出されてきた情報システムであり，文化環境や社会的環境によって，その処理構造や発達過程が異なってくる（荘厳, 1997）。遠藤（1998）は，怒りを認知と切り離せないものとし，怒りは社会，文化の特質に強く規定される形で徐々に構成されるという，認知・社会的構成主義の立場を明らかにした。同様に，怒り感情を社会的構築主義の文脈の中で捉えた Averill（1980）は，「怒りは対人間の人間的な行動を調節するのに役立つ，高度に洗練された社会的構築性を持つ感情シンドロームである」と定義している。本書は，発達的および文化的な複合的視点に立ち，人が怒り感情を経験する際に伴って起こる諸反応についての様々な特徴を明らかにすることを試みる。よって怒り感情を，社会的構築主義の理論を用いて理解し扱うのが適切である。また本書では，怒りのコントロールの問題を扱うために，怒り感情が認知され意識されたものとして捉えることとする。

（2） 怒り感情に伴う反応（Anger Response）

　定　　義　　あるきっかけによって，怒り感情が主観的に経験されたときに伴って表出される行動的反応と，心のうちで経験される認知的反応である。

　説　　明　　Tangney et al. (1991) が作成した Anger Response Inventory-Adolescent（以下，ARI-A とする）では，以下のような構造および機能をもつ反応を，怒り感情に伴う反応とした。①怒りの認知，②その状態に対して心の中でどのように反応しようと考えるかという意図レベルでの反応，③実際に採用するであろうと思われる怒り感情に伴う認知的行動的反応，④長期的に見て，自分が選択した反応が与えるその後の自分，相手，あるいは相手と自分との人間関係への予測しうる結果（自分結果予測，相手結果予測，人間関係結果予測）。Tangney et al. (1991) は，①から④までのプロセスを，1つのまとまった怒り反応として測定した。

　本書では，怒り感情に伴う反応は，②の意図レベル反応および③の実行レベル反応が，1つの連続した反応であると捉え，これを1つのまとまった怒り感情に伴う反応と定義することにする。

（3） 怒り感情に伴う意図レベル反応と実行レベル反応（Response to anger: Intentional level and action level）

　定　　義　　怒り感情に伴い心の中で自分の認知および行動について考えるプロセスを Tangney et al. (1996) に倣って「意図レベル反応」とし，それに付随して起こる実際の認知的および行動的反応を「実行レベル反応」と定義する。

　説　　明　　怒り感情に伴う諸反応は一度で規定されるものではなく，流動的な側面がある。山崎（2002a）は対人葛藤などの攻撃誘発刺激に対して怒りを感じたときにもたらされる最初の反応（1次的反応）について，直接的な行動として表に出る反応的表出（表現）性攻撃と反応的不表出（不表現）性攻撃とに分類した。第2次的な反応は，不表出性攻撃から諸々の表出性攻撃に至ることもあるとし，「キレる」という現象も，長期にわたる不表出性攻撃傾向が急に極端な表出性攻撃に至る現象であるとしている。一方 Tangney et al. (1996) は，攻撃性の表出，不表出を問題にしているだけではなく，不表出的反応の中

に，相手の立場にたって状況を再認知する，などの認知的活動要因にも着目している。また本書のねらいのひとつが，怒りのコントロールの心理教育的介入の試みであることも鑑みると，怒り感情に伴う認知的反応についても意識化，言語化を行い，それらの反応について論じていく必要がある。そこで本書では，怒り感情に伴い反応を表出しているか否かに着目するのではなく，意図レベルと実行レベルの2水準を設定し，それを1つの反応プロセスとして，捉えていくことにする。

(4) 怒り感情に伴う非建設的反応（Destructive Anger Response）

定　　義　怒り感情に伴う諸反応のうち，長期的に見て，自分，相手，相手との人間関係に悪い影響を与えるような認知的反応もしくは行動的反応であり，おもに自他への攻撃行動を指す。

説　　明　怒り感情に伴う非建設的反応とは，Tangney et al.（1996）がAnger Response Inventory を作成するにあたり，作成した概念である。非建設的反応は以下のカテゴリーに分類できる。

①怒り感情を抱いた対象に直接的に攻撃が向けられる直接的攻撃反応。
②怒り感情を抱いた対象に遠まわしに攻撃が向けられる間接的攻撃反応。
③怒り感情を抱いた対象者以外の第三者に対して攻撃が向けられる，置き換え攻撃反応。
④①～③については，それぞれ身体的，言語的，心理的な攻撃反応の内容が含まれる。
⑤怒り感情を他者に向けるのではなく，自分を非難したり，怒りを抑圧反芻するなど，攻撃が自分自身に向けられた反応についても含まれる。

(5) 怒り感情に伴う建設的反応（Constructive Anger Response）

定　　義　怒り感情に伴う諸反応のうち，長期的に見て，自分，相手，相手との人間関係に良い影響を与えるような認知的反応もしくは行動的反応を指す。

説　　明　怒り感情に伴う建設的反応とは，Tangney et al.（1996）が

Anger Response Inventory を作成するにあたり，作成した概念である。建設的反応には，怒り感情をもった対象者に冷静に自分の気持ちを伝え，その怒りの原因となるところの問題解決に向けて話し合う，すなわち「相手と冷静に話し合う」という反応や，怒り感情を喚起させられるような状況を改善するために実際に行動を起こす，すなわち「状況改善のための行動」などがある（Tangney et al., 1996）。

（6） 攻撃性（aggressiveness）

定　　義　怒り感情に伴う諸反応のうち，意図レベルで非建設的反応を示す内的状態，および実行レベルにおいて非建設的反応を示す行動であり，その個人の行動特性である。また反応的攻撃（reactive aggression）と道具的攻撃（instrumental aggression）双方の攻撃行動を含むものとする。

説　　明　曽我・島井・大竹（2002）は攻撃性を「狭義には他者に身体的または心理的に危害を与える行動，あるいは他者に危害を与えようと意図したり願望したりする内的状態で，怒りや敵意を伴う破壊的傾向をさす，ある刺激に対して反応する個人の行動特性である」と述べている。本書では，怒り感情に伴う諸反応の非建設的意図，および非建設的反応を示す頻度の高さで攻撃性の程度を測定する。

　また，本書で怒り感情に伴う諸反応における「攻撃性」を扱う際には，反応的攻撃（reactive aggression）と道具的攻撃（instrumental aggression），双方の攻撃行動を含むものとして扱っていくことにする。反応的攻撃とは，攻撃誘発刺激に対して怒り感情を伴い何らかの攻撃行動を示すこと，道具的攻撃とは，目標を達成するために攻撃行動を道具として使用することである。山崎（2002a）はこれら2つの攻撃性を異なったものとして分類している。しかしTangney et al.（1996）は攻撃性をそのように大別して定義していないため，本書でも双方を包括して1つの攻撃性という概念として用いることにした。

（7） 怒りのコントロール（Anger Management）

定　　義　怒り感情を適切な方法で表出したり，表出しなかったりして，社会的文脈に適した方法で対処すること。

説　　明　怒りのコントロールとは，怒りを適切な方法で表出したり対処することである。おもに怒りを鎮めるためのリラクゼーション，自分の怒りを冷静に相手に伝え話し合うアサーションスキル，問題解決のスキルなどがある（Gottlieb, 1999）。

　日本はアメリカと比較すると，文化的にかなり異なった感情の表示規則が予測される。そこで，アメリカ人の怒りのコントロールスキルをそのまま日本人に適用することは，必ずしも効果的であるとは限らない。現代の日本人中学生が怒り感情を主観的に経験した際にどのような反応を示すのか，その実態をまず知ることが先決となるであろう。したがって以下第3節では日本人中学生の怒り感情に伴う諸反応の実態を捉える上で，重要であろうと思われる諸要因について述べることにする。

第3節　日本人中学生が経験する怒り感情に伴う諸反応の特徴理解のための諸要因

　大渕（1986）は攻撃行動の要因は，状況要因，内的媒介要因，個人（人格）要因，発達要因の4つに分類できるとしている。状況要因は①加害行為そのもの，②加害者の特徴，③他の環境条件，たとえば匿名性，攻撃的手がかりなどに分けられるとしている。内的媒介要因は，外的喚起刺激に心理学的挑発性を付与する内的過程で，①原因帰属などの認知過程，②怒り，敵意などの情緒過程に分けられるとしている。個人要因は，年齢や性別，攻撃習慣などである。発達要因は仲間集団，マスメディアの影響などである。大渕（1986）の要因の分類は，きめ細かく要因を設定しており，そのカテゴリーの特徴も明らかにされているため，参照すべき点も多い。しかし大渕（1986）の研究は，大学生や成人を対象にしている。一方，本書では，中学生を対象としている。また，怒りのコントロールの心理教育を学校現場で集団式で試みるという本書のねらいがあるために，そのねらいに対応した独自の規定要因を設定する必要性がある。よって以下に，中学生が経験する怒り感情に伴う諸反応の特徴を理解するための諸要因[1]の規定を試みることにする。

　1つめは「発達要因」である。本書は中学生を対象とするため，中学生が経

Table 1　怒り感情に伴う諸反応の規定要因

大渕（1986）	桜井
状況要因（加害者と被害者との関係および親和度の要因）	対人的要因
内的媒介要因	―
個人（人格）要因	発達要因
発達要因	学校適応感要因・家庭環境要因・文化的要因
―	意図的レベル反応と実行レベル反応との因果関係

験する怒り感情に伴う諸反応を発達レベルの観点から捉えることにする。たとえば青年期と比較して中学生のみに見られる特徴があるかどうか，などの視点である。これは大渕（1986）の「個人・人格要因」と対応している。

　2つめは「対人的要因」である。これは大渕（1986）の状況要因のうちの「加害者の特徴」にあたり，「加害者と被験者との関係および親和度」の要因にあたる。大渕（1986）は成人対象の調査で，攻撃の表出・抑制が加害者と被害者の対人関係に依存することを明らかにし，日常生活に起こる攻撃行動は家族などごく親しい人々の間に多いことを示した。しかし中学生を対象にした場合でも同じような現象が見られるかどうかは，まだ明らかにされていないため，本研究の中で明らかにすることは有意義である。

　3つめは「意図レベル反応と実行レベル反応との因果関係」である。情報処理プロセスモデル（Crick & Dodge, 1994）によると，怒りなどのネガティブな感情が喚起されたときに，敵意的帰属などの認知バイアスが怒り感情に伴う反応の検索，選択，実行に影響を及ぼすことが示されている。そこで本書では，怒り感情が認知されたときに，心の中で思ったことがそのまま実行されているのか，情報処理プロセスモデルに示されているように，何らかの反応の検索や選択が意図レベルで行われ，その結果として反応が「実行」されているのかについての因果関係を明らかにすることが，心理教育の効果的な介入方法を探る上で，重要な要因であると思われるため，規定要因として設定することにした。

　4つめは「学校適応感要因」である。これは大渕（1986）の「発達要因」に

1　大渕（1986）と筆者の作成した規定要因との対比は Table 1 を参照のこと。

あたる。個人の攻撃的性質の形成過程とそれを促す発達的諸要因を指し，仲間関係が含まれるとしている。

5つめは「家庭環境要因」である。個人の攻撃的性質の形成過程を促す際に，家族関係が影響すると指摘されている大渕（1986）の「発達要因」と対応する。

6つめは「文化的要因」である。大渕（1986）は，文化要因としてはとりあげなかったが，発達要因のうちの個人の攻撃的性質の形成過程を促す仲間集団，学習過程（モデリング・強化）と対応していると考えられる。

本書では中学生が経験する怒り感情に伴う諸反応を理解するために，以上の6つの要因との関連について明らかにする。以下に怒り感情に伴う諸反応の特徴を理解する上で，それぞれの諸要因を明らかにすることの意義と機能について述べる。

1．発達要因

思春期は，大人に守られて過ごしてきた「子ども」から，自ら責任をもって主体的に生きる「大人」へと移行するための分岐点と考えるとすると，思春期は心身ともに変化の大きい時期と考えられる（今田，2003）。特に第2次性徴期にあたる中学生の子どもたちは不安定で，自分で自分の感情や行動をコントロールしにくくなる。また相手より自分の感情表出をまず優先させるため，中学生の行動が攻撃的に映ることが多々ある（添田・平野，2001）。一方，思春期に限らず日本全般的に衝動性が高くなっているとの指摘もある（市川，2000）。したがって，思春期と成人との怒り感情に伴う諸反応の違いを明らかにすることにより，どのスキルが不足しているために，中学生が怒りを適切にコントロールすることが困難であるかについて明らかになると考えられる。

アメリカでは，Tangney et al.（1996）が，怒り感情に伴う諸反応が発達段階によって変化することに着目し，発達別に質問紙を開発した。Tangney et al.（1996）の児童用，思春期用，成人用の3種類の質問紙は統一されていないため，一概に平均値のみで比較することはできないが，青年期および成人期と比較すると，思春期の子どもは，発散回避的意図をより多く選択し，建設的意図はより少なく選択した（Tangney & Becker, 1996）。実行レベル反応では，非建設的反応のうち，直接的，あるいは第三者に対して，身体的，言語的攻撃

を行うと回答している者が，思春期のほうが青年期より平均値が高かったが，自己非難は平均値が低かった。建設的反応は思春期のほうが青年期より平均値が低かったが，発散回避的反応では差が見られなかった（Tangney & Becker, 1996)。そこで，日本においても発達による差異が見られるかについて明らかにすることで，日本人中学生を対象とした適切な怒りのコントロールプログラム作成にあたり，重要な示唆が得られると思われる。

2．対人的要因

怒り感情の表示規則は，怒りを感じた対象が誰かによって異なることが示唆されている（Underwood, Coie, & Herbsman, 1992）。日本人の感情表示規則についても，相手が目上であるかどうかによって怒り感情に伴う反応は異なることが指摘されている（木野，2000）。また同じ目上に対しても，その対象となる人が親か教師か，日ごろからどの程度親密な関係にあるかによって，反応が異なってくることが予測される。

大渕（1986）は，相手との親密度によって，怒り感情に伴う諸反応がどのように異なってくるかについての実証研究を行い，怒り感情を抱いた対象者の年齢，性別，対象者と被験者との関係，対象者の地位のうちのひとつを選択させ，怒り感情に伴う諸反応との関連を調べた。その結果相手が誰か，自分とどのような関係にあるかによって，反応が異なることが示された。

しかし，怒り感情を抱いている対象者と，その対象者との親密度の違いにより，中学生がどのように反応を使い分けているかについて明らかにした研究はこれまで見当たらない。これらの知見を明らかにすることは，プログラムの内容，たとえばどのようなテーマを設定することが，中学生に具体的にわかりやすく臨場感をもって，怒りのコントロールについての心理教育が可能かなどについて決定する際の一助になることが考えられ，それらの解明が望まれている。

3．怒り感情に伴う諸反応における意図レベルと実行レベルの因果関係

大渕（1986）は，Averill（1980）の質問紙を翻訳し，願望水準と実行水準に分類して，怒り感情に伴う諸反応を測定した。その結果，「攻撃転化因子」「非攻撃的解決因子」「怒りの抑制因子」がそれぞれ，願望水準と実行水準とで r

＝.52〜 r ＝.62 で相関が高く，願望した反応はそのまま実行レベルでも行われていることがわかった。しかし「直接的攻撃因子」は相関が r ＝.29 でやや数値が低かった。大渕（1986）は，直接的攻撃は実行水準で抑制されるためと指摘している。これらの結果は成人対象の調査のものである。本研究では，中学生を対象とした，意図レベルと実行レベルとの因果関係を明らかにすることとする。またこのような因果関係を知ることは，心理教育的介入においてどのようなターゲットスキルの設定が望ましいかについて，重要な示唆が与えられると考える。

4．学校適応感要因

中学生の発達課題として，同性の友人との深い交流や，両親や学校への反抗心を通じての自己同一性の模索が考えられる（村瀬，1998）。特に友人との関係は，中学生にとって自分とは何かという己を映し出してくれる鏡のようなものであるとも考えられる（柴橋，1998）。また子どもの家庭外での対人関係が飛躍的に広がる児童・思春期以降は，友人や教師などの家庭外での重要な他者との関係がどのようであるかが，子ども個人の精神的健康と深くかかわってくる（酒井・菅原ますみ・眞榮城・菅原健介・北村，2002）。

酒井ら（2002）は中学生の学校適応の諸側面について，親および親友との関連から検討し，親との間に相互の信頼関係があまり形成されていない家庭の子どもであっても，親友との信頼関係の高さが学校での適応を良くすることを示した。一方で，反社会的傾向の強い子どもにとっての親友が，同じように反社会的傾向の強い悪友である場合には，友人集団内で親和欲求は満たされリラックスできるかもしれないが，反抗的な逸脱行為はより助長される可能性を示した。したがって，怒り感情に伴いどのような反応を示す中学生が，学級，教師，友人との関係が良好であるかが明らかになれば，怒りのコントロールプログラムにおけるターゲットスキルの選択に際して，より具体的な示唆が与えられることになる。また怒りのコントロールプログラムが学校生活への適応を高める上でも有効であるかどうかが明らかになるであろう。

河村（1999）は，生徒の学校や学級への適応の指標となるスクールモラール・スケール（以下 SMS と表記する）を開発した。SMS は「友人との関係」

「学習意欲」「教師との関係」「学級との関係」「進路意識」の5つの下位尺度からなる5件法の尺度である。得点が高いほどその領域のモラールが高いと判断される（河村，1999）。河村（1999）はSMSとソーシャルスキル尺度との関係を調べ，ソーシャルスキル得点はSMSすべての因子の得点に対して正の予測子であることを示した。怒りのコントロールスキルは，広範な意味でのソーシャルスキルのうちのごく一部である。したがって，怒りのコントロールスキルが高い中学生が，学校適応感も高いとは必ずしも言えないだろう。しかし怒りのコントロールスキルと学校適応感要因との因果関係を一部でも明らかにすることができれば，怒りのコントロールプログラムの効果測定の結果を検討するにあたり，それを補足する資料となるであろう。このようなことから，怒り感情に伴う諸反応と学校適応感との関連性を検討することとする。

5．攻撃性の高い中学生と家庭環境要因

　向井・神村（1998）は子どもの攻撃性について，家族との関係，特に親から子への養育態度との関連を述べており，これらの要因を含めた情報が，友人関係，学級との関係，教員との関係に加えて，攻撃性が高いと見られている生徒については重要な要因となることを示唆した。桜井（1999）は，子どもが攻撃性を形成させる要因として，遺伝的要因に加えて環境要因としての親の養育行動をあげている。特に養育者の身体的虐待が子どもの攻撃性と関連をもつことが指摘されている。また，母親の拒否的な態度が早期にあらわれるほど，子どもの攻撃性の動機を高める可能性が強くなることが示唆されている（橘，2002）。

　アメリカにおいても，攻撃性の起源について，養育条件を中心とした家族要因が指摘されている（Olweus, 1979; Smith & Furlong, 1998）。また，子どもの否定的な行動が繰り返し許されたり，緊張が素早くエスカレートするような家庭に育つと行為障害になる可能性が高いとの指摘もある（Debaryshe & Fryxell, 1998）。

　したがって攻撃性の高い生徒については，個人特性に着目したより多様な要因からなる介入方法について考慮される必要があるであろう（桜井，2003c）。特に親子の間で感情がどのように言語化され，表現されてきたかということは，

着目すべき視点である。親の養育態度が重要な視点であることを踏まえつつ，本書では養育態度のみに限定せずに，親の精神的な問題の有無などを含めた幅広い情報を収集するという目的のため，家庭環境要因と規定することにする。

第4節　怒り感情に伴う諸反応の測定に関する研究概要

　この節では，怒り感情に伴う諸反応を測定する道具として，質問紙に関する日米の先行研究を概観する。

1．日本における怒り感情に伴う諸反応の測定具について

　発達・教育心理学領域の子どもを対象とした攻撃性研究の方法は，観察法，実験法，面接法，調査・検査法に分けられる。調査・検査法は，質問紙法，投影法，仲間評定法，仲間指定法の測定方法を含み，このうち最も多く使用されている方法は質問紙法である（山崎，2002a）。本書においては，中学生が経験する怒り感情に伴う諸反応に関する調査を行うために，上述した様々な方法の中でも，幅広く情報を収集し，一般的に見られる現象を知るために，質問紙作成に焦点を当てる。

　日本のこれまで中学生を対象とした質問紙開発においては，秦（1990）の中学生用攻撃性敵意インベントリー，玉木・山崎・松永（2002）の中学生用攻撃性質問紙（AQS-T），中学生版怒り対処尺度（藤井，2001），中学生用能動的攻撃性尺度・反応性攻撃尺度（濱口，2005），中学生用攻撃尺度（HAQS）（大竹・島井・曽我・嶋田，1998）などがあり，いずれも信頼性，妥当性が確認されている。敵意的攻撃インベントリーは，Buss-Durkee Hostility Inventory Scales（BDHI）（Buss & Durkee, 1957）を翻訳した尺度で，日本の中学生に適用するために作られた（以下，略してHAI尺度とする）。HAI尺度は，6因子「身体的暴力」「敵意」「いらだち」「言語的攻撃」「間接的攻撃」「置換え」で54項目ある。玉木・山崎・松永（2002）の中学生用攻撃性質問教師版は，暴力・暴言などの「表出性攻撃」と，怒り感情をもちながらその感情を身体的，言語的に表出しない「不表出性攻撃」の2因子を用いて，生徒の攻撃性を測定できるようになっている。しかしながらこれらの研究は怒り感情に伴う非建設的な

側面のみを扱っている。

　中学生版怒り対処尺度（藤井，2004）は，「仕返しをする」などの攻撃因子，「誰かに相談する」などの援助因子，「じっと我慢する」などの抑圧因子の3因子からなる。援助因子については，日本人がよく用いると予測される建設的反応に相当するかもしれない。しかし，Tangney et al.（1991）の示す，積極的に怒り感情について相手に伝えるなどの「建設的反応」に相当する項目内容は見当たらない。

　これらのことから，質問紙開発に関する，怒り感情に伴う諸反応の建設的側面を強調した研究は，日本では少ないことが明らかになった（桜井・クスマノ，2002）。しかし中学生以外の対象者のそれに関する研究はいくつか存在する。たとえば「怒りの日常的経験」尺度（大渕・小倉，1984）である。

　大渕・小倉（1984）は怒りの建設的側面についても言及し，怒りは必ずしも社会的に悪性のものとしていつでも抑制すべきものではなく，むしろその適切な表現は個人自身と対人関係の両面に建設的に働く可能性があることを示した。大渕・小倉（1984）は Averill の質問紙 "Questionnaire for the Description of the Subject's Own Experience of Anger"（Averill, 1980）を日本語訳し，被験者が最近経験した怒りの出来事を想起させ，その対象，被害，認知的評価，願望された反応と実行された反応，動機，生理的反応，反応後の心理的変化，相手の反応など計88項目について大学生を対象に調査を行った。この研究は怒り感情に伴う諸反応の建設的側面に日本ではじめて焦点を当てたという点で評価することができる。

　大渕・小倉（1984）の研究による質問紙はそれぞれ信頼性，妥当性が確認されている。しかしそれらの質問紙は成人対象である。中学生対象の怒り反応尺度で建設的側面に焦点を当てた信頼性，妥当性の確認された尺度は現在のところ日本では見当たらない（桜井・クスマノ，2002；桜井，2003d）。よって上述したような質問紙開発が早急に望まれている。

2．アメリカにおける怒り感情に伴う諸反応の測定具について

　アメリカでは，多くの怒り感情に関する質問紙開発および実証的研究が積み重ねられてきている（たとえば Spielberger & Solomon, 1988）。ここではおも

に思春期対象の怒り感情に伴う諸反応に関する，近年開発された質問紙について概観する。

Burney & Kromrey（2001）は怒りを「道具的」と「反応的」の2種類に分類した。「道具的な怒り」は怒りによって喚起された復讐であるがゆえに計画的で悪意があり，ある目的を達成するために行われる行動である。また「反応的な怒り」は周囲に起こっている否定的かつ脅威的な出来事に対する即座の反応である。Burney & Kromrey（2001）はこのような定義と理論的背景をもとに，Adolescent Anger Rating Scale を開発している。これは20項目からなる質問紙であり，簡便で調査協力者への負担が少ないという長所があり，尺度の信頼性，妥当性が確認されている（Burney & Kromrey, 2001）。しかし怒り感情に伴う諸反応における建設的側面について測定できる項目はない。

Furlong & Smith（1998）は，思春期男子を対象とした多次元的タイプを分類するモデルを開発し，怒りの表出パターンを次の6種類，①激怒タイプ（Extreme Anger subtype），②皮肉的タイプ（Cynical subtype），③衝動的タイプ（Impulsive subtype），④向社会的タイプ（Prosocial subtype），⑤非攻撃的低コーピングタイプ（Low Arousal-Low Coping subtype），⑥非攻撃的高コーピングタイプ（Low-Arousal-High Coping subtype）に分類している。これらの6タイプを用いて，①②③⑤のような非建設的反応を行うタイプだけでなく，④⑥のような建設的反応タイプも測定することができる。しかしFurlong & Smith（1998）は，身体的攻撃で大きな性差が見られることを理由に，男子対象に限って質問紙を開発したため，これを女子に適用することができない。

怒り感情に伴う諸反応の建設的側面に着目し，男女とも測定のできるアメリカにおける最初の研究として開発された質問紙が，Averill（1982）の"Questionnaire for the Description of the Subject's Own Experience of Anger"である。Averill（1982）はその尺度を使用して，成人を対象に調査を行った。その結果，調査対象者は攻撃行動のみならず，「怒りを感じた相手と冷静に話し合うこと」などの建設的反応を頻繁に示すことがわかり，怒りは人間関係にとって，肯定的な変化や理解を生むことがあることを実証した（Averill, 1982）。また Averill（1980）は，状況における「感情の評価」を重要

視し，怒りの日常的経験尺度においても「願望水準」と「実行水準」の双方を怒り感情に伴う諸反応の測定に関して設けた。

　Averill（1982）の理論に影響を受けて Tangney et al.（1991）が作成したAnger Response Inventory-Adolescent（以下，ARI-A とする）は，思春期の子どもを対象に開発された。ARI-A は，多くの人が共通して怒りを経験するであろうと思われるエピソードを 20 あげ，被験者に各々の状況を想起させている。そしてそれらのエピソードに続いて質問項目が以下のように構成されている。①そのエピソードを自分が経験したらどの程度怒りを感じるか（怒りの認知度）。②その状態に対して心の中でどのように反応しようと考えるかという意図（悪意，建設的意図，発散回避的意図）。③実際に採用するであろうと思われる怒り感情に伴う認知的行動的反応（非建設的反応，建設的反応，発散回避的反応，認知的再評価[2]）。④長期的に見て，③で自分が選択した反応が与えるその後の自分，相手，あるいは相手と自分との人間関係への予測しうる結果（自分結果予測，相手結果予測，人間関係結果予測）。そして，これらのプロセスを，1 つのまとまった怒り反応として測定した。全部で 260 項目からなり，5 件法で回答させている。たとえば提示された仮想場面で「相手を直接殴る」という反応の頻度が高ければ高いほど，高得点が得られるようになっている。ARI-A の信頼性，妥当性は確認されている（Tangney et al., 1996）。

　ARI-A 以外に，中学生を対象に，非建設的側面だけでなく建設的側面も着目した怒り感情に伴う諸反応を測定できる質問紙は見当たらない（桜井・クスマノ，2002；桜井，2003d）。したがって，ARI-A を日本に紹介し，日本人中学生を対象として文化差を考慮しながら調査を行い，その信頼性，妥当性の検討を行うことは有意義であると思われる。

第 5 節　怒りのコントロールプログラムに関する研究概観

　この節では，日米における，怒りのコントロールプログラムに関する先行研究の概観を俯瞰し，まとめる。

2　認知再評価とは「わざとではないかもしれない」と相手の悪意のなさを認めたり，自分が誤解していないかなど，自他への再解釈である。

1．日本における怒りのコントロールプログラムに関する研究概観

　日本ではこれまでにいくつかの Anger Management プログラムが開発されつつある。小林（2002）は学校教育現場で「適切に怒る」ことの大切さを教え，そのスキルのひとつとしてケンカをスローモーションで行わせるというライブ・プレイ・バック法を試みた。しかしこの報告は実証的研究ではないため，どれほど効果的かは現時点では不明である。

　本田（2002）はアメリカの怒りのコントロールプログラムを紹介し，感情の認知を促す「怒りの温度計」，自分の怒りのメカニズムを知る「怒りのログ」，教材としての「怒りの産物リスト」や「相手による自分の態度の変化」などを作成している。教材の内容やアイディアはわかりやすく，使用しやすいと考えられる。しかしこのプログラムは効果が測定されていない。また45分間の授業の中でどのような目標とターゲットスキルについてどのワークと組み合わせて進めていくかなど，学校現場に適用するための具体的な計画が示されていない。

　高橋（2002）は自己肯定感促進のための実験授業4回の施行のうちの1回を，怒りのコントロール方法を学習するのに当てている。アンケート結果によると，スキルの理解度については72％であったが，そのスキルを生活の中で使えそうかという問いには49％が「使える」と回答した。これは小学生を対象にしたものであるが，怒りのコントロールが日本人の子どもにも理解可能であることを示したものである。またプログラム中習得したスキルを日常生活の場面でいかに応用させていくかは，プログラムの中でそれを強調するメッセージを用いたり，フォローアップするなどの工夫を試みれば，日本の子どもでも適応可能であることが示された実証的研究であったといえよう。

　山崎（2002b）は，フィークス（PHEECS：Psychological Health Education in Elementary-school Classes by Schoolteachers）というプログラムを開発した。そのプログラムの中でも攻撃性適正化プログラムは攻撃性の発達と顕在化についての実証的基礎研究に基づいて，社会的認知論，ソーシャルスキルトレーニング，応用行動分析，ヘルス・ビリーフ・モデルなど，多様な基礎理論や治療理論・技法を臨床的な観点と融合させて作成されている。山崎（2002b）は小学生5年生を対象にその実験を行った。仲間評定の結果，フィークスの教

育効果が示されているが,施行された事例はまだわずかである。また,1回45分の授業を12週をかけて実施する構成になっており,現時点でその構成をそのまま公立中学校で行うことは時間的制約などの理由から,困難なことが多いと考えられる。

　以上の先行研究により,日本における怒りのコントロールプログラムについての中学生を対象とした実証的研究は限られており,発展が望まれている(桜井,2003a)。

2．アメリカにおける怒りのコントロールプログラムの研究に関する概観

　アメリカでは,Anger Management に関する研究数が,ここ20年間で急速に伸びてきている。それを Figure 2 に示す。そのおもなプログラムの内容としては認知行動療法,心理教育,ソーシャルスキル訓練,リラクゼーションに集約される(桜井・クスマノ,2002)。ここでは特に中学生を対象とした学校場面における研究に注目してみることにする。

　Deffenbacher, Lynch, Oetting, & Kemper (1996) は,怒り感情認知の強い傾向の中学生126名を対象に,認知的リラクゼーション・コーピングスキル群,ソーシャルスキルトレーニング群,統制群の3つのグループに分けて Anger Management の心理教育を行った。認知的リラクゼーション・コーピングスキルは,リラクゼーションと認知的態度の変化によって怒りを鎮め,最初からそ

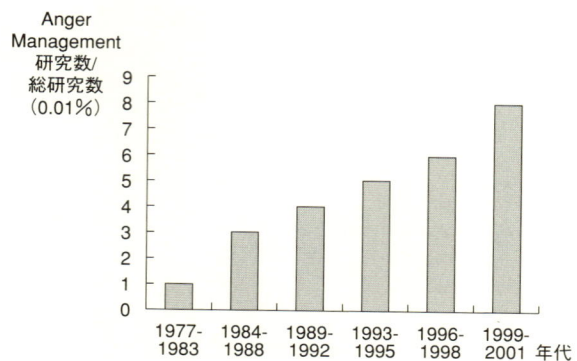

Figure 2　Anger Management の研究数の推移

れほど強い怒りを感じないようになり，怒り感情を効果的に対処できるようになることを治療目標とするものである。各45分，6週間行った結果，認知的リラクゼーション・コーピングスキル群のほうが，ソーシャルスキルトレーニング群より効果があらわれた。この結果については，怒り感情認知の強い傾向の者（High Trait Anger Individuals）を対象にしているということを考慮しなければならないと思われる。つまり怒り感情認知の強い傾向の者は，ソーシャルスキル習得だけでは不十分で，子どもが怒り感情を感じた際の一瞬の正しい判断を促すために，自分の感情をまず鎮める必要性がある。よってリラクゼーションのほうが効果的であるという結果になったのではないかと推測される。

一方 Marriott & Iwata（1984）は，問題行動を起こす中学生を対象に行動面と認知面双方にアプローチでき，リラクゼーションとソーシャルスキル訓練の双方の要因からなる Anger Management のグループワークを試みた。具体的には，行動面へのアプローチとして，呼吸法などを含むリラクゼーションと，対人関係でのアサーティブな応答の教育（適切な方法で相手の行動の変化を要求する）訓練を行った。また「何が問題なのか」を明確化し，その問題解決に向けての選択肢を列挙させ，それぞれの対処方法の結果をリストアップし，選択実行し，その結果を評価させるというセルフコントロールと問題解決のスキル訓練を行った。認知面のアプローチとしては，次の4つのテクニックを課題として与えた。1つめは自分に問いかけたり，言い聞かせたりする自己教示法，2つめは怒りを緩和させるために自分をなだめる方法，3つめは葛藤場面で自分のとった行動を評価する方法，4つめは建設的方法と非建設的方法をとった場合，それぞれどのような結果を起こすかを予測させ，セルフコントロールスキルを組み合わせる方法である。このようなグループワークを各50分，10週間行ったところ，統制群と比較して実験群に有意な効果が見られた。したがって，リラクゼーションとソーシャルスキルの双方の習得を試みれば，効果的に怒りのコントロールスキルを取得することができると考えられる。

3．怒りのコントロールプログラムにおけるターゲットスキルの設定

アメリカの先行研究では，おもにソーシャルスキルとリラクゼーションの2種類のスキルの習得が，中学生を対象とした怒りのコントロール方法として有

効であることが明らかになっている。本書ではそのうち，ソーシャルスキルをとりあげることにする。

　ソーシャルスキルは，構造的に認知的側面と行動的側面の両方を含み，他者との関係が肯定的になるようにその対人場面や状況にふさわしい適切性をもち，介入やトレーニングの対象となりうる要因を兼ね備えている（相川・佐藤・佐藤・高山，1993）。その中でも特に，対話スキル，サポート希求スキル，状況改善のための行動，タイムアウトスキルの4つのソーシャルスキルを，怒りのコントロールプログラムを作成するにあたってのターゲットスキルとする。その理由と，選択された4つのターゲットスキルの内容について，以下に述べる。

（1）　対話スキルについて

　大竹ら（2002）は小学生を対象に攻撃性とコーピング方略との関係を調べるために，問題解決，サポート希求，情動的回避，気分転換，行動的回避，認知的回避の6つの下位尺度から構成される計40項目のコーピング尺度と，短気，敵意，身体的攻撃，言語的攻撃の4つの下位尺度から構成される計27項目の攻撃性尺度を用い調査を行った。その結果，情動的回避コーピングと行動的回避コーピングは攻撃性と関連があることが示された。大竹・島井・曽我（2002）はその調査結果を受けて，攻撃的に主張するのではなく，言い方を工夫したり相手の気持ちを考えて発言するなど，攻撃性の中の主張性という特性を，適切に小学生に対して強化することを目指したプログラムを行うことが重要であると指摘した。

　また，八島（2002）は攻撃性と発達要因との関係を調査し，児童期以降の介入プログラムにおいて，自己の欲求を調整し的確な自己主張をすることをターゲットスキルとすることが，主要なアプローチ法であることを主張している。

　これらの知見は必ずしも中学生対象に示唆されたものではないが，児童期にそのような適切な介入があまりなされていないならば，それと同様の問題が中学生に持ち越されてくると予測できる。

　日本ではこれまで第2の自己主張期と言われる思春期・青年期における教育について，他者との協調性やルールを守らせるという自己抑制的な側面のみに関心が向けられ，適切な主張性を育むという問題意識があまりなかった（柴橋，

1998)。日本では「自己主張」という言葉には自分勝手とか，我が強いといった否定的な意味が含まれている。しかし昨今，相手の立場や意見表明を尊重しつつ自分の考えを伝え，話し合うことのできる能力としての「自己主張」を，積極的に育む必要性が示唆されている（柴橋，1998）。また渡部・稲川（2002）は，学校教育の中にアサーショントレーニングを一般的に取り入れることによって，学校内での対人関係に関する様々な問題の発生を予防し，子どもの対人コミュニケーションを円滑にし，より良い人間関係の構築に役立つと示唆している。そこで本書では，適切に自分の意見や気持ちを表明するあり方を日本文化に照らし合わせながら探るために，アメリカで行われている手法を参照し，適用を試みることにする。

アメリカではTangney et al.（1996）が怒り感情に伴う建設的な反応として，怒り感情を抱いた対象との「冷静な話し合い」を設定している。さらに，Kubany, Richrad, Bauer, & Muraoka（1992）は，「私は」から始めて自分の気持ちを表明する方法としての"I Statement"と，「あなたは」から始めて自分の気持ちを表明する"You Statement"を用いて，どちらのコミュニケーションスタイルが相手からの妥協やサポート，解決案の提供など建設的な働きかけを得やすいかについて調べた。その結果，"You Statement"より"I Statement"のほうがより良い結果が示され，"I Statement"は，怒り感情をアサーティブに表現する上で，適切な手法であることが示唆された。

一方日本においても，田中（2003）は主張行動と攻撃性との関連について諸外国の先行研究を要約した上で，主張行動の訓練は攻撃的な表出の代替となる社会的に"認められる"怒り表出手段を提供するものと述べている。しかし田中（2003）は，異文化についてのレビューであり，日本文化に照らし合わせた，主張行動の訓練と攻撃性との関連についての詳細な検討が必要であろう。ここ数年アサーションに関する研究は，日本においても数多く見られるようになった。おもな研究として，アサーションの規定因に関する研究（高橋，2006a），アサーションの文脈依存性を実験的に検討したもの（三田村・松見，2010a），アサーションと対人感情・対人欲求との関連の研究（原田・青山，2010），性差の観点からみた研究（安藤，2009）がある。またアサーショントレーニングの効果に関する研究（おもに堀川・柴山，2006）や，特に攻撃性の高い児童を

対象にした研究（村上・福光，2005；菊浦・吉岡，2010；沢崎，2006）などをあげることができる。しかし，中学生を対象としたアサーショントレーニングの効果が明らかにされた研究は見当たらない。よって本書では"I Statement"を用いたコミュニケーションスタイルの日本人中学生を対象とした有効性について，検討することにする。

　本書では，自己主張のみを強調するのではなく，相手の言い分を聞きつつ自分の気持ちを伝えるというTangney et al. (1996) の「話し合い」をスキルの中心とするため，これを「対話スキル」と呼び，ターゲットスキルのひとつとして設定することにする。

（2）サポート希求スキルについて

　ソーシャルスキルのうち，援助の依頼，つまりサポート希求も重要なスキルであると考えられる。アメリカでは，心理教育的介入において怒り感情を自分自身で適切にコントロールできるようにするスキル教育が中心である（桜井，2002）。しかし日本では，周囲からのサポートを認知できたり，うまくサポートを得られるように働きかけたりすることができる子どもが適応感が高いとの指摘がある（岡安・嶋田・坂野，1993）。本研究では，このような日本文化の事情も照らし合わせて，対話スキルの訓練だけでなく，誰に対してどのように援助を求めるか，ということをターゲットスキルとして設定し，中学生を対象として，そのスキルの習得を試みる。

（3）状況改善のための行動について

　Tangney et al. (1996) は，怒り感情に伴う建設的反応として「状況を改善するための行動」を設定している。Tangney et al. (1996) は具体的にどのような行動を指すかということについて厳密に定めていないものの，怒り感情が喚起された葛藤状況に対して問題解決を目指した建設的行動と定義している。本書でもこのスキルをターゲットスキルとする。

（4）タイムアウトスキル

　「タイムアウト」は怒りが喚起された出来事についての意味やそこから沸き

起こる感情を扱い，建設的にその出来事に働きかけていこうとする思考を生み出すための機会であると定義されている（Gottlieb, 1999）。タイムアウトは"Stop and Think"の概念（Gottlieb, 1999）と対応している。つまり少し時間を置いて，考え直すという意味があり，怒り感情を鎮めたり，問題解決に向けてあらたな建設的な考えを生むことが，可能になると考えられる。よって本書でもこのスキルをとりあげ，中学生を対象に学習させるスキルのひとつとする。

4．怒りのコントロールプロセスモデルの作成

　怒りのコントロールスキルの心理教育的介入プログラムを考案するに先立ち，「どのように怒りをコントロールするのか？」という過程を含めたモデルを想定することは，重要な課題である。

　濱口（2002）は攻撃的な子どもの社会的情報処理の特性を明らかにするために，情報処理ステップを①手がかりの符号化，②手がかりの解釈，③目標の明確化，④反応の検索・構成，⑤反応決定，⑥実行の6つの段階に分けて説明している。敵意帰属バイアスの高さが情報処理ステップのプロセスに影響があるため，情報処理のステップに介入する際，敵意帰属バイアスの低減などをあげることができる（Dodge & Coie, 1987；濱口, 2002）。しかし，敵意帰属バイアスの低減を目指そうとすると，プログラムを相当数施行し効果をあげるまでは時間がかかると思われる。そのため，中学校での対集団式の1回〜3回行う介入となると，敵意帰属バイアスの個人差は見越した上で，ターゲットスキルのポイントは行動面の変化に焦点化することのほうが効果があるであろう。

　そこで筆者は，濱口（2002）の情報処理のステップにかわる怒りのコントロールプロセスを説明するものとして，Anger Control Process Model（以下，ACPモデルとする）を本書のねらいに照らして以下のように考案した。それをFigure 3に示す。

　濱口（2002）の情報処理のステップにおける④の反応の検索，すなわちその場面でとりうる具体的な行動が，個人が自分のもつデータベースから検索されたり，その場で新しい行動レパートリーが作り出されることと，⑤反応の検索，構成された行動レパートリーが，評価され，遂行すべき行動が決定されること，すなわち，反応決定の際の結果予期がACPモデルにおける「実行する前に心

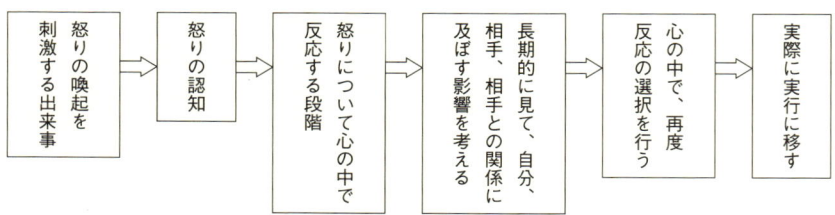

Figure 3　怒りのコントロールプロセスモデル（Anger Control Process Model：ACPモデル）

の中で自分の選択した行動の影響を予測させ，再度選択しなおす」というプロセスにあたるであろう。

　怒り感情に伴う諸反応は反射機能として瞬時に決定することもある。よって，怒り感情に伴う数ある反応の選択肢を考えさせ，それについてひとつひとつ吟味させるのは効果をあげるのが難しいと考えられる。また中学生が「こういうときはこうすればよい」という行動のレパートリーを知識として数多く有することは，良好な仲間関係の形成において有利であるが，その場にふさわしくないレパートリーを選択実行することも考えられる（松尾・新井，1997）。そこで，行動を選択する際のわかりやすい基準が必要になってくる。

　これらのことを考慮し，自分がとっさに思いついたことを少なくとも1度は吟味させるという自己に対して意識的に介入するようにすれば，怒りのコントロールの方法として中学生にも習得されやすいことが予測される。またどのように反応を選択させるかという方法については，Tangney et al.（1996）がAnger Response Inventoryで自分の選択した反応の結果予測として用いた「長い目で見て，自分，相手，相手との人間関係にとってどのような影響を及ぼすか」と考えることを，建設的反応に導く基準とする。その基準をもとに，反応の選択および実行をするように中学生に対して心理教育を行うと，より建設的な反応を選択しやすいのではないかと推測される。

5．学校現場で怒りのコントロールプログラムを施行することの意義

　日本人になじみの薄い怒りのコントロールスキル習得をスムーズに行うために，一部の生徒が個人的にそれを伸ばすのではなく，学級全体にそのスキルの内容を理解し受容するいわば文化のようなものが作られる必要がある。そうす

れば，中学生は安心して新しいスキルを日常生活の中で般化させていくことができるだろう。学校のクラスメート集団を対象にした集団予防教育の利点として，他のクラスメイトとの交互作用からの好影響や，自然な対人関係状況の教育が期待できる（山崎，2002b）。諸外国においても暴力の予防的介入の研究は盛んになりつつある（Acosta, Albus, Reynolds, Spriggs, & Weist, 2001）。

それに伴い，学校現場の誰がプログラムのファシリテーターとしてふさわしいかということが問われることになる。本書ではスクールカウンセラー（以下，SCとする）による心理教育という点についても述べていく。SCのこれまでの役割は，治療的カウンセリングの経験を中心に要求されてきた。しかし学校現場における教育の焦点は，総合の学習の時間の設定により，急速に変化する社会に必要な知識と技能の獲得に焦点が当たるようになると予測されている（亀口，2000）。またこれからのSC像として，学校現場の資源を生かす心理臨床実践が求められており，教職員と連携しながら予防的な面に配慮しつつ，学校で実施可能なプログラムを提示していく必要性が問われている（亀口，2000；伊藤，2003）。本書は，近い将来担うであろうSCの役割を広げ，学校社会により融合された仕事のあり方を問うことになると考えられる。

また本研究のねらいのひとつとして，中学生の学校適応感と怒りのコントロール方法との関連性を明らかにするということがある。怒りのコントロールも学習可能なソーシャルスキルであると考えると，中学生が学校に適応できるようにするための，予防的，開発的援助として位置付けることができる（粕谷・河村，2002）。よって，石隈（1999）の指摘する3段階の心理教育的援助のうちの「一次的教育援助」，すなわち多くの生徒が遭遇する課題を予測して事前に援助する予防的援助と，学校生活における適応能力の開発を援助する発達促進的援助であると設定することができる。

学級単位のソーシャルスキル指導が行われるにあたって，時間的制約などの問題からプログラムの施行回数が限られる場合，多くのスキルを短いセッションで導入すると，対象児のスキル習得がかえって困難になることが多い（後藤・佐藤・高山，2001）。ターゲットに相当するソーシャルスキルの数を絞ってプログラムに導入したほうが，訓練効果は大きいと考えられる。しかし発達レベルによってどのようなソーシャルスキルを教えればよいかの明確な選択基

準はいまだに設定されていない。そこで学級の実態と生徒の発達レベルを考慮しながら，その学級に必要とされるソーシャルスキルを選択したり，その理解度や動機付けについての担任教諭との事前の討論および計画が重要であろう（後藤ら，2001）。本書では以上のことに留意しながら，より学校現場に根ざしたプログラム作成を試みることにする。

第6節　日本文化と中学生の怒りのコントロール
―アメリカの怒りのコントロールとの比較検討―

　この節では，怒りのコントロールに関する日米の違いという観点から，文化的影響の重要性について述べる。

　本書は，怒りのコントロールについて，異文化からその方法論を導入し，日本に適用する試みを行う。しかしそれは同時に，怒り感情に伴う諸反応における日本文化の特徴を正確に認識，理解し，日本独特のものを異文化と対比しつつ明らかにしようとする試みでもある。

　日本は人と人との間の和を保ち，お互いの団結を生み出すことに価値を置く「人の輪」文化であり，感情の表し方も，人の輪がくずれないように仲間との交流を図り，同質であることを強調するのに役立つような表現の仕方が求められている（工藤，1999）。

　一方アメリカでは，思春期の子どもであっても「怒りを感じた相手との話し合い」「状況改善のための行動」のスキルを用いて怒り感情をコントロールすることがわかっている（Tangney et al., 1996）。アメリカで行動を起こす時は，自分が主体であるという信念のもとに，個人の要求や願望に沿うようにまわりの状況を変えようとするが，東南アジアなどでは苦境に陥ったとき，自分の態度や考えを現実の状況に合わせて変化させることによって，心の中の調和状態ないしは満足感を得ようとする傾向が見られる（臼井，2001）。これらのコントロール方法はストレスの対処方法としてであり，必ずしも怒り感情のコントロール方法を述べたものではないが，対処方法における文化要因を考える上で貴重な知見である。

　日本が，アメリカにおける感情抑制や表現と大きく異なるところは，自分の

行動についての他者の目や意識が羞恥心として働き，それが感情のコントロールに利用されているところである（工藤・マツモト，1996）。それは，日本の伝統的な怒り感情の表示規則であるところの「我慢」に通ずると思われる。また日本では，自分の感情について率直に話すことが避けられる傾向がある（工藤・マツモト，1996）。思春期の子どもを対象に，相手の立場を考慮しつつ怒り感情を伝えるというスキルを理解させ，学習させるためには，仲間集団のもつ規範や価値，日本の文化といった観点も含めて検討する必要がある（柴橋，1998）。よって，怒り感情に伴う諸反応の実態を捉え，そこから文化的特徴を明らかにすることは，現代の日本人中学生に対する怒りのコントロールの介入方法を検討する上で，重要な要因であると考えられる。

　このように怒りのコントロールは文化的要因に強い影響を受けるにもかかわらず，文化によって怒りのコントロール方法が異なってくることを強調する研究はまだあまり見当たらない。そこで本書では，怒り感情に伴う諸反応における文化的要因を明らかにすることとする。また怒り感情に伴う諸反応を測定する質問紙作成や，怒りのコントロールプログラム作成にあたり，十分に文化的要因を考慮しつつ行うことにする。さらに現代中学生の怒り感情に伴う諸反応について質問紙による調査や実践研究から得られた知見に対しても，日本の文化的要因の影響について検討することとする。

第7節　目　的

　本書では，現代の日本人中学生が怒り感情に伴いどのような反応を示すのか，その実態を明らかにするための質問紙を作成する。それらの特徴を踏まえた上で，中学生にとって必要な心理教育的介入の課題を考え，プログラム作成を試み，その効果を明らかにすることを目的とする。また日本文化の視点から，日本人中学生の怒りのコントロールの実態と心理教育的介入の課題から見られる文化的要因の考察を行い，今後の展望を検討する。

　以上のことから，本書では以下のことを詳細に明らかにすることを目的とする。

　①現代の日本人中学生が怒り感情に伴いどのような反応を示すのか，非建設

的反応と建設的反応の双方を含めた実態を明らかにするための質問紙を作成し，その信頼性および妥当性を検討する。
②①で作成された尺度を使用して，発達要因，文化的要因，対人的要因，意図レベルと実行レベル反応との因果関係，学校適応感要因，家庭環境要因の6つの規定要因により，中学生が経験する怒り感情に伴う諸反応に関する実態の特徴について明らかにする。
③中学生を対象とした怒りのコントロールプログラムを作成，実施し，その効果測定を行う。

第2章
測定具開発と実態調査

　この章では，中学生が経験する怒り感情に伴う諸反応を測定するため，質問紙を作成し，その信頼性，妥当性を検証する。またそれらの質問紙を用いて，中学生が経験する怒り感情に伴う諸反応について，規定要因よりその特徴を明らかにする。

第1節　Anger Response Inventory-Adolescent（日本語版）の作成
—思春期版怒り反応尺度の作成— 〈研究1-1〉

　この節ではTangney et al.（1991）のAnger Response Inventory-Adolescentの日本語訳を作成し，その信頼性，妥当性を検討する。

【目　的】
　Averill（1982）の理論に影響を受けてTangney et al.（1991）が作成したAnger Response Inventory-Adolescent（以下，ARI-Aとする）は，思春期の子どもを対象に開発された。ARI-Aを日本人中学生に適用する際，日米の文化差について併せて検討する必要がある。そこで本研究は，ARI-Aの日本語版を作成し，日本文化に適すると思われる新たな項目を検討し，日本人中学生が経験する怒り感情に伴う諸反応の程度を測定する尺度として適切かどうか，その信頼性および妥当性を確認することを目的とする。

【方　法】
（1）　調査尺度作成の過程
　ARI-AはBack Translation法で日本語訳した。筆者が直訳したものを，心

理学科（バイリンガル）の学部生6名にBack Translationを依頼した。そしてバイリンガルで心理学専攻の大学教授1名と調査者が，ARI-A原本，Back Translationにより英訳されたもの，および調査者の日本語訳を突き合わせて，誤訳がないかどうか確認した。次に，心理学専攻の大学院生10名と中学校の管理職および教員6名，計16名に，できあがった訳と原本を突き合わせて，項目が日本語らしい自然な表現になっているかどうか，中学生にも理解可能かどうかという2点を中心に，訳や質問紙のワーディングを検討した。同時に心理学専攻の大学院生10名に，日本語訳された項目内容の記述が，Tangney et al. (1996) が設定した下位尺度と対応しているかどうか，1対1の面接式で口頭で回答してもらい，内容的妥当性を確認した。

ARI-Aの原本は項目数が多く，中学生に負担が大きいことが懸念された。そこで項目数を減らすために，ARI-Aの20の怒り喚起エピソードから，フラストレーションによる怒り喚起エピソードを除き，対人葛藤のみに焦点を当てた。そして17の対人葛藤エピソードについて，KJ法（川喜田，1967）で分類を行った。その中から，友達に対する葛藤3場面「友だちはあなたのことを非難してばかりであなたの言い分を聞こうとしませんでした」「友だちがあなたの悪口を言いふらしているのをあなたは気づいたところです」「友だちは放課後あなたと会う約束をしていたのに来ませんでした」，親に対する葛藤2場面「親が，あなたの友だちの前であなたのことをしかりました」「親は，あなたの本当の話をうそだと思い，信じてくれませんでした」，先生に対する葛藤1場面「先生があなたの言おうとしていることを聞いてくれませんでした」，見知らぬ人に対する葛藤2場面「映画を観るためにあなたは並んでいましたが，誰か知らない人が割り込んできました」「廊下を歩いていると，見知らぬ生徒達がすれ違いざまに笑いました」の計8場面を筆者が選択し，今回の調査で使うことにした。兄弟姉妹に対する葛藤エピソードについては，被験者の中で兄弟姉妹のいない場合，兄弟姉妹の葛藤状況を想像しにくいことがあるため，除外した。

ARI-Aを日本人中学生に適用する際，日米の文化差に着目する必要がある。日本人は攻撃欲を感じてもそれを直接外に出すことを抑制する傾向を示す（工藤・マツモト，1996）。したがって，意図レベル反応においては「抑圧的意図」，

第1節　Anger Response Inventory-Adolescent（日本語版）の作成

実行レベル反応においては「我慢する」の項目を ARI-A に付け加えることは文化的に妥当であろうと思われる。また大渕（1986）の尺度作成に関する研究では，怒り反応の項目のうち「怒りと反対の表現」と「第三者に相談」がある。日本では，集団を意識するあまり自由な感情の表現が拘束され（工藤・マツモト，1996），「愛想笑い」のような「怒りと反対の表現」が中学生にも用いられる可能性は高いと考えられる。押見（2000）は，作り笑いについて，面白おかしいといった自然な感情によらない，表向きだけの笑顔を伴う笑い反応と定義している。本書で扱う「愛想笑い」も，これと同様の意味で扱うことにする。また，日本人の対人関係のあり方が相互依存的であると考えると，怒り感情を経験したときに，第三者に自分の気持ちを聞いてもらい，より良い解決方法を模索することが予測される。したがって，「相談」や「愛想笑い」のような項目内容が，日本人対象の怒り感情に伴う諸反応を測定するにあたり適切であると考えられる。日米の文化差を考慮し，「抑圧的意図」「我慢」「愛想笑い」「相談」の新しい4項目を ARI-A に付け加えた後，心理学科専攻の大学院生7名に表面的妥当性を測定してもらい，よりわかりやすい表現に変更するなどして，中学生から回答が得られやすいようにした。

「実行レベル」での怒り感情に伴う諸反応では，Tangney et al.（1996）が状況場面ごとに質問項目を18項目の中から7項目選択して提示したのに対し，日本版ではすべての状況場面でそれぞれ21項目全部を使用した。それによって，状況場面間の汎化を試み，どのエピソードでも同じ内容の項目をまんべんなく尋ねるようにした。原本である ARI-A に倣い，回答の仕方は5件法で"graduation"，すなわち，それぞれの感情，思考，行動，予測の度合いを，程度の差で測定することにした。各項目に対して「とてもそう思う（5点）〜全く思わない（1点）」の5件法で回答を求めた。たとえば，怒りを感じた相手に対して建設的な話し合いを実行する頻度が高ければ高いほど，高得点が得られるようにした。本研究は，Tangney et al.（1996）に倣い，調査対象者が認知するもしくは意識した怒り感情を扱うこととする。

以下では，この尺度を「思春期版怒り反応尺度（日本語版）」略して JARI-A（Japanese version of Anger Response Inventory-Adolescent[3]）と呼ぶことにする。

(2) 調査票の構成

① フェイスシート

調査対象者の性別，学年，所属部活名，好きな科目，嫌いな科目について，記入させた。また，質問の回答の仕方に慣れてもらうため，例題を提示した。

② 敵意的攻撃インベントリー（Hostility Aggression Inventory-HAI）

アメリカでは Tangney et al.（1996）が成人の調査対象者に調査を行ったとき，ARI の基準関連妥当性を検討するために，Buss-Durkee Hostility Inventory Scales（BDHI）（Buss & Durkee, 1957）と ARI との相関を算出した。その結果，ARI の怒りの認知度および非建設的反応は，BDHI のすべての因子と正の相関が見られた。したがって，JARI-A も BDHI と同じような相関が見られるだろうとの仮説を立てた。そこで BDHI を翻訳し，日本の中学生に適用するために作られた，敵意的攻撃インベントリー（秦，1990）（以下，略して HAI 尺度とする）を用いて JARI-A の妥当性を検討した。HAI 尺度は 6 因子「身体的暴力」「敵意」「いらだち」「言語的攻撃」「間接的攻撃」「置換え」で，54 項目ある。5 件法で回答させ，たとえば敵意が強ければ強いほど，高い得点が得られるようになっている。信頼性，妥当性はともに検証されている（秦，1990）。HAI 尺度は，JARI-A のおもに非建設的反応と正の相関が見られるだろうと予測した。HAI 尺度のうち，「置換え」因子は，社会的望ましさを測定する因子で，桜井（1984）の社会的望ましさ尺度の項目と内容が重複するため除いた。したがって全部で 5 因子，計 46 項目のみを抽出し，それを用いて JARI-A の基準関連妥当性を検証する。

③ 中学生用ストレスコーピング尺度

中学生用ストレスコーピング尺度（嶋田・三浦，1999）（以下，略して SCP 尺度とする）は，30 項目からなり，よくそうする（4 点）〜あまりしない（1 点）の 4 件法で回答させる。あるコーピングを用いる頻度が多ければ多いほど高得点が得られるようになっている。SCP 尺度は 3 つの因子「積極的対処」

---

3 JARI-A の項目内容と下位尺度の例示については Appendix 1 を，JARI-A の質問紙本体の例示については Appendix 2 を参照のこと。

「サポート希求」「逃避・回避的対処」により構成されている。日本の中学生を対象にした尺度で，信頼性妥当性が確認されている。SCP尺度の下位尺度および項目内容を検討したところ，「積極的対処」因子がJARI-Aの「建設的反応」と，「逃避・回避的対処」因子がJARI-Aの「発散・回避的反応」と，「サポート希求」因子がJARI-Aの「相談」とそれぞれ正の相関があるだろうと予測できるので，JARI-Aの基準関連妥当性を測定するため用いた。

④ 社会的望ましさ尺度

JARI-Aが自己報告式質問紙であることから，調査対象者がどの程度率直に自分の感じたことを報告しているかどうかを，測定することが重要である。他者からの評価懸念は，回答に影響する場合があるからである。そこでアメリカなどで質問紙を作成する際によく用いられるのが，Child Social Desire Scale (Crandall, Crandall, & Katkovsky, 1965) である。この質問紙の日本語版が児童用社会的望ましさ（桜井，1984）（以下，SDSCとする）である。SDSCは25項目あり，はい，いいえの2件法で回答させ，信頼性，妥当性も検証されている（桜井，1984）。本書では，まずSDSCの得点を性差および学年差などの観点から検証する。またSDSCの得点とJARI-Aの得点との相関を求めることによって，JARI-Aに対する社会的望ましさの影響を調べる。また，SDSCで得られた得点をコントロール要因にしてJARI-AとHAI尺度，およびJARI-AとSCP尺度のそれぞれの偏相関を算出し，コントロールなしで得られたそれぞれの相関の大きさに相違がないかどうか，比較検討する。

HAI，SCP，およびSDSCは，JARI-Aと合わせて質問紙として配布した。なお，JARI-Aは，エピソードと項目の順番をランダムに並べ替えたものを4パターン用意し，無記名で行った。

（3） 調査対象

群馬県の1中学校Aに在籍する中学生456名（中1男子74名，女子74名，中2男子74名，女子79名，中3男子76名，女子79名）。

（4） 調査手続き

調査は2001年12月に実施した。学校の教室で，クラス担任より生徒に質問紙が配布され，記入され，その場で回収された。

【結　果】

データの解析にあたって，同回答者が全項目同じ番号のみに○をつけた回答は除外し，全部で449を有効回答として分析の対象にした。

（1）　平均値，性差および学年差の検討

JARI-Aの各項目平均が1.32から4.20の範囲，標準偏差は0.85から1.65の範囲であった。JARI-Aのエピソードごとの項目を単純加算した（8～40点）下位尺度ごとの平均値と標準偏差をTable 2に示す。意図レベルの反応では，「回避発散的意図」が最も平均値が高く，「抑圧的意図」が最も低かった。実行レベルでの怒り感情に伴う諸反応では，「発散」が最も平均値が高かった。「直接的脅し」は，非建設的な反応の中で，最も平均値が高かった。

各下位尺度について性差と学年差の2要因3水準の分散分析で検討した。それをTable 2に示す。「怒りの認知度」に性差と学年差に主効果が見られ，女子のほうが男子より5％水準で有意に平均点が高かった。また学年差に主効果が見られたのでTukey HSDによる多重比較を行ったところ，3年生が1年生より5％水準で有意に平均点が高かった。

意図レベルでは，「回避発散的意図」で性差と学年差に主効果が見られ，女子のほうが男子より5％水準で有意に平均点が高く，2年生が1年生より5％水準で有意に平均点が高かった。

建設的意図が，学年差に主効果が見られたので，Tukey HSDによる多重比較を行ったところ，2年生＞3年生＞1年生の順でそれぞれ5％水準で有意な差が見られた。

「悪意」は，交互作用が見られたので単純主効果を求めたところ，2年生において男子のほうが女子より5％水準で有意に平均点が高かった。

実行レベルの怒り感情に伴う諸反応では，「直接的脅し攻撃」と「相談」がそれぞれ性差に主効果が見られ，女子が男子より5％水準で有意に平均点が高か

第1節 Anger Response Inventory-Adolescent（日本語版）の作成

Table 2 JARI-A の平均値，標準偏差，下位尺度ごとの（学年）×（性）分散分析結果一覧表

JARI-A 尺度	平均値（標準偏差）	主効果		交互作用 F 値
	全体	性差 F 値	学年差 F 値	
怒りの認知度	29.96 (5.85)	5.09*	4.52*	.95
意図				
建設的意図	21.02 (7.47)	.60	6.45*	.10
悪意	19.54 (7.83)	.01	.55	3.17*
回避発散的意図	24.91 (7.67)	4.65*	6.12*	.14
抑圧的意図	19.41 (6.83)	1.51	2.33	.36
非建設的反応				
直接的身体攻撃	14.65 (7.03)	.39	.08	11.01**
直接的言語攻撃	16.65 (7.21)	.002	.10	5.54*
直接的脅し攻撃	19.54 (7.96)	7.08*	.05	1.41
間接的攻撃（無視）	18.23 (5.82)	2.02	.49	.87
間接的攻撃（悪口）	16.98 (7.15)	.84	.48	2.74
置換え身体攻撃	11.41 (5.97)	1.06	.08	3.94*
置換え言語攻撃	12.17 (6.11)	1.25	.13	2.59
置換え物への攻撃	15.03 (7.91)	.001	1.17	4.98*
愛想笑い	13.64 (6.94)	.99	1.89	.80
自己非難	14.85 (6.24)	.003	1.45	1.09
怒りの抑圧反芻	14.21 (6.43)	.04	1.51	1.19
我慢	17.21 (6.98)	.06	2.57	1.61
建設的反応				
話し合い	18.97 (5.98)	1.03	1.39	.43
改善	16.69 (6.01)	.02	2.74	.88
相談	20.24 (8.38)	6.77*	3.00	.57
回避発散的反応				
発散	21.99 (8.06)	2.55	2.66	1.39
過少評価	19.01 (6.22)	.50	.53	.45
立ち去る	16.71 (6.98)	.09	.74	.86
何もしない	18.91 (6.11)	1.66	.84	.15
認知的再評価				
相手認知的再評価	15.83 (5.94)	.24	.94	.43
自己認知的再評価	15.80 (6.56)	.01	.56	1.21
長期的結果予測				
自分結果予測	23.41 (5.83)	.17	.30	4.38*
相手結果予測	21.82 (5.46)	.03	1.18	3.41*
人間関係結果予測	19.55 (4.66)	1.51	.32	2.89

注：$N=499$，平均値は 8 エピソードの各項目を単純加算した平均である。
* $=p<.05$，** $=p<.01$。

った。また「直接的身体攻撃」「直接的言語攻撃」「置換え身体攻撃」「置換え物への攻撃」にそれぞれ交互作用が見られた。そこで単純主効果を求めたところ，「直接的身体攻撃」が1％水準で，「直接的言語攻撃」「置換え身体攻撃」「置換え物への攻撃」は5％水準で，1年生は女子のほうが男子よりそれぞれ平均点が有意に高かったが，3年生は男子のほうがそれぞれ平均点が有意に高かった。「自分結果予測」と「相手結果予測」に交互作用が見られたが単純主効果は見られなかった。

（2） 信 頼 性

Tangney et al. (1991) に倣い，JARI-A の8場面ごとの各項目をまとめた項目をひとつの下位尺度にし，各下位尺度について Cronbach の α 係数を算出したところ，.65 から .89 の値が得られた。「怒りの認知度」「意図レベルでの怒り感情に伴う諸反応」「実行レベルでの非建設的反応」および「結果予測」のそれぞれの α 係数が .70 以上で，十分な内的整合性があることが示された。実行レベルにおける建設的反応のうち「話し合い」が .68，発散回避的反応のうち「何もしない」が .65，「過小評価」が .69 で .70 を下回った。新項目として試験的に付け加えた「抑圧的意図」は .77，「我慢」は .82，「愛想笑い」は .85，「相談」は .86 でいずれも高い値が算出された。よってこれらの新項目の信頼性が高いことが示された。

（3） 社会的望ましさについて

SDSC で得られた結果を性差と学年差の2要因3水準の分散分析で検討したところ，性差と学年差に主効果が見られた。そこで学年差について Tukey HSD による多重比較を行ったところ，平均点が3年生＞1年生＞2年生の順で，1年生と2年生の間，2年生と3年生の間に5％水準で有意な差が見られた。性差については女子のほうが男子より5％水準で有意に平均点が高かった。

SDSC によるデータをコントロール要因にして，JARI-A と HAI 尺度との偏相関と，コントロールなしで得られたそれぞれの相関と比較検討した。その結果，HAI 尺度の「敵意」と JARI-A の非建設的反応の下位尺度との相関を社会的望ましさを除外しないで算出すると，「置換え言語攻撃」.16 が最低値，「愛想

第1節　Anger Response Inventory-Adolescent（日本語版）の作成　39

笑い」.26 が最高値で，それぞれ有意な弱い相関が見られたにもかかわらず，社会的望ましさを除外して算出すると，相関は見られなかった。しかしいずれも .26 以下の弱い相関であり，社会的望ましさの影響は小さいと考えられる。これらの変数間以外の相関については，社会的望ましさの影響は見られなかった。

　SDSC 得点をコントロール要因にして，JARI-A と SCP 尺度との偏相関を算出したところ，コントロールなしで得られた相関と差が見られなかった。したがって JARI-A，SCP 尺度とも社会的望ましさの影響はほぼ受けていないことが示された。

（4）　基準関連妥当性
①　敵意的攻撃インベントリーとの相関

　SDSC 得点をコントロール要因にして算出された JARI-A と HAI 尺度の偏相関を Table 3 に示す。怒りの認知度は，HAI 尺度のすべての因子と正の相関があった。「悪意」はすべての因子と有意な正の相関を示し，特に HAI 尺度の「身体的暴力」と「間接的攻撃」と中程度の正の相関が見られた。怒り感情に伴う非建設的な反応のうち「直接的身体攻撃」「直接的言語攻撃」「直接的脅し攻撃」と「置換え物への攻撃」は HAI 尺度の「身体的暴力」と中程度の正の相関が見られ，「直接的脅し攻撃」「間接的攻撃（無視）」「間接的攻撃（悪口）」はHAI 尺度の「間接的攻撃」と中程度の正の相関が見られた。

　新項目については，「相談」が，筆者の予測と反して HAI 尺度と正の相関があった。「我慢」は HAI 尺度と有意な相関が見られなかった。しかし「愛想笑い」は，「敵意」を除く HAI 尺度のすべての因子と正の相関があった。このような結果から，JARI-A の基準関連妥当性がほぼ検証された。

②　中学生版ストレスコーピング尺度との相関

　SDSC 得点をコントロール要因にして算出された JARI-A と SCP 尺度との偏相関を Table 4 に示す。JARI-A の「建設的意図」は，SCP 尺度の「積極的対処」および「サポート希求」と中程度の正の相関があった。JARI-A の「回避発散的意図」は，SCP 尺度の「積極的対処」，「サポート希求」および「逃

Table 3　JARI-A の下位尺度と HAI 尺度の偏相関

JARI-A 尺度	敵意的攻撃インベントリー（HAI 尺度）				
	身体的暴力	敵意	苛立ち	言語的攻撃	間接的攻撃
怒りの認知度	.19**	.30**	.36**	.22**	.29**
意図					
建設的意図	−.03	.04	.10*	.08	−.03
悪意	.41**	.18**	.30**	.30**	.45**
回避発散的意図	.18**	.23**	.24**	.23**	.23**
抑圧的意図	−.07	.13*	.03	−.08	.01
非建設的反応					
直接的身体攻撃	.48**	.04	.22**	.26**	.36**
直接的言語攻撃	.48**	.11*	.25**	.38**	.38**
直接的脅し攻撃	.43**	.22**	.36**	.39**	.43**
間接的攻撃（無視）	.29**	.20**	.26**	.27**	.43**
間接的攻撃（悪口）	.34**	.16**	.28**	.31**	.45**
置換え身体攻撃	.37**	−.03	.17**	.16**	.27**
置換え言語攻撃	.38**	.03	.26**	.20**	.30**
置換え物への攻撃	.47**	.07	.30**	.20**	.33**
自己非難	.18**	.09*	.17**	.16**	.17**
怒りの抑圧反芻	.20**	.09	.22**	.12*	.18**
新項目					
愛想笑い	.22**	.04	.15*	.20**	.17**
我慢	−.02	.15	.06	−.06	.04
相談	.11*	.19**	.29**	.24**	.28**

注：HAI 尺度との偏相関は $N=443$。これは社会的望ましさを統制したときの偏相関である。
$*=p<.05$, $**=p<.01$。

避・回避的対処」と正の相関があった。JARI-A の「抑圧的意図」は SCP 尺度の「積極的対処」および「逃避・回避的対処」と正の相関があった。

　実行レベルでは，JARI-A の「建設的反応」が SCP 尺度の「積極的対処」および「サポート希求」と中程度の正の相関があった。「回避発散的反応」および「認知的再評価」は，「過小評価」が「サポート希求」との間に相関が見られなかったのを除くと，いずれも SCP 尺度すべての因子と正の相関があった。「我慢」は SCP 尺度の「積極的対処」および「逃避・回避的対処」と正の相関があった。「愛想笑い」も「サポート希求」および「逃避・回避的対処」と正の相関があった。「相談」は「サポート希求」と中程度の正の相関があった。したがって，これらの新項目の妥当性は SCP 尺度との相関においても確認された。

第1節　Anger Response Inventory-Adolescent（日本語版）の作成

Table 4　JARI-A の下位尺度と SCP 尺度の偏相関

JARI-A 尺度	中学生用コーピングスキル尺度（SCP 尺度）		
	積極的対処	サポート希求	逃避・回避的対処
怒りの認知度	.24**	.31**	.04
意図			
建設的意図	.45**	.32**	.15**
悪意	.05	.27**	.08
回避発散的意図	.26**	.29**	.13*
抑圧的意図	.22**	.09	.21**
建設的反応			
話し合い	.42**	.35**	.11*
状況改善のための行動	.41**	.35**	.18**
回避発散的反応			
発散	.24**	.23**	.21**
過少評価	.19**	.07**	.32**
立ち去る	.10*	.13*	.17**
何もしない	.23**	.13**	.26**
認知的再評価			
相手への認知的再評価	.23**	.16**	.19**
自己への認知的再評価	.31**	.21**	.19**
新項目			
愛想笑い	.09	.13*	.16**
我慢	.16**	.07	.20**
相談	.28**	.43**	.03

注：SCP 尺度との偏相関は $N=435$。これは社会的望ましさを統制したときの偏相関である。
$*=p<.05$, $**=p<.01$。

【考　察】

（1）　全般的な考察

〈研究 1-1〉では，ARI-A の日本版として作成された JARI-A の信頼性および妥当性について検討し，社会的望ましさからの影響についても検証した。

　平均値を検討すると，意図レベルにおいても実行レベルにおいても「発散」が一番反応が多かった。日本人中学生の怒り感情に伴う諸反応の重要な特徴のひとつを示していると考えられるだろう。つまり日本人中学生は身体的攻撃，言語的攻撃などの非建設的反応を示さないが，相手と話し合うなどの建設的反応も示さない。相手や自分を取り巻く周囲を変えようとするのではなく，自分ひとりでできることで怒りを発散することで，怒り感情をコントロールしようとする反応を示しているといえる。

「直接的脅し攻撃」は実行レベルにおいて3番目に平均値が高かった。身体的攻撃や言語的攻撃など自他共に明確な攻撃反応を用いるかわりに，相手に対して心理的に威嚇することによって，自分の怒り感情の強さを訴えようとしていると解釈することができる。

性差を検討すると，「回避発散的意図」は女子のほうが，また学年別では1年生より2年生のほうが平均値が高かった。これは，女子は攻撃を表出することが社会的に不利（Crandall et al., 1965）であると社会的要請から感じ取り，それに見合った反応，たとえば自他共に傷つけなくてすむ方法で，とりあえず怒り感情をおさめるようにするため，「回避発散的意図」を選択しているのではないかと考えられる。

「直接的脅し攻撃」は，女子の方が男子より多かった。女子は，怒り感情を抱いている相手にもしくは第三者に，身体的に言語的に表出することを抑制してはいるものの，「脅す」という方法で自分の怒り感情を相手に伝えようとしていると考えられる。

女子のほうが「相談する」という反応を男子より多く選択していることが明らかになった。女子は男子と比べて人とのコミュニケーションの中で自分の怒り感情をコントロールしようとしているからではないか，と推測される。

(2) JARI-A の信頼性

JARI-A の各下位尺度の信頼性係数は.65 から.89 の値であった。「何もしない」と「過小評価」は α 係数.70 を下回った。見知らぬ人が瞬時に自分を怒らせる出来事に対してなす術がないために「何もしなかった」り，「過小評価」するのと，親に対する葛藤を避けるために意図的に「何もしなかった」り，「過小評価」するのとでは，調査協力者の間で異なった意味をもったと考えられる。しかし，JARI-A の各下位尺度の信頼性係数は，アメリカでの信頼性係数（Tangney et al., 1996）と同程度，もしくは JARI-A のほうが高く，よってやや数値が低い項目があっても，全般的には信頼性が示されたといえる。

(3) JARI-A の妥当性

JARI-A の妥当性のいくつかは示されたものの，新項目について，今後検討

すべき課題が残った。たとえば,「相談」は,「気持ちを聞いてもらう」すなわち「怒りを感じている対象について愚痴る」という意味合いが強かったため, HAI 尺度と正の相関があったと思われる。これは愚痴を聞いてもらうことが相手の悪口を言うことにつながり, それが相手を遠まわしに攻撃することになるという, 因果関係ではないかと推測される。

　JARI-A の「我慢」と HAI 尺度の因子とで相関が見られなかったが, これは調査対象者が「我慢」を非建設的反応として捉えていないことが考えられる。一方「我慢」と「抑圧的意図」は SCP 尺度の「積極的対処」と相関が見られた。「私さえ我慢すればまるくおさまる」つまり, 「我慢」は前向きな対処方法として中学生に認識されていると捉えられるだろう。「愛想笑い」は, SCP 尺度の「サポート希求」および「逃避・回避的対処」と正の相関があった。これは, あいまいなどちらともとれる表現の選択によって, 人へのサポートを求め, 葛藤を回避しようとしたために, このような偏相関が見られたのであろう。また愛想笑いは HAI 尺度との相関が見られた。数値的にはわずかな差ではあるが, 建設的反応よりも非建設的反応との相関に高い数値が見られた。よって調査対象者はどちらかと言えば愛想笑いを非建設的反応として認識していると考えられる。

　以上のことから, これらの新項目は, 日本の文化的特徴をよく表した項目であると考えられる。よって, JARI-A はいくつかの下位尺度において信頼性, 妥当性についての課題が残るものの, 日本人中学生を対象とした, 怒り感情に伴う諸反応の程度を反映する尺度であることが示された。

(4)　今後の課題

　今後は項目内容を精度の高いものにし, より簡便な尺度を開発することが課題である。また信頼性の低かった下位尺度は, 項目数を増やすなどして信頼性を高めることが必要だろう。さらにエピソードの内容に影響を受けやすい項目については, 項目の内容や表現についての再検討を行う必要があると考えられる。

第2節　中学生が経験する怒り感情に伴う諸反応の特徴
　　　　―発達要因（青年期との比較検討）―　　　〈研究 1-2〉

【目　　的】
　本研究では，日本人中学生と青年を対象に，怒り感情に伴う諸反応において，発達差や性差が見られるのか，その実態を測定し明らかにすることを目的とする。

【方　　法】
　調査協力者　　中学生群として，関東圏 1 中学校 B に在籍する 3 年生男子 71 名，女子 84 名，計 155 名，青年期群として関東圏医療系専門学校生女性 56 名，関東圏私立大学学生男性 31 名，女性 102 名，計 189 名を対象に調査した。
　質　問　紙　　JARI-A を使用した。青年期対象者についても，中学生群と比較検討するために，中学生と同じ質問紙を用いた。
　調査手続き　　調査は 2002 年 2 月～3 月に，各学校のクラス単位で質問紙が配布され，記入され，その場で回収された。

【結　　果】
　中学生の調査協力者 155 名および青年期の調査協力者 189 名について，JARI-A の下位尺度の平均値を求め，中学生群×青年期群，男×女の 2 要因 2 水準の分散分析を行った。その結果を Table 5 に示す。
　発達差については，意図レベル反応では「悪意」が，実行レベル反応では「直接的身体攻撃」「直接的言語攻撃」「間接的攻撃悪口」「置換え身体攻撃」「置換え言語攻撃」「置換え物への攻撃」「愛想笑い」が 1 ％水準で有意に中学生のほうが青年期より平均値が高かった。
　一方「怒りの認知度」「建設的意図」「発散回避的意図」「話し合い」「相談」「発散」「過小評価」「何もしない」「抑圧的意図」「我慢」「自己への認知再評価」「相手への認知再評価」は 1 ％水準で青年期の方が中学生より有意に平均値が高かった。「間接的攻撃無視」は青年期のほうが 1 ％水準で有意に高く，交互

Table 5 発達要因および性別要因に見られる怒り感情に伴う諸反応の特徴

群	中学生		青年期		発達差	性差	交互作用
性別	男	女	男	女	F値	F値	F値
怒りの認知度	21.23	21.2	28.41	31.28	130.27**	3.54	3.67
怒り感情に伴う意図レベルでの反応							
建設的意図	20.47	18.92	29.79	25.42	79.69**	11.19**	2.52
悪意	24.45	25.18	14.97	15.82	131.61**	.91	.01
発散回避的意図	19.64	19.44	26.89	27.74	90.40**	.16	.42
抑圧的意図	14.98	13.25	22.68	20.52	81.21**	5.48*	.07
怒り感情に伴う実行レベルでの反応							
非建設的反応							
直接的身体攻撃	16.7	15.24	11.81	10.72	60.48**	4.43*	.10
直接的言語攻撃	18.41	19.01	15.28	13.86	29.88**	.30	1.77
直接的脅し	16.94	17.02	17.18	18.15	.69	.40	.30
間接的攻撃悪口	18.97	18.58	14.51	15.36	26.18**	.093	.68
間接的攻撃無視	12.55	10.44	15.54	16.95	49.97**	.27	6.87*
置換え身体攻撃	12.88	11.44	9.22	9.12	31.80**	2.12	1.59
置換え言語攻撃	14.49	14.66	9.52	10.70	40.14**	.93	.51
置換え物への攻撃	13.97	13.91	11.57	10.68	20.35**	.57	.44
自己非難	14.38	15.1	15.16	14.67	.062	.03	.68
抑圧反芻	17.14	16.34	15.17	15.68	2.75	.03	.67
我慢	14.05	13.57	19.53	18.54	42.99**	.85	.10
愛想笑い	17.72	19.04	12.27	11.91	90.23**	.51	1.61
建設的反応							
話し合い	16.41	15.75	25.09	24.47	153.78**	.84	.001
改善のための行動	16.98	21.61	21.45	20.12	3.13	3.86*	12.56**
相談	20.51	20.68	23.53	26.86	21.90**	3.19	2.58
発散・回避的反応							
発散	18.68	17.31	24.15	25.39	70.87**	.01	2.63
過小評価	16.47	16.34	23.24	21.28	61.90**	1.97	1.54
立ち去る	19.91	18.2	16.96	18.18	3.50	.096	3.43
何もしない	16.04	14.76	20.34	20.91	55.11**	.26	1.74
認知再評価							
自己への認知再評価	15.66	14.81	20.63	18.41	32.09**	4.13*	.82
相手への認知再評価	22.73	22.64	18.17	16.99	55.59**	.86	.63
諸反応が生起した後の結果予測							
自分への結果予測	22.16	21.18	27.49	23.99	40.20**	12.23**	3.88*
相手への結果予測	19.04	19.49	25.31	22.72	63.79**	3.22	6.52*
人間関係への結果予測	19.04	19.49	21.57	19.82	5.90*	1.20	3.46

注：* = $p < .05$, ** = $p < .01$　$N = 307$

作用も見られた。

性差については,「建設的意図」は1％水準で,「抑圧的意図」「自己への認知再評価」「直接的身体攻撃」は5％水準で有意に男子のほうが女子より平均値が高かった。「改善のための行動」は交互作用があり,中学生では女子のほうが男子より1％水準で有意に高いが,青年期では有意差が見られなかった。怒り感情に伴う諸反応の結果予測については,それぞれ有意に青年期のほうが中学生より良い結果を予測した。「自分結果予測」「相手結果予測」については交互作用が見られ,男子のほうが青年期になるにつれ,中学生と比較すると,有意に平均点が高くなった。

【考　察】
（1）　発達要因

中学生群のほうが青年期群に比べて,「悪意」「身体的攻撃」や「言語的攻撃」が,怒りを感じている対象に直接的にあるいは第三者に向けられる反応の平均値が高かった。これは Tangney & Becker (1996) の知見とも一致している。

「悪口」も中学生のほうが平均値が高く,これについても Tangney & Becker (1996) の知見と一致している。怒り感情を抱いた対象との「冷静な話し合い」が,青年期のほうが中学生より有意に平均値が高かったことと関連していると思われる。悪口は相手を遠まわしに傷つけようとする行為と思われるが,相手と問題となっていることについて冷静に話し合うことができれば,悪口のような手法を用いなくても,相手に自分の気持ちを率直に表明し,問題解決につながることも多いと予測される。つまり,青年と比べて中学生は,相手と面と向かって話し合いができないかわりに,悪口という間接的攻撃をとらざるをえないと感じているのではないかと推測される。

「愛想笑い」が中学生のほうが青年より多かったのも,同様の解釈によって説明できると思われる。怒り感情を認知したり,それを意識化,言語化することに困難を覚え,またそれを建設的な方法で対応する経験が不足しているため,愛想笑いを用いて,その場をとりあえずおさめる方法をとるのではないかと考えられる。

青年は中学生と比較して,意図レベル,実行レベル双方において建設的反応

および発散回避的反応を多く用いていた。〈研究1-1〉において，中学生の間でも実行レベルの「発散」が1番平均値が高かったにもかかわらず，青年のほうが中学生より「発散」の平均値が有意に高かったのは，日本人が頻繁に経験する怒り感情に伴う反応であると考えられるだろう。あるいは，日本人青年にとって「発散」が一番安全な方法でなおかつ自分も満足できる方法であると認識していると考えられる。「過小評価」や「何もしない」などの回避的反応も，青年のほうが中学生より平均値が有意に高かった。あきらめるという方法で何とかその場をしのごうとする，日本人青年の怒りのコントロールのありようを示しているのではないかと考えられる。

「抑圧的意図」および「我慢」は，青年のほうが中学生より平均値が有意に高かった。これは中学生のストレス耐性の低下を指摘した大木・神田（2000）の知見と一致する。日本人中学生が伝統的な怒り感情の表示規則である「怒りを抑圧する」反応を示さないようになっていることの表れであると考えられる。

「自己への認知再評価」と「相手への認知再評価」は，青年のほうが中学生より平均値が高かった。これは Tangney & Becker（1996）の知見とも一致している。また「自己への認知再評価」と「相手への認知再評価」が青年のほうが平均値が高かったのは，相手を傷つけないかわりに自分自身も傷つかないようにするという「自己結果予測」および「相手結果予測」が，青年のほうが中学生より平均値が高いという結果とも関連していると思われる。したがって自分の気持ちのもちようを見直したり，相手の立場や心情を再認識しつつ，自分と相手，双方にとってのより良い結果を予測するというスキルが，青年と比較して中学生に不足していることが示されていると考えられる。

(2) 性別要因による影響

「建設的意図」「自己への認知再評価」および「自己結果予測」が，男子のほうが女子より平均値が高かった。男子のほうが女子より怒り感情を経験した際に自分の立場を大切にしたり，状況を良いほうに変えようとする意図が強く，またそのように実行すれば自分にとって有益となると考えていると予測できる。しかしながら JARI-A の結果予測は実際に起こった出来事に対する実際的な結果の評価ではないため，そのように結論づけるには慎重を要する。「直接的

身体攻撃」については，男子のほうが女子より平均値が高かった。これは先行研究による多くの性差の研究結果と一致している（Maccoby & Jacklin, 1980; Hyde, 1984; Eagly & Steffen, 1986）。

「抑圧的意図」は女子の方が男子より有意に平均値が高かった。これは女子の方が男子より怒り感情を表出することに対して社会的に牽制を受けやすいからと解釈することができる。

「自己非難」と「抑圧反芻」は発達差および性差が見られなかった。回避的反応は先行研究では女子の方が男子より平均値が高いと指摘されている（Cairns & Cairns, 1986）が，本研究では性差が見られなかった。〈研究1-1〉より，日本人中学生は男女とも，「発散」をしやすい傾向にあるため，特に性差が見られなかったのであろうと予測できる。

「間接的攻撃」においても，性差が見られなかった。これは間接的攻撃の性差について先行研究を要約した八島（2002）の，女性のほうが男性より関係性攻撃が高いとする知見と一致しない。しかし八島（2002）の引用した研究はアメリカの文献のみであった。〈研究1-1〉の結果では日本人中学生は間接的攻撃（無視）は5番目に平均値が高かった。これらのことから，日本人中学生は，男女ともに間接的攻撃を示しやすい傾向にあると思われる。

【今後の課題】

　JARI-Aは下位尺度が多いため，詳細な情報が得られるが，一見してわかりやすい情報を提示できない。尺度構成の検討が必要である。またサンプルのサイズが偏っており，特に青年期の男性が少ない。さらにJARI-Aの項目数が多く，調査協力者の負担が大きいため，調査の協力を得ることが困難であった。今後，尺度の簡略版を作成するなど，工夫が必要である。

第3節　日本人中学生が経験する怒り感情に伴う諸反応の特徴
　　　―自由記述による質問調査―　　　　　　　　　　〈研究2〉

【目　的】

　JARI-Aの信頼性，妥当性が，〈研究1-1〉より確認された。しかし，JARI-

Aの怒りを喚起させるエピソードがアメリカで収集されているため，それに続く意図レベルや実行レベルの反応内容について，日本人である調査協力者がどの程度抵抗なく応答しているかさだかでない。この課題について検討するため，〈研究2〉では，自由記述を用いて，現代の日本人中学生の怒り感情に伴う諸反応について，より幅広く項目を収集し，その特徴を明らかにする。したがって本研究では，日本人中学生を対象にして，日本文化に適した怒り喚起に関するエピソード，および怒り感情に伴う「考え」と「行動」を明らかにすることを目的とする。

【方　　法】

（1）調査対象

東京都内，公立中学校C校，D校の2校における在学生，1年生男子44名，女子43名，2年生男子83名，女子91名，3年生男子40名，女子45名，計346名であった。なお，C校は生徒の自由意志による参加であったので，全校生徒に質問紙は配布したが回収率は50％であった。

（2）質問紙

「あなたが最近怒りを感じた時の，あなたの行動や思うことについて，思い出してみてください」と質問した。それに続いて，質問を2つ行った。①「それは誰に対して，どのような時に，どんな理由で，怒りを感じましたか？」，②「その時，どのような行動をしたり考えたりしましたか？」と尋ねた。作成された質問紙をAppendix 3に示す。

（3）調査手続き

調査は2002年10〜12月に実施した。D校は学校の教室で，クラス担任より生徒に質問紙が配布され，記入され，その場で回収された。C校は学校の教室でクラス担任より生徒に質問紙が配布され，生徒は自宅に持ち帰り，記入して，学校で提出した。

【結　果】

「怒り喚起状況時の相手，状況，理由」に対する自由記述から335の回答を，「怒り喚起状況時の行動」に対する自由記述から265の回答を，「怒り喚起状況時の考え」に対する自由記述から120の回答を得た。これらの記述を，9名の心理学専攻の大学院生が，KJ法により分類し，カテゴリー名をつけた。それをTable 6に示す。「誰に対して怒りを感じるか」という質問に対しては，友達が36％と1番多く，次いで親が20％，先生が10％，クラスメートが8％の順である。

怒り感情を経験する状況と理由の内容については，「言語的攻撃」が最も多く，特に友達からの言語的攻撃により怒り感情を経験していることがわかった。中学生は対人間での言語による傷つきを多く経験していると推測できる。親に対して怒り感情を経験する理由は，「うるさく言う」「気に入らないことを言う」など，叱責や注意にあたるようなことをされるから，たとえば「勉強や服装，進路のことをうるさく言う」などである。先生からの言語的攻撃は「先生に怒られた」など，対親と同じく叱責に関する内容が多く見られた。一方，友達からの言語的攻撃の記述例によると「友達に悪口を言われた」がほぼ50％で，相手からの直接的な攻撃ではなくても，間接的に自分の名誉が傷つけられたり，自分の知らないところで疎外されたりするような攻撃に対して，より多くの中学生が怒り感情を経験していると考えられる。「物理的・身体的攻撃」は「言語的攻撃」ほどパーセンテージは高くなかったが，中学生が身体的攻撃にさらされることによって，怒りを感じていることがわかった。また友達から無視されたときに，32％の回答者が怒りを感じていることがわかった。

次いで怒りを喚起させられる状況，理由として最も頻度が高かったカテゴリーが，友達に対する「気に入らない態度・行動」であった。その具体的記述例によると「メールを見られたくないのに見られた」「話している最中に割り込まれた」など，自分に対して侵入的，もしくは適切な距離を取らない友人に対して怒りを感じるものと，「うその自慢をされた」「自分を誉め，人を批判する」など友達の性格傾向などに批判的な目を向けるものとにさらに分類することができる。次いで，友達からの「ルール・倫理に反する行動」が多かった。具体的記述を見てみると，「授業中邪魔された」「約束を破った」などが中心であっ

Table 6　中学生が経験する怒り感情が喚起されるエピソード

誰に対して	エピソード（カテゴリー）	頻度	誰に対して	エピソード（カテゴリー）	頻度
友達	気に入らない態度・行動をされた	31	兄弟	言語的攻撃	6
	言語的な攻撃	25		気に入らない態度・行動	5
	ルールや倫理に反する行動	17		勉強妨害	3
	身体的・物理的攻撃	15		けんか	3
	気に入らない性格	8		その他	1
	無視	8		小計	18
	自分が否定された	6	先輩	言語的攻撃	4
	理不尽な理由	5		身体的・物理的攻撃	1
	その他	5		にらみ	2
	小計	120		ルール・倫理に反する行動	3
親	命令・強要	17		その他	2
	うるさい	16		小計	12
	気に入らないことを言ってきた	9	自分	自分の能力	6
	気に入らない態度・行動	7		他者との関連における自分の態度	2
	衝突した	6		自分の招いた気に入らない結果	2
	怒られた	4		その他	2
	理不尽な理由	3		小計	12
	八つ当たり	2	他人	言語的攻撃	4
	その他	4		身体的・物理的被害	4
	小計	68		ルール倫理に反する行動	1
先生	言語的な攻撃	14		小計	9
	要求が受け入れられない	6	家族	気に入らない言語	3
	気に入らない態度	6		気に入らない態度・行動	2
	先生を理解出来ない	4		その他	2
	授業時の先生の態度	3		小計	7
	その他	1	その他	学校	5
	小計	34		社会的時事	4
クラスメート	物理的・身体的攻撃	8		人全般	4
	ルール・倫理に反する行動	7		スポーツの審判	4
	気に入らない態度	5		知人	3
	言語的攻撃	5		親密な他者	1
	授業妨害	4		親族	1
	小計	29		物	1
				その他	3
				小計	26
				総計	335

た。ルールを守らないという倫理違反というよりは，ルールを守らないことから生じる対人上でのトラブルによるものと考えられる。自分自身に対する怒り感情も見られた。おもに勉学に関する自分の能力の限界などであった。「社会的時事」についての正義による怒りも少数ではあったが見られた。

怒り感情に伴い心の中で考えること，および行動についての内容の内訳，カテゴリー名と頻度を Table 7 に示す。怒り感情に伴い心の中で考えることは，「相手への攻撃」が 17％で最も多く，次いで「相手への要求」「怒り」「うっとおしい（うざい）」「相手への評価」である。「相手への攻撃」の具体例としては，「殴ろうとした」など身体的攻撃が多かった。「相手への要求」の具体例としては，「嫌なことがあったら直接自分にいってほしいと思う」や「相手の態度を改めてほしい」などであった。「相手への評価」の具体例としては，「いい加減な人だと思った」など，相手を批判したり，見下げているような内容の記述が多く含まれていた。「理由を尋ねる」の具体例として「相手の行動についての理由を聞きたくなった」があり，ARI-A には見当たらない項目であった。

怒り感情に伴う「行動」の結果を，Table 8 に示す。「言葉で言い返す」が最も多く 12％，次いで「無視する」12％，「暴力で攻撃する」8％と相手を攻撃する反応行動が多く見られた。その一方で，「物に当たる」などの Tangney et al.（1996）の置換え反応に類似したものや，「我慢する」という日本の伝統的な

Table 7　中学生が経験する怒り感情に伴った考え

怒りを感じた時に考えたこと	頻度
相手への攻撃	19
相手への要求	16
怒り	13
うっとおしい（うざい）	11
相手への評価	11
相手への怒りの理由	10
ムカつく，イラつく	10
対処・対策	9
相手への嫌悪感	8
その他の感情	7
無回答	4
反省	2
計	120

Table 8　中学生が経験する怒り感情に伴った行動

怒りを感じたときに伴う行動	頻度
言葉で言い返す（攻撃）	34
無視する	32
暴力で攻撃する（身体的）	23
物に当たる	18
我慢する	17
反抗する	17
抗議する	13
ストレス発散（一人で）	10
何もしない	9
その他	9
表面的には何もしない	8
回避	8
忘れる，寝る	8
第三者に話す	7
話し合う	7
喧嘩する	6
反省する	6
逃避する	6
自分に当たる	5
キレル	5
一人になる	4
自分を高める	4
怒りをアピールする	3
和解，解決	3
適当にあしらう	3
計	265

反応も見られた。「抗議する」は具体的記述例として「相手を注意する」などがあり，話し合いまではいかないが，言語的攻撃でもない中間にあたるカテゴリーである。また建設的な反応内容と思われる項目で，自分の行動を振り返って内省する「反省する」「自分を高める」のような，ARI-A には見られない項目があった。また，「キレル」「適当にあしらう」など，ARI-A に見られない項目があった。

【考　　察】

　本調査により，中学生はほとんどの場合対人関係において怒り感情を経験していた。特に友達，親，先生，クラスメートなど，日常生活で頻繁に顔をあわ

せたり，親しい人たちを相手に怒り感情を経験していることがわかった。大渕・小倉（1984）は Averill（1980）の "Questionnaire for the Description of the Subject's Own Experience of Anger" を日本語訳し，大学生を対象に調査を行った。その結果，怒り感情喚起の理由は98％が対人関係によるもので，怒り対象者のうちの88.7％が個人，特に家族や友人も含めた親しい人が対象であることが示された。怒り対象者との相対的地位については，同等の人が57.4％で一番多く，次が目上の人で26.4％だった。比較的親しい人に怒りを感じやすいというのは，それだけ相手に対して要求や期待も高く，よってそれに見合ったものが得られないときは失望が大きく，それが怒り感情の度合いに影響を与えていると考えられる。速水（1999）は，中学生を対象に怒りがどのようにして生起したのかを一日ごとに時間を追って記録させる感情日誌を用いて，質的調査を行った。その結果，怒り感情は仲間に向けられる場合が最も多く，悪口を言われることによって怒り感情が生じるものが多いと示しており，よって本研究の結果と一致している。

　怒り感情を喚起させられる状況や理由については，「言語的攻撃」「身体的・物理的攻撃」と，Tangney et al.（1996）の間接的攻撃にあたる「無視される」のような心理的攻撃が多かった。概して，自分が誰かから何らかの方法で「傷つけられたとき」に怒りを感じているようである。中学生が相手に対して怒り感情をもつかどうかは，自分の受けた被害が加害者の不合理な意図によるものか，それとも不慮の事故によるものか，加害者の行為が合理的なものかによって，攻撃の実行が抑制されるかどうかが決定されると予測される（大渕，1986）。このようなことから，より多くの中学生が相手に行動の意図を問おうと，理由を尋ねたいという気持ちをもつのだろうと推測できる。

　相手からの攻撃が相手の意図および行動ともに明らかな場合，怒りが喚起されやすいことがわかった。次いで「気に入らない態度・行動」など，自分の気分に沿わないことをされたと感じると，怒りが喚起されることがわかった。その他にも「約束を破った」など，自分が被害を被るという理由により怒りを感じていることがわかった。親や先生など目上の人に対する怒り感情が喚起される理由としては「叱責」が多かった。これについては，相手に悪意はなくとも，叱責されることによって不快感を感じ，怒り感情となったのであろうと予測で

きる。

　怒り感情に伴う「考え」の中で特徴的なことを2つあげることができる。1つは「相手への要求」で，具体例としては「嫌なことがあったら直接自分に言って欲しいと思う」などである。しかしこれは自ら積極的に怒りを感じている相手と話し合おうという建設的意図を意味しない。相互依存的な関係の中で自分の気持ちを察してもらおうとする日本の文化的要因が影響していると考えられる。一方「理由を尋ねる」は，自分の気持ちはさておき，とりあえず相手の言い分や立場を聞こうとする，日本人特有のコミュニケーションスタイルが中学生にも表れていると考えられる。

　怒り感情に伴う「行動」については，「我慢する」以外は，Tangney et al. (1996) の非建設的反応のカテゴリーに入るような記述が多く見られた。「ストレス発散」「何もしない」「回避」「忘れる」など，Tangney et al. (1996) の発散回避的反応のカテゴリーに分類される記述も多かった。

　「抗議」は，主張行動として2種類にカテゴリー分類される（濱口，1994）。1つは，困惑や怒りといった否定的な表情を浮かべずに，被害者の立場として正当な要求を主張する発言（釈明の要求，注意の喚起，謝罪，補償的措置の要求）を行うことで，もう1つは困惑や怒りといった否定的な表情を表出しつつ正当な要求を主張する発言である。濱口（1994）は怒りを表出しつつ行う主張的行動は攻撃行動に類似し，対象者の心理的負担を増加させるもので，愛他性とは相反するものとしており，本調査により得られた項目「抗議する」もこれに相当すると考えられる。

　「キレル」は，構成概念として，JARI-Aの「直接的身体攻撃」および「直接的言語攻撃」に含まれると考えられるが，それに加えて衝動性の要因が強いと考えられる。

　「適当にあしらう」は，直接的な攻撃やそれによる対立および葛藤を避けようとするが，積極的に相手と和解しようとするのでもない，という日本的な中庸をとる行動傾向であると考えられる。

　「反省する」は，Tangney et al. (1996) の研究に見当たらない項目内容である。相手を非難するのではなく，かといって不適切に自己非難するのではなく，自分の言動を振り返り，内省し，思い巡らし，改善点を見出そうとする言動は

日本人によく見られる反応であり，中学生もそのような文化的要因に影響を受けていると考えられる。

これらの結果から，「相手に理由を尋ねる」「反省する」「自分にあたる」「キレル」「自分を高める」「適当にあしらう」「抗議する」など，日本人中学生が日常用いているような表現や反応も含めて調査する必要があると考えられる。今後日本人中学生に適した質問紙を改訂するにあたり，これらの項目を含めて調査することにより，社会的妥当性の高い質問紙になると考えられる。

第4節　日本版思春期怒り反応尺度（JARI-A-R）の作成 ──〈研究3〉

【目　的】

本研究は，JARI-A 作成の際に生じた課題を考慮し，自由記述調査より収集された日本文化に適した項目を新たに加え，また調査協力者の負担を減らすため，項目数を減らした質問紙（以下，JARI-A-R とする）を作成し，その信頼性，妥当性を検討する。また JARI-A は 29 の下位尺度から構成されているので，調査者の負担が懸念される。JARI-A-R では下位尺度を少なく設定し，学校現場での実用により適した形，たとえば多忙な教員に一目瞭然で学級の子どもたちの怒り感情に伴う諸反応の特徴を把握できる尺度作成を目的とする。

【方　法】
（1）　調査尺度作成の過程

JARI-A は項目数が多く，中学生に負担が大きすぎることが懸念された。そこで，〈研究2〉の中学生を対象にした自由記述調査より得られた，中学生が経験する怒り喚起状況のエピソードのうち比較的頻度が高かったものと，JARI-A で用いたエピソードも参照しながら，筆者と心理学者1名との協議の上，4場面選択し，今回の調査に使用することに決定した。それらの4場面とは，友達に対する葛藤1場面「友だちがあなたのことを無視しました」，親に対する葛藤1場面「親が，勉強しなさいとうるさく言いました」，先生に対する葛藤1場面「先生があなたのことを怒りました」，クラスメートに対する葛藤1場面「クラスメートがあなたの悪口を言いふらしました」である。

また，心理学者1名と協議の上，回答者が実際に怒り感情喚起エピソードを経験したことがあるかどうかを尋ねる項目を設けた。これによりどのくらいの割合の回答者が実際にそのような経験をしているかを測定することができる。そうすることで，筆者が選択した怒り喚起エピソードの文化的，発達的要因から見た内容的妥当性を確認することにした。

　JARI-Aではすべての状況場面で「建設的意図」「悪意」「発散回避意図」「抑圧的意図」の4項目を怒り感情に伴う意図レベルの反応として，それぞれ使用したのに対し，JARI-A-Rでは「うざいと思う」「ムカツクと思う」「理由を尋ねる」の3項目を新たに追加し，状況場面ごと全部で7項目使用することに筆者と心理学者1名が協議して決定した。

　「実行レベル」反応では，JARI-Aでは状況場面ごと質問項目を21項目使用したのに対し，JARI-A-Rでは日米の文化差を考慮し，新たに自由記述から得られた項目「キレる」「抗議する」「自分自身に八つ当たりする」「反省する」「自分を高める」「適当にあしらう」「忘れる」の計7項目を付け加えることに筆者と心理学者1名が協議して決定した。

　「キレる」と「抗議する」は，怒りを感じた対象に直接的に向けられる攻撃行動と考えられた。「自分自身に八つ当たりする」は，不適切な方法で自分自身をターゲットにして表出される攻撃行動と考えられた。「反省する」「自分を高める」は自己を振り返り，洞察や内省を深めたり，前向きに変化するように，自分に働きかける認知的反応であると考えられた。「適当にあしらう」「忘れる」は，葛藤場面や怒りを感じている対象から回避しようとする行動であると考えられた。

　怒りのコントロールプログラムの効果測定として改訂された質問紙を用いる用途を考慮して，プログラムで用いるターゲットスキルの能力を測定するための項目も質問紙に4項目加えた。①「私の気持ちをお話ししてもいいでしょうか」すなわち自分の気持ちを相手に上手に伝える"I Statement"スキル，②「少し時間を置いて，何が一番良い解決方法かを自分で考える」，③「少し時間を置いて怒りを鎮める」すなわち時間を置いて怒りを鎮めようとするタイムアウト（Time Out）スキル，④「問題を解決するために誰かと一緒に良い方法を考えてもらう」すなわちサポート希求スキルである。JARI-A-Rの実行レベル

反応の計33項目は，すべての状況場面で使用することに決定した。

筆者は，Tangney et al.（1996）や大竹ら（2002）のコーピング尺度の構成概念を参照し，各項目を分類し，恣意的に尺度を構成することにした。意図レベルでは，3つの下位尺度，非建設的意図（20項目），能動的対処意図（8項目），鎮静内省的意図（12項目）を恣意的に構成した。実行レベルでは，おもに非建設的反応と建設的反応に分けられるが，そのうち非建設的反応のカテゴリーとして「直接的攻撃」（24項目）「間接的攻撃」（8項目）「置き換え攻撃」（12項目）「自責的反応」（12項目）の4つの下位尺度を，また建設的反応のカテゴリーとして「能動的対処反応」（20項目）「鎮静内省的反応」（32項目）「回避的反応」（24項目）の3つの下位尺度を，それぞれ恣意的に構成した。以下にJARI-A-Rで測定される10個の構成概念について，Table 9に示す。JARI-A-R下位尺度の①から⑩までの構成概念の内容については，以下のように説明される。

①非建設的意図とは，相手に仕返しをしようと思う，ムカツクと思う，など，意図レベルでの反応を示す概念である。

Table 9　JARI-A-Rの構成概念

JARI-A-R下位尺度	構成概念
意図レベル反応	
①非建設的意図	相手に対して敵意を抱いたり，直接害を加えようと企んだりすること。
②能動的対処意図	状況を改善するために具体的に問題解決したり，相手と話し合いをしようとすること。
③鎮静内省的意図	自分自身の気持ちや認知に働きかけること。それによって，怒り感情をコントロールしようとすること。
実行レベル反応	
④直接的攻撃	怒りを感じている対象に直接に，身体的，言語的，心理的に攻撃する反応。
⑤間接的攻撃	怒りを感じている対象に，間接的に心理的ダメージを与えるよう操作する反応。
⑥置換え攻撃	怒りを感じている対象者以外の第三者や物に，身体的，言語的に攻撃する反応。
⑦自責的反応	自分を不必要に責めたり，怒り感情を抑圧しつつ反芻する反応。
⑧能動的対処反応	怒りを感じている対象と話し合いをしたり，サポートを他者に求める等，人とのかかわりの中で問題解決を図る反応。
⑨鎮静内省的反応	自分の気持ちに自分で働きかけることによって，怒り感情を静めたり，相手や自分の状況を再認識する反応。
⑩回避的反応	怒りを感じている対象から物理的距離を置く，回避する反応。

第4節　日本版思春期怒り反応尺度（JARI-A-R）の作成　59

②能動的対処意図とは，状況を良くしようと思う，相手がなぜそのような行動をとるのか理由を尋ねようと思うなど，意図レベルでの反応を示す概念である。

③鎮静内省的意図とは，その状況を振り返って反省したり，発散したり，我慢するなど，意図レベルでの反応を示す概念である。JARI-Aでは「抑圧的意図」は，回避発散的意図とは異なる概念として，独立して測定した。しかし抑圧的意図は，SCP尺度の「積極的対処」と正の相関が見られるなど，日本人中学生にとって必ずしも非建設的意図としての概念にあたらず，日本文化の表示規則に沿った反応（工藤・マツモト，1996）で，ある意味適応的行動とも考えられる。よって，自分へ働きかけることでコントロールしようとする「鎮静内省的意図」に準ずると判断した。

④「直接的攻撃」とは，怒りを感じる対象に対して殴る，罵倒するなどの攻撃行動が，直接相手に向けられる反応を示す概念である。

⑤「間接的攻撃」とは，怒りを感じる対象に対して悪口を言いふらす，無視するなどの反応を示す概念である。

⑥「置換え攻撃」とは，怒りを感じている対象に直接攻撃を向けるかわりに，他の関係のない人や物に八つ当たりして攻撃する反応を示す概念である。

⑦「自責的反応」とは，自分を不必要に責めたり，怒り感情を長期にわたり反芻する反応を示す概念である。ネガティブな反芻は，臨床レベルのうつ状態をもたらす要因であると指摘されている（伊藤・上里，2002）。怒り感情から喚起されるエピソードを反芻することは，精神的不健康を予測し，他者への危害はなくとも自身への危害が予測されるため，非建設的反応のカテゴリーにあたると予測できる。

⑧「能動的対処反応」とは，人とのかかわりの中で問題解決を図ることを示す，認知的および行動的反応を示す概念である。項目内容としては怒りのコントロールスキルに関するものを含めた。Tangney et al.（1996）の「怒りを感じた対象との冷静な話し合い」「状況を改善するための行動」の2項目と，新たに"I Statement"の概念を表す項目内容も含めた。"I Statement"は日本のコミュニケーション文化になじみの薄いコミュニケーションスキルである。そこで自分の属する文化に共通に理解される情動を示す言葉や表現を使用する

(Saarni, 1999) ために，たとえば先生対象の場合は「私の気持ちもお話ししてもよろしいでしょうか？」と目上に失礼の無い丁寧な言い方で，自分の気持ちを伝えることを"I Statement"を表す項目内容とした。また，「相談」などサポート希求スキルを反映する項目も含めた。

⑨「鎮静内省的反応」とは，しばらく時間を置いて怒りを鎮める，反省するなどの，怒り感情をコントロールしようとする反応である。山崎（2002a）も指摘しているように，「鎮静化」すること事態が，他の種類の反応を導き出す，媒介要因としての機能が考えられる。しかし本研究では，怒り感情を鎮静化することをコントロールスキルのひとつ「タイムアウト」の概念と対応して用いるため，怒り感情に伴う諸反応のひとつとして捉えることとする。

「我慢する」は，JARI-A作成にあたっては，非建設的反応のカテゴリーであると予測したが，SCP尺度の「積極的対処」と正の相関が見られるなど，日本文化従来の表示規則として，中学生が肯定的な反応として捉えていることがわかった。また，3名の中学校教員が「今の子どもは我慢が足りない。我慢することも大切」と強調していることから，我慢も日本社会や学校社会においてはある意味求められる行動であり，肯定的な結果へ導くであろうことが予測できた。以上の理由から，「我慢」を鎮静内省的反応の項目のひとつとして設定することにした。

「発散」は，JARI-A作成の際は，Tangney et al. （1996）の構成概念に習い，非建設的でも建設的でもどちらにも属さない構成概念として扱った。しかし本研究では，プログラムの効果測定という目的に従い，「発散」は非建設的反応でない認知行動的反応であり，大竹ら（2002）も指摘するように，一時的な認知的行動的回避が状況によっては適切な対処である場合があることを考慮し，鎮静内省的反応にその項目を含めることにした。

⑩「回避的反応」とは，怒りを喚起させられた出来事を過小評価するなど，葛藤を回避しようとする概念を示す。その中には「愛想笑い」など，相手を直接攻撃はしないが，ネガティブな感情を解消ないし隠蔽することによってその場を治めるという感情制御（押見，2000）も含まれる。愛想笑いは能動的，建設的な対処ではない。また，自分自身の認知のあり方への変化を促すわけでもない。よって回避的反応の1項目として設定した。「適当にあしらう」につい

ても，相手を見下していい加減に扱うが，直接的，間接的に悪意をもって相手を攻撃するという概念とは異なる。むしろ「適当にあしらう」ことによって相手との葛藤状態から逃避しようとする行動と考えられ，回避的反応の1項目として設定した。

　Tangney et al. (1996) が指摘しているように，JARI-A で設定されていた「長い目で見て，自分にとって，相手にとって，相手との人間関係にとって，どのような結果になるか」を予測させる質問項目と，意図レベルおよび実行レベルの諸反応との因果関係は見られない。また研究者2名と筆者で討議した結果，質問紙の各エピソードごとに自分の選択肢の結果予測を尋ねると，それに回答する作業自体が回答者に内省を促し，次ページの回答に影響を与える可能性があることが懸念された。よって結果予測の項目は JARI-A-R から削除することにした。

　各項目に対して「とてもそう思う（5点）〜全く思わない（1点）」の5件法で回答を求めた。たとえば，怒りを抱いた対象と建設的な話し合いを実行する頻度が高ければ高いほど，高得点が得られるようにした。各下位尺度の得点範囲は，非建設的意図が20〜100点，能動的対処意図が8〜40点，鎮静内省的意図が12〜60点，直接的攻撃が24〜120点，間接的攻撃が8〜40点，置換え攻撃が12〜60点，自責的反応が12〜60点，能動的対処反応が20〜100点，鎮静内省的反応が32〜160点，回避的反応が24〜120点である。

　以上の10個の構成概念を反映させて作成された JARI-A-R の項目内容と下位尺度については Appendix 4 に，JARI-A-R の質問紙については Appendix 5 に，それぞれ示す。

（2）　調査票の構成

　調査対象者の性別，学年，年齢について，記入させた。また，質問の回答の仕方に慣れてもらうため，例題を提示した。〈研究1〉と同じように，HAI，SCP および SDSC は，JARI-A-R と併せて質問紙として配布した。なお，JARI-A-R は，エピソードと項目の順番をランダムに並べ替えたものを4パターン用意し，無記名で行った。

（3） 調査対象

東京都の1中学校Bに在籍する中学生456名（中1男子74名，女子74名，中2男子74名，女子79名，中3男子76名，女子79名）。

（4） 調査手続き

調査は2003年2月に実施した。学校の教室で，クラス担任より生徒に質問紙が配布され，記入され，その場で回収された。

【結　果】

データの解析にあたって，同回答者が全項目同じ番号のみに○をつけた回答は除外し，全部で399の回答を有効回答として分析の対象にした。

（1） 平均値，標準偏差，学年と性別による分散分析結果

JARI-A-Rの各項目平均が1.20から3.61の範囲，標準偏差は0.50から2.34の範囲であった。JARI-A-Rのエピソードごとの項目を単純加算した下位尺度ごとの平均値と標準偏差，および下位尺度を従属変数として性と学年の2変数の効果を測定するための分散分析の結果をTable 10に示す。

怒りの認知度については，性別に1％水準で主効果が見られた。学年間でも5％水準で主効果が見られたため，学年間でTukey HSD法による多重比較を行った。その結果2年＞3年＞1年で，2年生と1年生の間，3年生と1年生との間で有意差が見られた。

非建設的意図では，学年間に5％水準で有意差が見られたため，多重比較を行ったところ，3年生＞2年生＞1年生で1年生と2年生，1年生と3年生との間に有意差が見られた。性別については有意差は見られなかった。能動的対処意図では，学年間でも性別においても，有意差は見られなかった。鎮静内省的意図では学年間に有意差が見られたため，学年間でTukey HSD法による多重比較を行った。その結果2年生＞3年生＞1年生の順で，1年生と2年生の間に有意差が見られた。性別においても，主効果が見られ，女子のほうが男子より有意に平均値が高かった。

直接的攻撃および間接的攻撃においては，性別，学年間において有意差は見

第4節 日本版思春期怒り反応尺度（JARI-A-R）の作成

Table 10 JARI-A-R の平均値，標準偏差，下位尺度ごとの（学生）×（性）分散分析結果一覧表

JARI-A-R 尺度	平均値（標準偏差）	主効果		
	全体	性差 F 値	学年差 F 値	交互作用 F 値
怒りの認知度	13.38(3.32)	11.14**	5.37*	2.14
意図レベル反応				
非建設的意図	41.56(13.43)	.11	4.04*	1.58
能動的対処意図	23.14(6.95)	2.63	2.49	.02
鎮静内省的意図	33.87(8.43)	4.97*	4.40*	1.36
実行レベル反応				
直接的攻撃	44.52(15.88)	2.72	2.41	.85
間接的攻撃	16.75(6.69)	.32	.83	1.38
置換え攻撃	17.87(7.77)	5.40*	2.74	2.09
自責的反応	20.29(7.40)	2.82	2.51	.41
能動的対処反応	43.31(13.91)	9.09*	4.96*	.37
鎮静内省的反応	77.47(22.09)	1.13	5.73*	1.74
回避的反応	50.84(13.26)	.36	4.80*	2.29

注：$N=399$．平均値は各項目を単純加算した平均である。
＊ $=p<.05$，＊＊ $=p<.01$。

られなかった。置換え攻撃反応においては，性差に主効果が見られ，男子のほうが女子より有意に平均値が高かったが，学年間においては有意差は見られなかった。自責的反応においては性別，学年間とも有意差は見られなかった。

　能動的対処反応では性別において主効果が見られ，女子のほうが男子より有意に平均値が高かった。学年間においても5％水準で有意差が見られたため，学年間で Tukey HSD 法による多重比較を行った。その結果2年生＞3年生＞1年生の順で，1年生と2年生の間に有意差が見られた。鎮静内省的反応では学年間において5％水準で有意差が見られたため，学年間で Tukey HSD 法による多重比較を行った。その結果2年生＞3年生＞1年生の順で，1年生と2年生の間，1年生と3年生との間にそれぞれ有意差が見られた。回避的反応においては，学年間で5％水準で有意差が見られたため，学年間で Tukey HSD 法による多重比較を行った。その結果3年生＞2年生＞1年生の順で，1年生と3年生との間に有意差が見られた。

（2）　怒り感情の喚起エピソードにおける実経験の有無について
　JARI-A-R が提示する怒りを喚起させるエピソードを実際に経験したこと

があるかどうかを回答者に尋ねる質問項目を設けた。「親に勉強しなさいとうるさく言われた」が87%で最も多くの回答が得られ，次いで「先生に怒られた」が84%，「クラスメートに悪口を言いふらされた」が56%，「友達に無視された」が58%であった。よって，半数以上の回答者が提示された怒り喚起エピソードを経験していることがわかった。よってJARI-A-Rで用いる怒り感情の喚起エピソードは，内容的妥当性がある程度認められた。

(3) 信頼性

JARI-A-Rの4場面ごとの各項目をまとめた項目を1つの下位尺度にし，各下位尺度についてCronbachの α 係数を算出したところ，.74から.92の値が得られた。「非建設的意図」は α 係数が.88,「能動的対処意図」は.79,「鎮静内省的意図」は.74であった。「直接的攻撃」は α 係数が.89,「間接的攻撃」は.79,「置換え攻撃」は.86,「自責的反応」は.81であった。「能動的対処反応」は.88,「鎮静内省的反応」は.92,「回避的反応」は.82であった。それぞれの α 係数が.70以上で，十分な内的整合性があることが示された。したがってJARI-A-Rは十分な信頼性が示されたと考えられる。

(4) 社会的望ましさについて

SDSCによるデータをコントロール要因にしてJARI-A-RとHAI尺度との偏相関と，コントロールなしで得られた相関とで比較検討すると，社会的望ましさの影響はほぼ見られなかった。またSDSC得点をコントロール要因にしてJARI-A-RとSCP尺度との偏相関を算出したところ，コントロールなしで得られた相関と差が見られなかった。したがってJARI-A-Rは，社会的望ましさに影響を受けていないことが示された。

(5) 基準関連妥当性
① 敵意的攻撃インベントリーとの相関

SDSC得点をコントロール要因にして算出されたJARI-A-RとHAI尺度の偏相関をTable 11に示す。怒りの認知度は，すべてのHAI尺度の因子とで正の相関が見られた。「非建設的意図」はすべての因子と有意な中程度の相関が

Table 11 JARI-A-R 尺度の下位尺度と HAI 尺度の偏相関

JARI-A-R 尺度	敵意的攻撃インベントリー (HAI 尺度)				
	身体的暴力	敵意	苛立ち	言語的攻撃	間接的攻撃
意図レベル反応					
非建設的反応	.29**	.28**	.34**	.36**	.44**
実行レベル反応					
直接的攻撃反応	.44**	.22**	.42**	.47**	.44**
間接的攻撃反応	.31**	.22**	.33**	.35**	.46**
置換え攻撃反応	.43**	.18**	.42**	.35**	.38**
自責的反応	.03	.18**	.15**	−.03	.03

注：HAI 尺度との偏相関は $N=443$. これは社会的望ましさを統制したときの偏相関である。
$* = p<.05$, $** = p<.01$。

見られた。「直接的攻撃反応」は HAI 尺度の「敵意」と正の相関が，HAI 尺度の「身体的暴力」「苛立ち」「言語的攻撃」「間接的攻撃」とでは中程度の相関が見られた。「間接的攻撃反応」は HAI 尺度のすべての因子と中程度の有意な正の相関が見られた。「置換え攻撃反応」もすべての HAI 尺度と有意な相関が見られた。「自責的反応」は HAI 尺度の「敵意」と「苛立ち」と有意な相関が見られた。このような結果から，JARI-A-R の基準関連妥当性が確認された。

② 中学生版ストレスコーピング尺度との相関

SDSC 得点をコントロール要因にして算出された JARI-A-R と SCP 尺度との偏相関を Table 12 に示す。JARI-A-R の「能動的対処意図」については，SCP 尺度の「積極的対処」および「サポート希求」とは中程度の正の相関があった。JARI-A-R の「鎮静内省的意図」は，SCP 尺度の「積極的対処」，「サポート希求」と中程度の正の相関があり，「逃避・回避的対処」とも正の相関があった。JARI-A-R の「能動的対処反応」が SCP 尺度の「積極的対処」および「サポート希求」と中程度の正の相関があった。JARI-A-R の「鎮静内省反応」と SCP 尺度の「積極的対処」と「サポート希求」の因子と中程度の相関があり，「逃避・回避的対処」とも正の相関があった。JARI-A-R の「回避的反応」と SCP 尺度の「逃避・回避的対処」と中程度の正の相関があり，「積極的対処」と「サポート希求」との間にも有意な正の相関が見られた。

Table 12　JARI-A-R 尺度の下位尺度と SCP 尺度の偏相関

JARI-A-R 尺度	中学生用コーピングスキル尺度（SCP 尺度）		
	積極的対処	サポート希求	逃避・回避的対処
意図レベル反応			
能動的対処意図	.60**	.38**	.07
鎮静内省的意図	.42**	.28**	.20**
実行レベル反応			
能動的対処反応	.43**	.42**	.12*
鎮静内省的反応	.55**	.38**	.25**
回避的反応	.25**	.25**	.37**

注：SCP 尺度との偏相関は $N=435$．これは社会的望ましさを統制したときの偏相関である。
*$=p<.05$．**$=p<.01$．

【考　察】

（1）　学年別の検討

　怒りの認知度は，学年間で有意差が見られた。怒りを認知する程度は1年生が一番低かったが，学年が上がるにつれて，教員に対する葛藤があらわになったり，受験が近づいて親からの勉強に関するプレッシャーが大きくなるため，親や先生からの叱責を想起させる怒り喚起エピソードに敏感に反応したのではないかと考えられる。3年生で最も平均値が高かった反応に，非建設的意図と回避的反応がある。3年生が相手に攻撃を意図するということは，調査時相当なストレス下にあったことが推察される。調査時期が2月であったことを考慮すると，ちょうど入試前後の時期にあたり，状況的な要因の影響が回答に反映されたことが予測される。またそのような状況下では積極的に人とのかかわりの中で怒り感情をコントロールしようとする「能動的対処反応」や，内省等を通して自分自身の認知を変える「鎮静内省的意図」や「鎮静内省的反応」をとる余裕がなく，ひたすら回避して怒りをおさめようとする「回避的反応」をとらざるをえなかったのであろう。

　鎮静内省的意図と鎮静内省的反応は2年生が最も平均値が高かったが，1年生より2年生のほうが，また1年生より3年生のほうがそれぞれ有意に平均値が高く，発達に伴い，自分自身に働きかけて認知や考え方を変えたり，怒りを鎮めるようにする方法をとるようになると考えられる。

　能動的対処反応については2年生が最も平均値が高く，次いで3年生，1年

生であった。1年生は能動的対処反応のスキルをまだ発達させていない一方で，3年生は入試前の不安の高い時期で，怒りを感じた相手と冷静に話し合いをするなどの，余裕をもつことが難しいという状況要因が回答に反映されたのではないかと推察される。

(2) 怒り喚起エピソードの実経験の有無について

JARI-Aで用いた怒り喚起エピソードは，Tangney et al.（1996）がアメリカの中学生を対象に収集したものから選択されたものであった。そのためJARI-Aの各エピソードが，日本人中学生の実経験と対応しているかという確認は行われなかった。今回の研究では，自由記述により収集されたエピソードの中で，最も頻度の高かったエピソードが選択され，提示されており，その結果，50％以上の回答者がそれらのエピソードを実際に経験していることがわかった。これはJARI-A-Rが日本人中学生が回答する質問紙として社会的妥当性がより高いことを指すと考えられる。

(3) JARI-A-Rの信頼性

JARI-A-Rの信頼性係数は.74から.92の値であった。JARI-A-RではJARI-Aの「発散回避的意図」に含まれる項目と「抑圧的意図」に含まれる項目を，「鎮静内省的意図」のカテゴリーに分類した。怒り感情を発散しようと意図することも，我慢して鎮静化させようとする意図もいずれも自分自身へ働きかけることによって，認知や行動が変化することを目指すものであるとする構成概念に沿って，そのように分類した。また，JARI-Aを作成した際に「抑圧的意図」や「我慢」がSCP尺度と有意な正の相関が見られたこと，また我慢は現在も日本の教育現場では，中学生が怒り感情を経験したときに求められるコントロール方法であることなどを考慮し，「抑圧的意図」を「鎮静内省的意図」として理解し，扱うことにした。その結果，α係数は.74であり，満足のいく信頼性が得られた。JARI-A-Rの「能動的対処意図」はJARI-Aの「建設的意図」と自由記述から得た「理由を尋ねる意図」を含めてひとつのカテゴリーとしたが，α係数は.79で十分な信頼性が得られたと考えられる。「非建設的意図」はα係数が.88で十分に高い信頼性が得られた。「直接的攻撃」「間接的

攻撃」「置換え攻撃」「自責的反応」はα係数がいずれも.79以上であり,高い信頼性が得られた。「能動的対処反応」は「怒りを感じた対象と話し合いをする」など相手と直接能動的にかかわることを示す項目内容と,「問題解決を一緒に考えてもらう」など,怒りを感じた対象以外の人へサポートを求めることによって解決を図ろうとする,内容の異なった能動的対処をひとつのカテゴリーとして分類したが,α係数は.88で十分高い信頼性が示されたと考えられる。「鎮静内省的反応」はJARI-Aの「回避発散的反応」の下位尺度に含まれていた項目を「発散」と「回避」に分け,「発散」は自分自身への積極的な働きかけによって気分を変える方法であるとし,「鎮静内省的反応」に含めた。その結果α係数は.92と高い信頼性係数が示された。またJARI-A-Rであらたに独立した下位尺度として設定した「回避的反応」は,JARI-Aの「過小評価」や「何もしない」を含めた。その結果α係数は.82で,十分な信頼性係数が得られた。これらのJARI-A-Rの信頼性はJARI-Aよりも全般的に高く,またいずれも.70以上で,JARI-A-Rは十分な内的整合性が示されたと考えられる。

(4) JARI-A-Rの基準関連妥当性

JARI-A-Rの「怒りの認知度」「非建設的意図」「直接的攻撃」「間接的攻撃」「置換え攻撃」とHAI尺度のほぼすべての因子と正の相関が見られたため,妥当性が示されたと考えられる。

「自責的反応」はHAI尺度の「敵意」と「苛立ち」のみやや弱い程度ではあったが,正の相関が見られた。「自責的反応」は,怒りを感じた対象に攻撃をしないかわりに,自分自身が苛立ったり,抑圧された怒りが敵意として維持される傾向を示す尺度であると考えられる。

JARI-A-Rの「能動的対処意図」はSCP尺度の「積極的対処」とは強い正の相関が,「サポート希求」とも中程度の相関が見られ,SCP尺度の「逃避・回避的対処」とは無相関であった。それと比較すると「鎮静内省的意図」はSCP尺度の「積極的対処」と中程度の相関が見られたとはいえ,「逃避・回避的対処」とも正の相関が見られ,自分自身の認知や気分を変え,怒りを鎮めようと意図することは,積極的な前向きな対処であると同時に,「能動的対処意図」と比較すると,やや回避的要素も含む概念であることが示された。

実行レベル反応でも，「能動的対処反応」は「積極的対処」「サポート希求」と中程度の相関が見られたのに対し，「鎮静内省的反応」はSCP尺度の「逃避・回避的対処」とも正の相関が見られた。「鎮静内省的反応」が，SCP尺度と正の相関が見られたことは，日本人中学生にとって，自分自身への働きかけによるこのような怒り感情の対処の仕方が肯定的な前向きな対処であると認識していることを示すものである。これはTangney et al. (1996)が「発散回避的反応」を非建設的反応ではないが，建設的反応にも属さないとする概念から大きく異なるところである。それをさらに裏付ける結果として，JARI-A-Rの「回避的反応」はSCP尺度の「逃避・回避的対処」と中程度の相関が見られるものの，「積極的対処」「サポート希求」とも正の相関が見られたことをあげることができる。よって，回避的反応も日本人中学生にとってはやや前向きな対処方法として認識されていることが明らかになった。

JARI-A-Rの下位尺度は，Tangney et al. (1996)のカテゴリー分類を参照しながら，筆者が恣意的にカテゴリー分類したが，基準関連妥当性が示されたため，理論的にこれらの構成概念は妥当だったといえるであろう。以上のことから，JARI-A-Rは，日本人中学生を対象に怒り感情に伴った諸反応の程度を反映する尺度であることが示された。

(5) 今後の課題

現職の中学校教諭であり研究者でもある協力者1名から，中学生は項目数が100以上ある場合は，負担がかかる可能性があり，回答内容も妥当性にやや疑問が残るとの指摘を受けた。今後はさらに簡便な尺度を開発することが課題である。またJARI-A-Rでは，怒り喚起エピソードをあらかじめ提示し，それに伴う諸反応を測定したが，回答者自身の経験により即した回答を得るためには，本人自身の怒り感情の経験を想起させるような質問の設定についても考案される必要があるだろう。その際，怒り感情を抱いた対象者や，その対象者との親密の程度の違いを尋ねる問いの設定は，中学生の怒り感情に伴う諸反応の傾向をより的確に知るために有効であろう。

第5節　簡略版日本版思春期怒り反応尺度（JARI-A-R-S）の作成
──────〈研究 4-1〉

【目　　的】
　本研究では，怒り感情を抱いた対象と親密度を指定させる項目を加えた JARI-A-R の簡略版である JARI-A-R-S を作成し，その信頼性，妥当性を検討することを目的とする。

【方　　法】
（1）　調査尺度作成の過程
　JARI-A-R の各項目を，中学生にも理解可能かどうかを中心に検討した。「適当にあしらう」という表現はわかりにくいと調査協力校の中学生からコメントがあったと教員から指摘されたため，削除することにした。「何もしない」という項目は5件法では回答しにくいため，木野（2000）の構成概念を参照して，「何もなかったかのようにいつもどおりにふるまう」と項目表現を改めた。「抗議する」は，「自己主張する」という意味と「文句を言い相手を言語的に攻撃する」という2つの意味が混在している。そこで研究者2名と筆者が討論した結果，「文句を言う」という項目表現に変え，非建設的な意味が明瞭に回答者にわかるように修正した。また，「意図レベル反応」と「実行レベル反応」との関係を明らかにするために，「意図レベル」と「実行レベル」で同じ項目内容を設定することを，社会心理学者1名と討論し決定した。
　Tangney et al.（1996）のカテゴリー分類および JARI-A-R 作成の際に用いたカテゴリー分類に従い，建設的意図，非建設的意図，建設的反応，非建設的反応の4つの下位尺度を恣意的に構成した。以下にこれら4つの下位尺度の概念を示す。
　①「非建設的意図」とは，相手に仕返しをしようと思う，ムカつくと思う，相手に直接的あるいは間接的に害を加えようと企んだりしようとする，意図レベルの反応を示す概念である。また攻撃の対象が第三者や自分自身に向けられる場合も含む。これは JARI-A-R の「非建設的意図」と概念が対応している。

第5節　簡略版日本版思春期怒り反応尺度（JARI-A-R-S）の作成

②「建設的意図」はおもに2つの概念をまとめて，1つの下位尺度とした。1つめは，状況を改善するために具体的な問題解決や相手との直接的な話し合いをしようとする，意図レベルでの反応を示す概念で，JARI-A-R の「能動的対処意図」に対応するものである。2つめはその状況を振り返って反省する，発散する，などおもに自分自身への働きかけにより怒りをコントロールしようとする，意図レベルでの反応を示す概念である。JARI-A-R の「鎮静内省的意図」に対応する。

③「非建設的反応」とは，相手に直接的，間接的に身体的，言語的に危害を加える攻撃反応，物にあたるなどの置換え攻撃反応，また攻撃が相手だけでなく自分に向けられた場合も含む，実行レベルでの認知的行動的反応を示す概念である。JARI-A-R の「直接的攻撃」「間接的攻撃」「置換え攻撃」「自責的反応」に対応する。

④「建設的反応」は，3つの概念をまとめて1つの下位尺度にした。1つめは，相手と話し合いをする，サポートを求めるなど，人とのかかわりの中で，状況を改善するために問題解決に向かって具体的な行動を起こすことを指す概念で，JARI-A-R の「能動的対処反応」に対応する。2つめは，気分転換などをして発散する，時間を置いて怒りを鎮めるなど，自分自身の気持ちや認知のありように働きかける反応を示す概念で，JARI-A-R の「鎮静内省的反応」と対応する。3つめは，一時的に葛藤状態から回避する，実行レベルでの認知的行動的反応を示す概念で，JARI-A-R の「回避的反応」と対応する。「回避的反応」は，Tangney et al.（1996）にも示されているように，非建設的反応でも建設的反応でもない，中間的なカテゴリーである。しかし本研究のねらいが，積極的に相手と話し合ったり，他者にサポートを求めるなどの能動的なかかわり方を推進する一方で，攻撃行動をコントロールするという行動レベルでの介入にも重点を置いているため，一時的な回避反応は必ずしも否定すべきものではないと解釈される。したがって，本尺度作成にあたっては，「回避的反応」を「建設的反応」の範疇として分類することにする。ただし，「愛想笑い」については，〈研究1-1〉で非建設的反応としての概念の妥当性が見られたため，JARI-A-R-S の下位尺度の分類にあたっては，非建設的意図および非建設的反応に含めることとした。

JARI-A と JARI-A-R は，怒り感情を喚起させるエピソードを設定し，それに伴う諸反応を測定した。しかし今回は，本研究の目的に照らして，「あなたが今までに何度も怒りを感じたことのある人をひとり思い出してみてください」という教示文を示した。そして，誰に対する怒りかを調査協力者に指定させ，その対象者との親密度を5件法で尋ねてから回答者の反応が測定できるように作成した。また質問項目は「意図レベルの反応」35項目と「実行レベルの反応」35項目の70項目とした。各項目に対して「とてもそう思う（5点）～全く思わない（1点）」の5件法で回答を求めた。たとえば，怒り感情に伴い建設的な話し合いを実行する頻度が高ければ高いほど，高得点が得られるようにした。

JARI-A-R-S の項目内容と下位尺度については Appendix 6 に，JARI-A-R-S の原本は Appendix 7 にそれぞれ示す。

（2） 調査票の構成

フェイスシートに調査対象者の性別，学年，年齢について，記入させた。また，質問の回答の仕方に慣れてもらうため，例題を提示した。HAI 尺度，SCP 尺度は，JARI-A-R-S と併せて質問紙として配布した。なお，JARI-A-R-S は，項目の順番をランダムに並べ替えたものを4パターン用意し，無記名で行った。

（3） 調査対象

関東圏の公立中学校Eに在籍する中学生61名（3年生），公立中学校Fに在籍する中学生245名（1年生，82名，2年生，90名，3年生，73名）と北陸地方の公立中学校Gに在籍する中学生130名（1年生，55名，2年生，40名，3年生，35名），計436名であった。

（4） 調査手続き

調査は2003年3月に実施した。学校の教室で，クラス担任より生徒に質問紙が配布され，記入され，その場で回収された。

【結　果】

データの解析にあたって，同回答者が全場面同じ番号のみに○をつけた回答は除外し，全部で 427 の回答を有効回答として分析の対象にした。

(1) 平均値の検討

JARI-A-R-S の各項目平均が「意図レベル」では 1.65〜3.00 の範囲，標準偏差は 1.28〜2.53 の範囲で，「実行レベル」では 1.28〜2.76 の範囲，標準偏差は .59〜2.53 の範囲であった。JARI-A-R-S の非建設的意図（17〜85 点），建設的意図（18〜90 点），非建設的反応（17〜85 点），建設的反応（18〜90 点）の各項目を単純加算して求めた。その結果を，Table 13 に示す。

(2) 信頼性

JARI-A-R-S の非建設的意図，建設的意図，非建設的反応，建設的反応の各項目をまとめた項目をひとつの下位尺度にし，各下位尺度について Cronbach の α 係数を算出したところ，.76 から .84 の値が得られた。各下位尺度に対する α 係数がそれぞれ .70 以上なため，十分な内的整合性があることが示された。

(3) 社会的望ましさについて

SDSC によるデータをコントロール要因にして JARI-A-R-S と HAI 尺度との偏相関と，コントロールなしで得られたそれぞれの相関と比較検討すると，社会的望ましさの影響はほぼ見られなかった。また SDSC 得点をコントロール要因にして，JARI-A-R-S と SCP 尺度との偏相関を算出したところ，コントロールなしで得られた相関と差が見られなかった。これらのことから JARI-A-R-S は，社会的望ましさに影響を受けていないことが示された。

Table 13　中学生が経験する怒り感情に伴う諸反応の平均値

JARI-A-R-S 下位尺度	平均値	標準偏差
非建設的意図	40.78	11.56
建設的意図	38.27	10.81
非建設的反応	36.15	11.90
建設的反応	36.25	11.70

$N = 427$

(4) 基準関連妥当性

① 敵意的攻撃インベントリーとの相関

SDSC 得点をコントロール要因にして算出された JARI-A-R-S と HAI 尺度の偏相関を Table 14 に示す。非建設的意図は，HAI 尺度のすべての因子と中程度の正の相関が見られた。怒り感情に伴う非建設的反応は HAI 尺度の「身体的暴力」「苛立ち」「敵意」「言語的攻撃」「間接的攻撃」とそれぞれ正の相関が見られた。

② 中学生版ストレスコーピング尺度との相関

SDSC 得点をコントロール要因にして算出された JARI-A-R-S と SCP 尺度との偏相関を Table 15 に示す。JARI-A-R-S の「建設的意図」は，SCP 尺度の「積極的対処」，「サポート希求」と中程度の正の相関があったが，「逃避回避的対処」とはやや弱い相関が見られた。実行レベルでは，JARI-A-R-S の「建設的反応」が SCP 尺度の「積極的対処」と中程度の正の相関があり，「サポート希求」との間に正の相関が見られた。SCP 尺度の「逃避回避的対処」とは無相関であった。

【考 察】

JARI-A-R-S の信頼性係数は .76～.84 の値であった。したがって，全般的に JARI-A-R-S は信頼性が示されたと考えられる。HAI 尺度とは，JARI-A-

Table 14 JARI-A-R-S 尺度と HAI 尺度との偏相関

JARI-A-R-S 下位尺度	身体的暴力	敵意	苛立ち	言語的攻撃	間接的攻撃
非建設的意図	.35**	.36**	.42**	.41**	.33**
非建設的反応	.29**	.19**	.29**	.27**	.21**

$N=427$　**＝$p<.01$　社会的望ましさを統制したときの偏相関である。

Table 15 JARI-A-R-S 尺度と SCP 尺度との偏相関

JARI-A-R-S 下位尺度	積極的対処	サポート希求	逃避回避的対処
建設的意図	.46**	.35**	.21**
建設的反応	.32**	.27**	.09

$N=427$　**＝$p<.01$　社会的望ましさを統制したときの偏相関である。

R-S の非建設的意図と非建設的反応とで，SCP 尺度とは JARI-A-R-S の建設的意図と建設的反応とが，社会的望ましさをコントロールした上で，それぞれ正の相関が示された。よって JARI-A-R-S の基準関連妥当性はほぼ示されたといえる。筆者が Tangney et al.(1996) のカテゴリー分類と JARI-A-R の構成概念を参照しながら，恣意的に4つにカテゴリー分類した非建設的意図，非建設的反応と建設的意図，建設的反応の基準関連妥当性をそれぞれ検討した結果，それらの妥当性が示された。よって，JARI-A-R-S の構成概念の妥当性は理論的に十分であったといえる。以上のことから JARI-A-R-S は，日本人中学生を対象に怒り感情に伴った諸反応の程度を反映する尺度であることが示された。

第6節　中学生が経験する怒り感情に伴う諸反応における特徴
―怒り感情に伴う諸反応における意図レベルと実行レベルとの因果関係および対人的要因との関連からの検討― ―――〈研究 4-2〉

【目　的】
本研究は，中学生が経験する怒り感情に伴う諸反応において，対人的要因，および意図レベルと実行レベルとの因果関係に，どのような特徴が見られるかについて明らかにすることを目的とする。

【方　法】
(1)　調査票の構成

　フェイスシートに調査対象者の性別，学年，年齢について，記入させた。また，質問の回答の仕方に慣れてもらうため，例題を提示した。JARI-A-R-S は，項目の順番をランダムに並べ替えたものを4パターン用意し，無記名で行った。

(2)　調査対象

　関東圏内の公立 E 中学校に在籍する中学生 61 名（中3），公立 F 中学校に在籍する中学生 245 名（中1，82 名，中2，90 名，中3，73 名）と北陸地方内の公立 G 中学校の中学生 130 名（中1，55 名，中2，40 名，中3，35 名），計

436 名である。

（3） 調査手続き

調査は 2003 年 3 月に実施した。学校の教室で，クラス担任より生徒に質問紙が配布され，記入され，その場で回収された。

【結　果】

データの解析にあたり同回答者が全場面同じ番号のみに○をつけた回答は除外し，全部で 427 の回答を有効回答として分析の対象にした。

（1）　怒り感情に伴う諸反応における対人的影響

各下位尺度について怒り感情の対象者（親，先生，友達，クラスメート）を選ばせ，当てはまる箇所に回答させた。また「その他」という項目を設け，上記に当てはまらない対象を括弧の中に記述させた。その他の記述では，兄弟姉妹が 16 名で一番多かった。怒りを感じる対象人数の割合を Figure 4 に示す。親密度の程度については「まったく親しくない（1 点）」～「とても親しい（5 点）」（5 件法）で回答させた。たとえばその友達と親密であればあるほど，高い得点が得られるようにした。怒りの対象者の区別と親密度を独立変数，怒り感情に伴う意図レベル反応と実行レベル反応を従属変数とする 2×4 の分散分析で検討した。その結果を Table 16 に示す。

「非建設的意図」に親密度差の主効果が見られたので，Tukey HSD による多

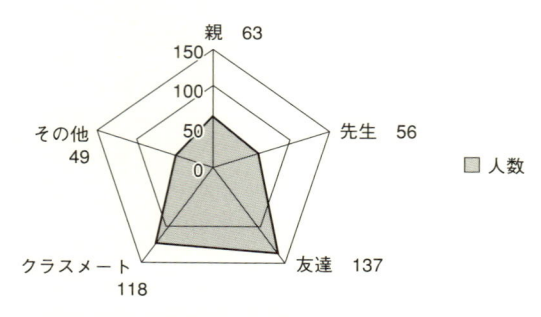

Figure 4　中学生が怒り感情を頻繁に経験した対象

第6節 中学生が経験する怒り感情に伴う諸反応における特徴　77

Table 16　怒り感情に伴う諸反応における対人的要因の度合い

JARI-A-R-S 下位尺度	平均値（標準偏差）	対象者 F値	親密度 F値	交互作用 F値
非建設的意図	40.78 (11.56)	1.15	15.49**	1.26
建設的意図	38.27 (10.81)	2.56*	7.69**	.64
非建設的反応	36.15 (11.90)	3.15*	4.25*	1.53
建設的反応	36.25 (11.70)	1.10	.93	.75

* = $p<.05$,　** = $p<.01$　　$N=422$

重比較を行ったところ，親密度が高い順，5＞4＞3＞2＞1 に有意な差が見られた（$F(4,397)=15.485$, $p<.01$）。「建設的意図」に親密度差の主効果が見られた（$F(4,397)=7.689$, $p<.01$）ので，Tukey HSD による多重比較を行ったところ，親密度差で 5＞1，4＞1，3＞1，2＞1 の間にそれぞれ有意な差が見られた。「建設的意図」は対象者別（$F(4,397)=2.558$, $p<.05$）にも主効果が見られたが，Tukey HSD による多重比較を行ったところ，有意な差は見られなかった。「非建設的反応」に，対象者別（$F(4,397)=3.151$, $p<.05$）と親密度差（$F(4,397)=4.251$, $p<.05$）に主効果が見られたので，Tukey HSD による多重比較を行ったところ，対象者別では，親＞クラスメート，その他＞クラスメートに有意な差が見られ，親密度差では 5＞4＞3＞2＞1 の順で有意な差が見られた。「建設的反応」においては親密度においても（$F(4,397)=1.063$, $n.s.$），また対象者別においても（$F(4,397)=1.041$, $n.s.$），有意差は見られなかった。

（2）　怒り感情に伴う諸反応における意図レベルと実行レベルとの関係

　非建設的意図と建設的意図を説明変数にし，非建設的反応と建設的反応を基準変数にし，重回帰分析を行った。その結果を Table 17 に示す。非建設的意図は，非建設的反応へ有意な正の影響が見られた（$\beta=.51$）が，建設的反応には有意な影響は見られなかった。建設的意図は，建設的反応へ有意な正の影響が見られた（$\beta=.552$）が，非建設的反応には有意な影響は見られなかった。

【考　察】
（1）　怒り感情に伴う諸反応への対人的影響

　JARI-A-R-S による調査で，何度も怒りを感じた対象として選択されたのは，

Table 17 JARI-A-R-S 意図レベル反応を説明変数，実行レベル反応を基準変数とした重回帰分析結果

説明変数	基準変数			
	非建設的反応		建設的反応	
JARI-A-R-S 下位尺度	β	t	β	t
非建設的意図	.51***	11.19	.001	.03
建設的意図	−.009	−.19	.55***	11.59
R [R^2]	.51	[.26]	.52	[.27]

*** = $p<.001$ $N=400$

「友達」が最も多く137名であった。これは，〈研究3-1〉の自由記述による調査で，怒り感情を誰に対して抱くか？という問いの回答として「友達」が1番多い結果と対応している。湯川・日比野（2003）は，大学生対象ではあるが怒り対象として友人が最も多かったことを示し，その理由として生活場面での接触機会が多い，親しいために逆に不正が許せないことをあげている。よって大学生と中学生をまったく同レベルで考えることはできないとしても，同じような理由から，中学生も友だちに対して怒り感情を抱きやすいと推測することができる。

　怒り感情に伴う非建設的意図と非建設的反応においては，親密度が高ければ高いほど反応の頻度が高かった。これは中学生が相手と親密であればあるほど，非建設的な反応を心の中で考え，実行することを意味している。特に非建設的反応表出の頻度においては，親と兄弟姉妹対象がクラスメート対象より有意に得点が高かった。身内に対してのほうが家族以外の者より遠慮しないで怒りを非建設的に表出させやすいと推測できる。

　一方，建設的意図においては，親密度が高ければ高いほど，建設的意図が高くなった。中学生は，まったく親密でない人に対しては建設的に反応しようと心の中で考えないが，相手と親密であれば，建設的に反応しようと意図しやすい傾向を示していると考えられる。

　建設的反応は，対象が誰であっても相手との親密さの程度と関係なくそのような反応が表出されるという結果が示された。怒り感情を経験したときに建設的反応を実行レベルで示すことのできる能力をもつ中学生は，特定の対象のみにそのスキルを発揮するのではなく，誰に対してもスキルを発揮していること

を示していると考えられる。したがって，怒りのコントロールプログラムにおいて中学生にこのようなスキルを体得し，心のうちで建設的反応を意図することができるようになれば，家庭でも学校でも街中でも，どんな状況でも応用可能であることが示唆されたと考えられる。

（2） 怒り感情に伴う諸反応における意図レベルと実行レベルとの関係

　非建設的意図得点は非建設的反応得点に対して，建設的意図得点は建設的反応得点に対してそれぞれ正の影響があることが示唆されたということは，非建設的なことを考えれば実行レベルでも反応として表出され，建設的なことを考える力のある子どもは建設的な反応を実行する力もあると予測できる。つまり，心の中で自分にとって，相手にとって，相手と自分との関係にとって有益である反応を選択することができるようになれば，それが実行にも結びつきやすいことが考えられる。したがって，中学生が怒り感情を経験したときにACPモデルを用いて，実行に移る前の段階に働きかけることの有効性が一部示されたと考えられる。

（3） 怒りのコントロールプログラム作成にあたり考慮できること

　建設的反応を実行する力がある中学生は，相手が誰であってもその人との親密度の程度に関係なく建設的反応を示すことがわかった。建設的反応とはどのようなスキルを具体的に指しているのか，どのようにすれば実行可能か，などの知識を中学生を対象に伝達し体験学習させれば，あらゆる状況に応用しうるスキルを中学生が獲得することになるだろう。また建設的意図は実行レベルの建設的反応の正の予測子であることから，建設的反応を選択し実行させるための意図レベルにおける心理教育的介入は，有効であろうと予測できる。

第3章
怒りのコントロールプログラム作成と中学生への適用

第1節　怒りのコントロールプログラムの作成と施行
―予備調査その1― 〈研究 5-1〉

【目　的】
　本研究では，怒りのコントロールプログラムを作成し，公立中学校で実施し，効果を測定し，中学生への適用を検討する。また，怒りのコントロールスキルが学校現場で適用可能なものにするために，より効果的なプログラムへと修正するための課題を検討することを目的とする。

【方　法】
　調査対象者　　東京都内公立B中学校1年生1クラス39名（男21名，女18名）を対象にした。
　調査時期　　2002年6月に施行した。
　調査手続き　　本プログラムの内容は，Tangney et al.（1996）の質問紙の構造からアイディアを得たものであり，日本人中学生対象の心理教育の手法および手順については，西村・中野（2002）のピア・サポートプログラムを参考にして，筆者が考案した。プログラムの一連の流れについてはFigure 5で示す。本プログラムを以下，思春期版怒りのコントロールプログラム（JAMP-A：Japanese Anger Management Program-Adolescent）と呼ぶことにする。
　JAMP-Aは，怒りのコントロールスキルの情報を伝えるためにファシリテーターが行う講義，自分の考えをノートに記入させるセルフモニタリング，自分の考えを発言しつつ相手の意見を聞くロールプレイ，怒りのコントロールの

Pre-Test → スペシャルノートの記入（1）→ 講義（2）→ 寸劇（3）→ ロールプレイ（4）→ スペシャルノートの記入（より良い方法について）（5）→ まとめ（6）→ Post-Test

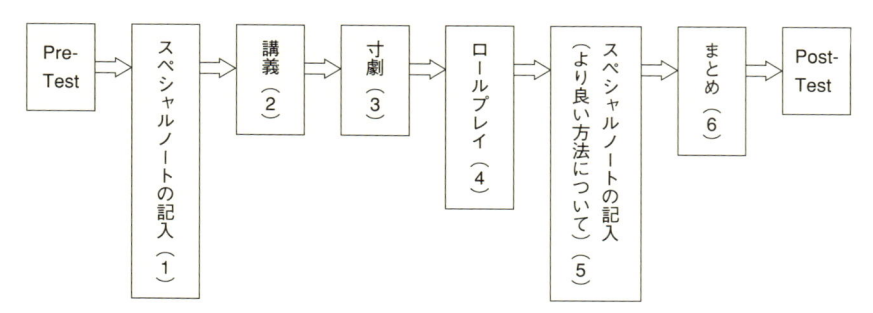

Figure 5　怒りのコントロールプログラム（JAMP-A）の概要

モデル学習のための寸劇，の4つの要素から構成されている（Figure 5）。講義や寸劇などを通して中学生に理解可能な形で正しい知識をわかりやすく伝えるとともに，ノート記入やロールプレイなどの体験学習を含めることで，学習したスキルを自分の言葉で表現させ，練習させ，日常生活へ応用できる力を伸ばすようにするものである。

　JAMP-Aの効果測定は，JARI-Aの，対親葛藤エピソードの2つを選択し，Pre-Testでは調査対象者半分の生徒に対してエピソード①「親はあなたの本当の話をうそだと思い信じてくれませんでした」を，もう半分の生徒に対してエピソード②「親は友だちの前であなたのことをしかりました」を用いた測定紙を配布した。①の質問紙はJARI-Aの全項目との相関が $r = .49 \sim .75$, $p < .01$ で，②の質問紙もJARI-Aの全項目との相関が $r = .48 \sim .78$, $p < .01$ であり，双方とも充分にJARI-Aを反映している。よって①と②を用いて効果測定を行うことは妥当であると考えられた。Pre-TestとPost-Testの間は1週間であった。JAMP-Aは，道徳の時間を使って施行された。ファシリテーターは筆者1名である。筆者はスクールカウンセラーとしての立場で，JAMP-Aを実施した。担任教諭は教室の後ろで生徒の様子を観察した。

　JAMP-Aの作成と施行：JAMP-Aの内容は以下に準拠する。

（1）　スペシャルノートの記入

　スペシャルノートはMckay & Rogers（2000）のAnger Logの形式を参考にし，Tangney et al.（1991）のAnger Response Inventoryで用いられてい

る構造が反映されるように，筆者が考案したものである。それを Appendix 8 に示す。スペシャルノートは，怒り感情に伴い湧き上がる様々な思いについて書く作業を通して，考えていることを明確化させるセルフモニタリングの機能（内田，1993）を用い，自分の考えや行動を振り返り意識化を促進させる目的で作成した。具体的には，①「意図」と「実行」レベルの2水準での怒り感情に伴う諸反応について生徒に考えさせる。②親葛藤場面における怒り感情に伴う諸反応の選択肢による，その後の自分，親，親と自分との関係への影響を予測させる。スペシャルノートの記入を通じて，①と②を被験者に記述させた。

(2) ファシリテーターによる講義

怒りは自然な感情であり，抑圧したり無視したりせずにむしろ認知するところから適切な怒りのコントロールが始まることを教えた。また，どのように怒り感情をコントロールするかについて，ACPモデルを用いながら，イラストを交えてわかりやすく中学生に説明した。具体的には以下の2つのことを順を追って説明した。①怒りの反応には「心の中」と「実行」の2段階のレベルがあること。②行動する前に自分の選択肢が与える自分，相手，相手との人間関係への影響を考えてから，実行に移すこと。

(3) 寸　劇

寸劇の怒りのコントロールの教材は，JARI-Aの対親葛藤場面のエピソードの「親はあなたの本当の話をうそだと思い，信じてくれませんでした」を選択した。その理由は以下のとおりである。第1に，対友人葛藤場面や対教員葛藤場面を選択すると，ロールプレイや寸劇を行うとき，題材としてあまりにも現実的で中学生の心のうちに葛藤を起こしやすい。第2に，対親葛藤場面であれば，大抵の中学生に起こりうることで，怒りを喚起しやすく，話しやすいだろうと考えたからである。筆者は「良い例」「悪い例」の2通りの寸劇の筋書きを作成した。「良い例」の筋書きでは，Tangney et al. (1996) の怒り感情に伴う建設的反応を反映するストーリーを作成した。それは「ある中学生が母親に対して怒りを感じていた。しかしその中学生は，友だちに相談し，母親と話し合うようにその友だちから励ましてもらう。そしてその中学生は，母親と問題解

決のために冷静に話し合い，お互いに納得して和解する」という内容である。また「悪い例」の筋書きは，Tangney et al.（1996）の怒り感情に伴う非建設的反応を反映させるストーリーを作成した。それは「ある中学生が母親に本当の話をうそだと信じてもらえなかったために怒りを感じ，母親と怒鳴りあいになった。二人の仲は後味の悪い結果に終わる」という内容である。「悪い例」を先に演じさせ，そのあとで「ではこのようなとき，もっと良い方法はあるでしょうか？」と「良い例」を後から提示することによって，被験者に「良い例」についてより強い印象が残るようにした。寸劇の脚本は，Appendix 9に示す。

（4） ロールプレイ

ファシリテーターは被験者にルールを説明し，教示をした。話し手への教示は，「プログラム開始時に記入したスペシャルノートを見ながら，より良い結果が得られるような対処方法について，パートナーに自分の考えを話してみよう」であった。聞き手へのルールは「暖かい気持ちで相手の話を聞く」ように教示した。

（5） スペシャルノート記入（より良い方法について）

（4）での話し合いをもとに，スペシャルノートにより良い怒り感情のコントロール方法について，個々の考えを記入させた。

（6） JAMP-Aの内容のまとめ

怒り感情に伴う建設的な反応の復習を行った。ACPモデルについて再度簡単に口頭で説明した。また怒り感情に伴う建設的な反応として「相手との冷静な話し合い」「状況改善のための行動」が適切な選択肢であること，またそれらの建設的反応を選択，実行することが難しい場合には，「信頼できる相手に相談する」ことを復習した。

（7） Post-Testの効果測定

Post-Testでは，Pre-Testでエピソード①を配布した被験者にはエピソード②を，エピソード②を配布した被験者には①を配布した。これは，Pre-Testと

Post-Test とで同じ質問紙を用いることによって，被験者がプログラムの意図がわかってしまい意図的に回答を操作する（たとえばわざと同じ項目に同じように回答するなど）を防ぐためである。

また Post-Test では，プログラムで施行した講義の内容，ロールプレイの「話し手」「聞き手」のルール，寸劇の「良い例」「悪い例」の区別，スペシャルノートの記入方法が理解できたかどうか，ロールプレイ時の話し手としての率直度や感情肯定度，スペシャルノート記入時の率直度を5件法で問い，自由記述も含めたアンケート調査を行った。その質問紙を JAMP-A（Japanes Anger Management Program-Adolescent）理解度アンケートと呼び，それを Appndix 10 に示す。5件法では「全く理解できなかった」を1点，「とてもよく理解できた」を5点とし，プログラムの内容がよく理解されていればいるほど高得点が得られるようにした。

【結　果】

JAMP-A 施行前後の効果測定の結果の一部を Figure 6，7，8，9 に示す。なお，非建設的反応のうち，相手に直接的に身体攻撃するなど，他者に向けて表出される攻撃性を外向型攻撃性，自己非難など怒りが自己に対して向けられる反応を内向型攻撃性とした。建設的反応のうち「話し合い」（$t(38)=2.15$, $p<.05$）と「相談」（$t(38)=2.98$, $p<.05$），がそれぞれ Pre-Test よりも Post-Test のほうが有意に得点が高かった。「立ち去る」（$t(38)=2.31$, $p<.05$）は，

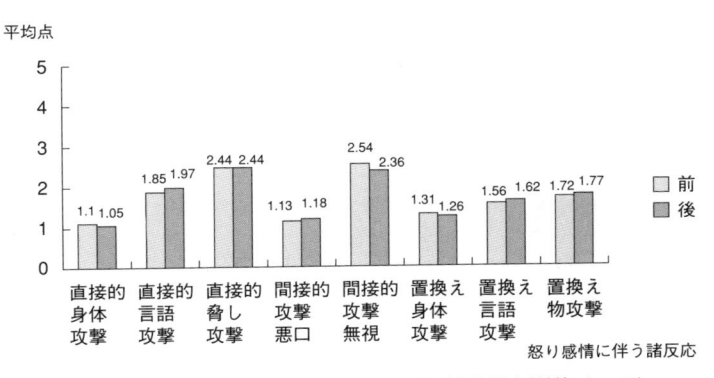

Figure 6　JAMP-A 施行前後の非建設的反応（外向型攻撃性）（$N=39$）

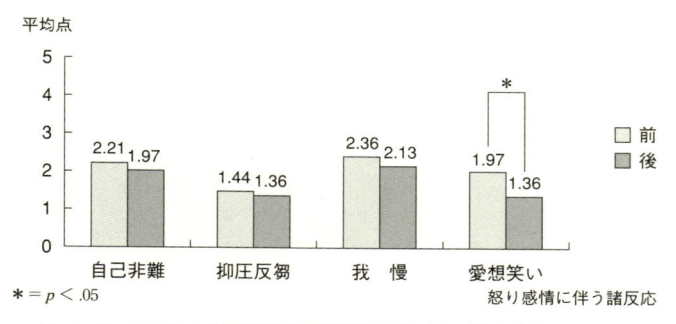

Figure 7 JAMP-A 施行前後の非建設的反応（内向型攻撃性）($N=39$)

自己非難　前 2.21　後 1.97
抑圧反芻　前 1.44　後 1.36
我慢　前 2.36　後 2.13
愛想笑い　前 1.97　後 1.36 *

$* = p < .05$

怒り感情に伴う諸反応

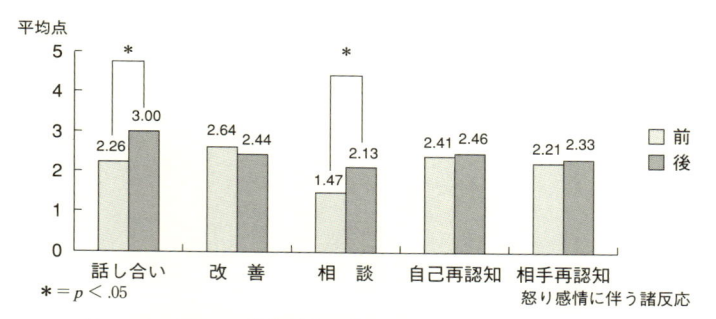

Figure 8 JAMP-A 施行前後の建設的反応・再認知評価 ($N=39$)

話し合い　前 2.26　後 3.00 *
改善　前 2.64　後 2.44
相談　前 1.47　後 2.13 *
自己再認知　前 2.41　後 2.46
相手再認知　前 2.21　後 2.33

$* = p < .05$

怒り感情に伴う諸反応

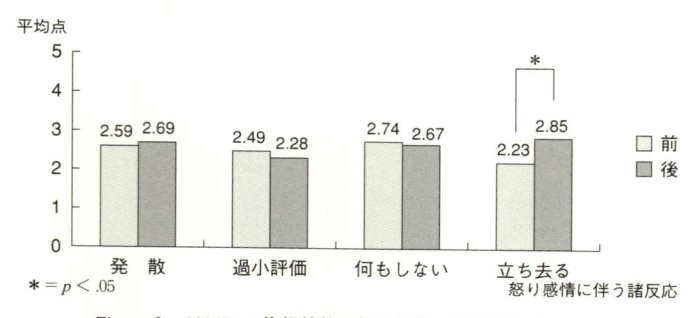

Figure 9 JAMP-A 施行前後の怒り発散・回避反応 ($N=39$)

発散　前 2.59　後 2.69
過小評価　前 2.49　後 2.28
何もしない　前 2.74　後 2.67
立ち去る　前 2.23　後 2.85 *

$* = p < .05$

怒り感情に伴う諸反応

Pre-Test よりも Post-Test のほうが有意に得点が高かった。また「愛想笑い」が，Post-Test のほうが得点が有意に低かった（$t(38) = -2.45, p < .05$）。

　JAMP-A 施行後に「どのくらい被験者は JAMP-A のひとつひとつのプログラムの内容を理解できたか」を確認する JAMP-A 理解度アンケートを実施し

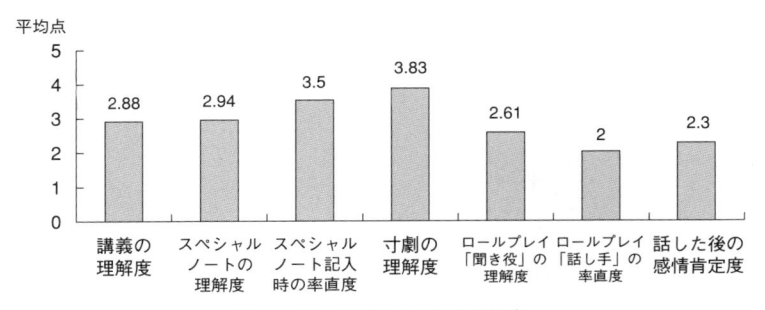

第 1 節　怒りのコントロールプログラムの作成と施行　87

Figure 10　JAMP-A 内容の理解度

（グラフ：平均点）
- 講義の理解度：2.88
- スペシャルノートの理解度：2.94
- スペシャルノート記入時の率直度：3.5
- 寸劇の理解度：3.83
- ロールプレイ「聞き役」の理解度：2.61
- ロールプレイ「話し手」の率直度：2
- 話した後の感情肯定度：2.3

た。その結果を Figure 10 に示す。寸劇の「良い例」「悪い例」の区別についての理解度やスペシャルノートの理解度，記入時の率直度，寸劇の理解度は，平均点がやや高かった。しかしそれらと比較すると，ロールプレイに関しては，自分が話し手になっているときの率直度や話した後の感情肯定度が低かった。

【考　察】

　中学生を対象に JAMP-A を実施したところ，被験者は，Pre-Test より Post-Test において「話し合い」「相談」のような怒り感情に伴う建設的な反応をより多く選択し，「愛想笑い」のような非建設的反応をより少なく選択する傾向が示唆された。非建設的な反応にほとんど変化が見られなかったのは，プログラムの内容が，非建設的な反応を減らすような働きかけや教育の内容が含まれていなかったからではないかと考えられる。「立ち去る」という回避的反応が強化されたのは，寸劇の「良い例」の中で「子どもがいったん親と葛藤状態に入るのを避けるためにその場を立ち去り，友だちに電話で相談する」という筋書きが影響したのではないかと思われる。自分の気持ちを自分にも相手にもごまかして伝え，その場をしのごうとする「愛想笑い」が減少したことは，プログラム実施の効果として評価できるであろう。

　本研究の対象者は 38 名と少なく，今後一般への適用を目指すためにもさらなる実験の施行と効果測定が望まれる。よって以下に，プログラムの内容について，改善すべきところについて検討する。

【これからの課題】
（1） タイムアウト（Time Out）の検討

　アンケート調査に対する被験者の回答の中で，「怒りを感じているとき，必ずしも正しい判断ができるとは限らない」という記述が見られた。怒り感情に伴う諸反応の選択について，十分な吟味を行うためには，「意図レベル」において時間を取る，あるいは相手と少し距離をおいたところで建て直しを測る，というようなスキルが必要とされる。それを Gottlieb（1999）は，「タイムアウト」（Time Out）と呼んだ。寸劇では「タイムアウト」の間に「友だちに相談する」という怒りのコントロール方法を取り入れたモデルを提示した。被験者はそれを「立ち去る」という回避的反応として，理解してしまったようである。しかし「立ち去る」と「タイムアウト」は異なると Gottlieb（1999）は述べている。Gottlieb（1999）は，「立ち去る」が単に問題から逃げ，問題は未解決のまま残されるのに対し，「タイムアウト」は建設的にその出来事に働きかけていこうとする思考を生み出すための機会であるとしている。したがって寸劇の中でモデルを提示するだけでなく，ファシリテーターによる講義の中で「タイムアウト」の意味を明確にさせるなどの働きかけが必要であろう。

（2） どのようにしたら「冷静な話し合い」ができるか

　JAMP-A 実施中に，建設的反応のひとつとして「冷静に落ち着いて怒り感情を抱いた対象者と話し合う」ことを示した。しかし，中学生は対話スキルの内容を漠然としてしか理解できなかった可能性が考えられる。Gottlieb（1999）の "I Statement"（私は……から始まるメッセージの伝え方）は，怒り感情を抱いている対象者とどのように話し合いをすればよいかという具体的なモデルを提示している。寸劇の中では，「親がつり銭をごまかしていると子どもの話を信じなかったことを理由に，子どもが親に対して怒りを感じたとき，子どもが領収書を見せ，母親はそれを見て納得し謝罪をし，お互いに和解する」という筋書きを良い例として示した。しかし，子どもが「私もすぐ領収書を見せなかったけど，私が言ったことも信じて欲しかった」など，「私」を主語にして，自分の無念だった気持ちを落ち着いたトーンで話すという筋書きを入れると，対話スキルの具体例がより明確に被験者に提示されることになるのではないかと

考えられる。

(3) 体験学習を無理なく遂行するためには

　プログラム施行中のファシリテーターとしての筆者の行動観察から、1対1のロールプレイのとき、話し手が恥ずかしがったり、何を話したらいいかとまどうことが明らかになった。担任教諭からも「ロールプレイのとき、男女で組ませると照れて話したがらない。同性同士のほうが話がしやすいのではないか」というコメントがあった。また中学生は、講義の受講や寸劇鑑賞など、受身的に知識を体得することに抵抗が無くても、ロールプレイなど参加型の体験学習に抵抗が見られた。アンケート調査にも同じような傾向があらわれており、寸劇についての理解度が一番高かった。一方、ロールプレイ時の話し手の率直度は、スペシャルノート記入時の率直度より平均点が低かった。したがって今後は1対1で話し合いをさせるロールプレイよりは、小グループでの話し合いなどの体験学習のほうが中学生の緊張感を和らげ、話し合いを潤滑に進めることができるのではないかと考えられる。また悪い例の寸劇を提示したあと、小グループで「どんなより良い対処方法が考えられるか」について生徒自身にアイディアを考えさせ話し合いをさせる試みも検討すべきであろう。そうすれば、中学生が何を話し合えばよいかというテーマが絞られて、体験学習をより行いやすいと予測される。

(4) SCが本プログラムを学校場面で施行することの意義と課題

　学校の教職員は、このような新しい試みについては非常に慎重である。それはプログラムの内容もさることながら、ファシリテーターが、教職員の意向を汲み取りながらそれに沿った動きができるかどうかについて慎重なのである。筆者は本プログラムを実施した学校で、SCとして勤務している。したがって、教員たちとは同僚であり、顔なじみである。しかし担任によってプログラムに対する意見が異なる。そこで、プログラムの主旨に賛同する担任のクラスでプログラムをまずは実施し、その効果を示していくことが必要であろう。現時点では、プログラムの実施はSCの義務ではない。しかしSCが、生徒個人に対する心理療法だけでなく、学校という組織全体にかかわることによって、予防的

な役割も担うことが現場の教員にも歓迎されるようにしていきたいものである。そのためにも，学校現場と協力関係を築きながらプログラムの開発を進めていくことに配慮する必要があるであろう。

第2節　怒りのコントロールプログラムの作成と施行
―予備調査その2― 〈研究5-2〉

この節では，JAMP-Aを改訂，実施し，プログラムの実験者効果や怒りの認知度別についての効果を測定することにより，怒りのコントロールの心理教育的介入の課題を学年差や怒りの認知度差から検討する。

【目　的】

本研究では，〈研究5-1〉による課題を検討し，JAMP-Aの改訂版を作成する。また改訂版のプログラムを実験協力者と共に中学校で実施し，実験者効果がないことを確認する。さらに，怒りの認知度別に効果の違いが見られるかについて明らかにすることを目的とする。

【方　法】

調査対象者　関東圏内公立H中学校1年生2クラス（男性26名，女性24名），2年生2クラス（男性37名，女性29名），3年生2クラス（男性26名，女性27名），計169名を対象にする。

調査時期　2003年7月にプログラムを実施した。

調査手続き　本プログラムの内容は，〈研究5-1〉で筆者が考案したプログラムを修正したものである。プログラムの修正は次の手続きを経て行った。以下，修正したプログラムを，思春期版怒りのコントロールプログラム改訂版パート1（JAMP-A-RI：Japanese Anger Mangement Program-Adolescent-Revised Part1）と呼ぶことにする。

（1）　テーマの変更

JAMP-Aでは，「親があなたの言おうとすることを信じてくれませんでし

た」というテーマであった。しかし，研究者3名および現職中学校教諭3名より，生徒の家庭環境によっては親子の信頼関係は刺激の強いテーマになりかねないと指摘された。そこで学校現場で行われる心理教育という視点を考え，「友人同士の関係」で，不当な被害，具体的には「友だちに貸した本が破れて返ってきた」というテーマに設定することを，研究者4名，現職中学校教諭3名で討議し，選択した。それに伴い，スペシャルノートおよび寸劇のテーマを変更した。寸劇の内容については Appendix 11 に示す。

(2) スペシャルノートの改訂

テーマの変更に伴い，スペシャルノートで扱うテーマも「友だちに貸した本が破れて返ってきました」とした。また，スペシャルノートで使用されている表現が中学生に理解されにくいと3名の心理学研究者および4名の現職中学校教諭から指摘された。そこでスペシャルノートで用いている用語について，「状況場面」を「怒る理由」に，「心の中で思うこと」を「あなたの心の中で考えること」に，「あなたの実際の行動」を「実際にどうする？」に，「あなたにとっての結果」を「そのあとあなたはどう感じた？」に，「相手にとっての結果」を「相手はどう感じる？」に，「相手との人間関係への影響」を「相手との関係はどうなる？」にそれぞれ記述を改めた。

また，スペシャルノートパート2を作成した。そのノートではACPモデルに倣い，「心の中で考えること」の次に，「もし実行したら自分はどう感じる？」「相手はどう感じる？」「相手との関係はどうなる？」「では実際にどうする？」と質問を設定した。そして生徒にスペシャルノートを記入させながら，ACPモデルのプロセスを体験できるようにした。この改訂したスペシャルノートをスペシャルノート改訂版と呼び，Appendix 12 に示す。

(3) ロールプレイから小グループ討論への変更

予備調査の結果，ロールプレイは中学生は照れてやりたがらないことが，プログラム中観察された。また，JAMP-A進行中に中学生4名が「何を話したらいいかわからない」とコメントをした。そこで被験者に寸劇の悪い例を示した後で，「それではどのようにしたらいいと思うか？」について，小グループで

話し合いをさせることにした。そうすれば中学生にとっての話し合いのテーマが明らかになり，作業の意味が生徒によりわかりやすくなると考えられた。小グループの討論は，中学生が自分のアイディアを述べたり，人の意見を聞くことによって，怒りのコントロールに関するブレインストーミングを行うことができるため，中学生のスキル体得に有効であると考えられた。また，プログラム実施校の養護教諭が，「生徒たちに寸劇の脚本を作らせて，自分たちで演じさせてみてはどうか？」との提案があり，脚本作成を，体験学習のひとつとしてプログラムに取り入れることにした。

（4） プログラム進行上にあたっての留意点

JAMP-Aでは，一方的な情報伝授が多かった。それを改め，プログラムを進行させていく中で，積極的に中学生に意見を促し，考えさせ，発言させる機会を設けるようにした。また実験協力者である養護教諭が，プログラム進行にあたり，ワークシートを用いたほうが，生徒に進行状況をわかりやすく伝えられると考え，ワークシートを作成した。筆者もそのワークシートを用いてプログラムを実施した。

（5） 新しいターゲットスキルの導入

タイムアウト，すなわち「しばらく時間を置いたり，相手との距離を置いて解決方法を考える」スキルや，"I Statement" すなわち「私は……から始まる話し方」で相手を攻撃せずに自分の気持ちを伝える対話スキルを導入した。

（6） フォローアップの導入

本研究ではプログラムの施行は1回限りであることから，被験者がプログラム中に学習したことをどれだけ記憶し，維持しているかが懸念された。よって，プログラムで学習したターゲットスキルについての復習プリントを，プログラムが修了した翌日から3日間連続して1日各1枚ずつ，担任教諭から配布してもらうことにした。復習プリントは，筆者が作成した。それをJAMP-A-RI復習プリントと呼び，Appendix 13に示す。

プログラムの一連の流れについてはFigure 11で示す。

第 2 節　怒りのコントロールプログラムの作成と施行　93

```
[Pre-Test] → [スペシャルノートの記入 ①] → [講義 ②] → [寸劇と小グループ話し合い ③] → [スペシャルノートの記入 ④] → [まとめ ⑤] → [Post-Test]
```

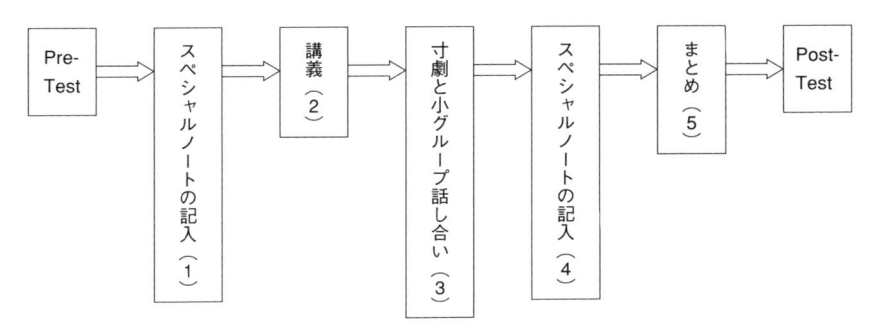

Figure 11　怒りのコントロールプログラム改訂版パート1の概要（JAMP-A-RI）

　JAMP-A-RIの効果測定については，JARI-A-Rを用いることにした。そのうち，対友人葛藤エピソードと対クラスメート葛藤エピソードの2つを選択し，Pre-Testではエピソード①「あなたの友達があなたことを無視しました」を，Post-Testではエピソード②「クラスメートがあなたの悪口を言いふらしました」を用いた測定紙を配布する。①の各下位尺度とJARI-A-Rの各下位尺度とで相関を算出したところ，$r = .54 \sim .99$，$p < .01$ の値が得られた。また②の各下位尺度とJARI-A-Rの各下位尺度とで相関を算出したところ，$r = .33 \sim .79$，$p < .01$ の値が得られた。これらのことから①と②の質問紙は，JARI-A-Rを十分に反映していると考えられるので，これを効果測定として用いることとした。また①と②の質問紙における各下位尺度の相関は $r = .58 \sim .77$，$p < .01$ で有意な正の相関が見られた。よって①と②を用いてのPre-TestとPost-Testの効果測定は適切であると考えられた。Pre-TestとPost-Testの間は1週間ほどあけ，道徳の時間，もしくは学活の時間を使って実施した。ファシリテーターは外部講師としての筆者，実施校の養護教諭と実施校勤務のSCの3名であった。

【JAMP-A-RIの作成と施行】
（1）スペシャルノートの記入
　スペシャルノート改訂版を使用し，怒り感情の認知を促しそれについての自分の考えや行動を振り返り意識化を促進させた。

（2） ファシリテーターによる講義

　ファシリテーターは，「怒りは自然な感情であり，怒りは自分が危険なあるいは不快な状況にあるというサインである場合がある。したがって，怒りを抑圧したり無視したりせずに，認知するところから適切な怒りのコントロールが始まる」と講義した。

（3）　寸劇と小グループの討論

　森田（1999）のエンパワメントプログラムを参照し，寸劇に用いる怒りのコントロールの教材として対友人葛藤場面のエピソード「友達に貸した本が破れて返ってきた」を選択した。筆者が「良い例」「悪い例」の2通りの寸劇の筋書きを，森田（1999）のプログラムを参照しながら作成した。筆者は，Tangney et al.（1996）の怒り感情に伴う建設的反応「話し合い」「状況改善のための行動」「相談」と，筆者が新たに設定したターゲットスキル「タイムアウト」と"I Statement"が寸劇の「良い例」に反映されるように作成した。「中学生A子が友達に本を貸したら，その本が破れて返ってきた。そこでA子はタイムアウトをとり，家に帰ってひとまず母親に相談をする。A子は母親のアドバイスを聞いた後，友達と話し合いをする。A子はその友達に自分の失望感を伝え，次回からは丁重に本を扱ってほしいと協力を依頼し，お互いに納得して和解する」というストーリーを作成した。また寸劇の「悪い例」で，JARI-A-Rの非建設的意図および非建設的反応が寸劇の筋書きに反映させるようにした。「ある中学生が友だちに本を貸すとその本が破れて返ってきたために怒りを感じ，友だちと怒鳴りあいになった。その結果二人の仲は後味の悪い結果に終わる」という寸劇の筋書きを筆者が作成した。先に「悪い例」を被験者に演じさせた。その後ファシリテーターは，「このようなとき，もっと良い怒りのコントロール方法はあるでしょうか？」と小グループで討論させた。その後でファシリテーターが「良い例」を提示し，被験者に「良い例」についてより強い印象が残るようにした。

（4）　スペシャルノート記入（パート2）

　スペシャルノートパート2は，以下のような手順で作成した。まず怒り喚起

エピソードを提示し，心の中の反応を記入させる。次に，怒り感情に伴う反応を実行する前の段階で，自分にとって，相手にとって，相手との人間関係にとって適切な反応を考えさせ，それぞれノートに記入させる。最後に実際に選択，実行するであろうと思われる反応について記入させた。このスペシャルノートパート2は，被験者がスペシャルノートに記入する際に，ACPモデルを体験できるように作成した。

(5) まとめ

怒り感情に伴う建設的な反応およびACPモデルについて再度簡単に口頭で説明した。

【結　果】

(1) 怒りの認知度別に見た実験者効果

心理教育プログラムの効果測定にあたり，実験者と実験協力者（プログラム実施校のSCと養護教諭）の間で，効果差がないほうが望ましい。そこで実験者効果がないかどうかを検証した。実験者がJAMP-A-RIを行った2クラス（1年生1クラス，2年生1クラス）と，実験協力者がJAMP-A-RIを行った2クラス（1年生1クラス，2年生1クラス）をそれぞれ実験者群，実験協力者群とした。怒りの認知度によって，怒り感情に伴う諸反応が異なることが示されていることから，怒りの認知度に，実験者群と実験協力者群とでプログラム効果を見ることにした。実験群，実験協力者群それぞれに対して，Pre-Testにおける怒りの認知度の低群（怒りをまったく感じない，あるいはちょっとは感じるの項目に〇をつけた者），中群（怒りをまあまあ感じるの項目に〇をつけた者），高群（怒りをわりと感じる，とても感じるに〇をつけた者）に分類し，Post-Testにおける実験者群と実験協力者群との間でt値を算出した。その結果，怒りの認知度低群の自責的反応のみ，有意差が見られ，実験者群のほうが実験協力者群より平均値が低かった（$t(20) = -3.098$, $p<.05$）。しかし怒りの認知度の中群，高群においては有意差は見られなかった。

(2) 学年別および怒りの認知度別効果測定の結果

中学生は心身ともに発達が著しいため,学年差を検討することが適切であろうと考えられた。また,中学生に対して,同じエピソードを想起させ怒りを喚起させても,怒りの認知の度合いによって,それに続く反応が異なってくることが予測された。したがって怒りの認知度別3群（低・中・高群）に対象者を分け,さらに学年別にプログラム効果を測定した。それを Appendix 14 に示す。

1年生の認知度低群では,非建設的意図と間接的攻撃がそれぞれ Pre-Test よりも Post-Test のほうが有意に平均値が高かった。認知度中群では,能動的対処反応が Pre-Test よりも Post-Test のほうが有意に平均値が高かった。認知度高群では,鎮静内省的意図,鎮静内省的反応がそれぞれ Pre-Test よりも Post-Test のほうが有意に平均値が低かった。

2年生の認知度低群と中群では,有意差は見られなかった。認知度高群では,非建設的意図,能動対処的意図,鎮静内省的意図,自責的反応がそれぞれ Pre-Test よりも Post-Test のほうが有意に平均値が低かった。

3年生の認知度低群では,間接的攻撃が Pre-Test よりも Post-Test のほうが有意に平均値が高く,回避的反応は Pre-Test よりも Post-Test のほうが有意に平均値が低かった。認知度中群では,鎮静内省的意図,直接的攻撃,自責的反応,鎮静内省的反応がそれぞれ Pre-Test よりも Post-Test のほうが有意に平均値が低かった。認知度高群では,間接的攻撃反応は Pre-Test よりも Post-Test のほうが有意に平均値が高く,能動的対処意図,回避的反応が Pre-Test よりも Post-Test のほうが有意に平均値が低かった。

【考　察】

(1) 怒りの認知度別による実験者群と実験協力者群との比較

怒りの認知度低群については,実験者群のほうが実験協力者群より自責的反応が有意に平均点が低かった。これは自責的反応の概念についての理解の仕方に違いが見られたからと予測される。つまり,実験者は Tangney et al. (1996) の概念より自責的反応を非建設的反応と捉えているのに対し,実験協力者は自責的反応についてそのような概念の知識をもっておらず,その違いが被験者にも伝わった可能性が考えられる。しかし,怒りの認知度中群および高群につい

ては実験者群と実験協力者群とで有意差は見られず，実験者効果はほぼ見られなかったといえるであろう。

(2) 怒りの認知度別による学年要因の検討
① 怒りの認知度低群について

怒りの認知度低群においては，1年生と3年生とで間接的攻撃がPre-TestよりPost-Testで有意に平均値が高くなった。これについては次のように解釈できる。怒りの認知の程度が低いということは，怒りを喚起させられるような状況に対して耐性があるというよりは，怒りを感じないように抑圧しているか，怒りを感じているにもかかわらずそれを意識化できていないということを示すと考えられる。そこでプログラム中に「怒りを認知することから怒りのコントロールが始まる」とファシリテーターから教えられると，それに刺激されPost-Testでは被験者はより率直に回答したのではないかと推測される。また間接的攻撃が増えたことについては，効果測定で用いた怒り喚起のエピソードが，「悪口を言われた」や「無視された」など，他者からの間接的攻撃であったことも影響された可能性がある。つまり悪口を言われたら悪口を言い返すといった報復の気持ちが，もともとは怒りを抑圧していた分，Post-Test時において強められた可能性が考えられる。

② 怒りの認知度中群について

怒りの認知度中群については，2年生は有意差が見られなかったものの，1年生は能動的対処反応がPost-Testのほうが有意に平均値が高くなった。3年生も直接的攻撃および自責的反応がPost-Testのほうが有意に平均値が低くなった。よって怒り認知度中群は，プログラムの効果が，1年生に特に顕著に示されたと考えられる。このことから，怒り喚起エピソードに対して，怒り感情を抑圧こそしないが，過剰に反応もしない怒りの認知度中群が，本プログラムにおいては最も怒りのコントロール方法をよく理解し，習得できることがわかった。

③ 怒りの認知度高群について

怒りの認知度高群については，1，2年生では，鎮静内省的意図，鎮静内省

的反応がPost-Testのほうで有意に平均値が低くなり，2，3年生では能動的対処意図が有意に平均値が低くなった。意図レベル反応でこのような有意差が見られたことについては，次のように解釈できる。意図レベル反応はその人がどのような反応を示そうとするか，その意図を問うものである。怒りの認知度高群にとって直接的身体攻撃や直接的言語攻撃が正当化された攻撃反応であるとすると，プログラムで示された能動的対処反応や鎮静内省的反応に対して拒否感があったと思われる。そのためPost-Testでそれらの建設的反応を選択しようとする意図が逆に低下した，と予測できる。また3年生においては間接的攻撃がPost-Testにおいて有意に高くなっている。1回限りのプログラムであったため，怒りの認知度の高い中学生がすでに形成していたゆがめられた認知を修正するまもなくプログラムが終了し，結果として反発を招き，間接的攻撃が増加した可能性が考えられる。

しかし2年生においてはPost-Testで非建設的意図や自責的反応が減少する傾向が見られており，怒りの認知度の高い群でも，一部であるが効果が示されたと考えられる。

④　全体的考察

①～③の知見により，プログラムは怒りの認知度の中群に最も効果的であった。被験者の怒りの認知度が平均より低すぎても高すぎても，プログラムを受けたことによる抑圧されている怒りが活性化されるか，プログラムの内容に反発を覚え，それらの要因が回答に反映されたと考えられる。中学1年生の怒り認知度中群が最もプログラムの効果があると示されたことから，1年生が一番介入しやすい学年なのではないかと予測できる。

怒りの認知度が低い生徒と高い生徒は，怒りの認知度中群の生徒より，個人的な介入などのきめ細かな対応が必要であろうと考えられる。これは攻撃性の高いグループ，低い引っ込み思案の子どものグループなど，子どものタイプに沿ったプログラムのほうが，学級単位のプログラムより効果的であるとの知見と一致している（桜井，1999）。後藤ら（2001）も小学生を対象に学級単位に社会的スキルの訓練を試みているが，やはり同一の結論に至っている。

しかし現時点の日本教育の普通学級においては平等主義が前提とされており，

すべての生徒が同じ内容のプログラムを同時期に受けるという学校のシステムになっている。また様々な子どもを対象としている学級単位への介入が、効果を生むこともある（Teglasi & Rothman, 2000）。したがって、ファシリテーターのほうでプログラムの進め方を工夫する必要があるだろう。具体的には怒りの認知度の高い生徒のために、「これは正しいのだ」という決め付けるような道徳的な価値観の押し付けにならないように、「色々な考え方があるよね」と生徒自身の考えやアイディアの発言を促すようなブレーンストーミングを導入するなどの工夫が必要である。また担任教諭とSCがチームティーチングを行うことによって、一人一人の生徒の質問に応えたり、声かけを行うなどのきめこまやかな対応を可能にする工夫も必要だろう。

【今後の課題】

本研究では、被験者の怒りの認知度によりプログラムの効果差があることが明らかになった。今後は、攻撃性の高い生徒については、質的調査を行い、彼らの怒り感情に伴う諸反応の特徴を明らかにする必要があるだろう。そのためにも、攻撃性の高い生徒をあらかじめ担任から指摘してもらい、プログラム中の行動を観察するなど、個別に質的に調査し、かつ将来的には個人的な介入の効果測定の施行も必要であるだろう。

もう1つ課題としてあげられることは、効果測定の質問紙の問題である。今回はJARI-A-Rの一部を用いた。しかしJARI-A-Rで用いた怒り感情を喚起させるエピソードは「友達が無視した」「クラスメートが悪口を言いふらした」など、相手が自分を傷つけようと明らかに意図した設定であり、しかも情報を操作して相手を傷つけようとするなど、内容が陰湿である。このような場合、怒りをまともに認知するように被験者に働きかければ、相手が悪いのだから相手を攻撃すべきと、間接的攻撃を正当化させてしまった可能性が考えられる。プログラムで用いたテーマは「友達に貸した本が破れて返ってきた」であり、その被害が偶然に起こったのかどうかは特に設定されていなかった。しかし、中学生は相手が意図的に本を破ったかどうかを問題にした。「相手の意図によって、自分の行動を変える」とプログラム施行中に発言した中学生も多かった。自分に対して危害を加えようとする相手の意図の有無が、反応の選択に強く影

響を与えることが示されたと考えられる。よって，本研究のプログラムで用いたテーマと効果測定用の質問紙とはミスマッチであったことが考えられる。今後はプログラムで用いたテーマにできるだけ近い内容の測定紙を用いることを検討すべきである。

プログラム実施中に，生徒から「本が破れたくらいで怒らない」という意見があがった。心理教育としてできるだけ刺激の無いテーマという理由で選択したが，中学生の現実からかえって離れてしまったテーマであったことが考えられる。今後はプログラムを実施する前に，事前調査を行い，プログラムを実施する学校の教員や生徒たちの困っていること，課題などを見極めてテーマを選択するなどの工夫が必要であろう。

最後に本研究では中学生による自己報告のみでプログラムの効果判定が行われている。よって担任教員から見た効果測定など，効果測定の方法にも工夫が加えられる必要があるであろう。

第3節　怒りのコントロールプログラム（1回シリーズ）改訂版，JAMP-A-RⅡの作成と施行―本調査その1――〈研究6-1〉

【問　題】

〈研究5-2〉の結果より，プログラムの効果が必ずしもどの生徒にも有効というわけではなく，怒りの認知度や学年によってその効果のあらわれ方が違うことが明らかになった。また，プログラムのテーマの内容や，効果測定の方法に課題があった。そこで，本研究では，JAMP-A-RIの改訂を試みる。また，その改訂版がより効果的であることを確認するために，そのプログラムを実施し，統制群を設定した上で効果測定を行うことにする。本研究では，以下の2つの仮説を検証することにする。

仮説1　実験群と統制群とでは，実験群のほうが統制群よりPost-Testにおいて，建設的意図およびターゲットスキル得点の平均値が有意に高いであろう。

仮説2　実験群において，Pre-TestよりPost-Testのほうが建設的意

第3節 怒りのコントロールプログラム（1回シリーズ）改訂版, JAMP-A-RⅡの作成と施行　　101

図および建設的反応すなわちプログラムのターゲットスキル得点の平均値が有意に高いであろう。

【目　的】

本研究では, JAMP-A-RIを修正し, 中学校でそのプログラムを実施し, 統制群を設定した上でそのプログラムの効果を測定し, 上記の2つの仮説について検討することを目的とする。

【方　法】

調査対象者　実験群として, 東京都内公立B中学校1年生2クラス（男性29名, 女性26名, 未記入14名）計69名, 統制群として1年生2クラス（男性33名, 女性27名, 未記入14名）計74名を対象とした。実験群と統制群の対象者は, ほぼ同一であると考えられる。

調査時期　2003年9月に施行した。

調査手続き　本プログラムの内容は, 〈研究5-2〉で筆者が考案したプログラムを修正したものである。プログラムの修正は, 事前調査として実験校の学級担任教諭1名と討議を行い, 次の手続きを経て行った。以下, 改訂されたプログラムをJapanese Anger Management Program-Adolescent-Revised Part 2：JAMP-A-RⅡと呼ぶことにする。

(1)　テーマの変更

JAMP-A-RIのテーマは,「友達に貸した本が破れて返ってきた」であった。しかし, そのような物的損害では現代の中学生の怒り感情が喚起されにくいことが心理学者1名および中学校教員1名より指摘された。同時に効果測定用の質問紙として用いたJARI-A-Rの「友達に無視される」「クラスメートに悪口を言われる」などの怒り感情喚起エピソードは, 中学生にとって頻繁に起こりうる設定とはいえ, 刺激が強すぎるテーマであると懸念された。そこで筆者はB中学校の1学級担任教諭と協議して「お祭りで出会った友だちにあまりよく考えないで携帯電話を貸すと, それを使ってその友達が他の友達の悪口をメールで流した」というテーマを選択した。その教諭は,「ここの中学校では, 携帯

電話は校則で人には貸してはいけないことになっている。だから，携帯電話を人に貸すと，トラブルが起こりうると生徒たちに伝えることができる。その上でそのようなトラブルが起きたときに，どのように対処するかを教えることができれば，生徒にとって有益である」と指摘した。それに伴い，スペシャルノートのテーマおよび寸劇のテーマを変更した。寸劇の内容については，Appendix 15 に示す。

（2） スペシャルノートについて
　テーマの変更に伴い，スペシャルノートで扱うテーマも「お祭りで出会った友だちにあまりよく考えないで携帯電話を貸すと，それを使ってその友達が他の友達の悪口をメールで流した」とした。またスペシャルノートを 2 回記入させるには，時間配分の点で問題があるため，1 回限りに改め，JAMP-A-RI で用いたスペシャルノートパート 2 のほうを用いることにした。

（3） 講義内容の改訂
　〈研究 5-2〉の JAMP-A-RI では，怒り感情を我慢するのではなく，自分の気持ちを伝えてみることを強調したが，本研究では「自分を責めてしまうのではなく，自分の気持ちを伝えてみよう」とのメッセージに変更した。これについては学級担任教諭より「近頃怒りを感じた相手とケンカこそしないかもしれないが，そのかわり自分を責めてしまう傾向が見られる」との指摘を考慮し，そのように変更することにした。

（4） プログラムの進行上にあたっての留意点
　本研究では担任教諭とチームティーチングでプログラムを実施する。よって，最後のまとめは担任教諭に任せたり，小グループの討論にも積極的に介入してもらうようにした。そうすることによって，生徒たちのプログラム参加中の集中力を高めるようにした。

（5） JAMP-A-RⅡの効果測定紙の作成
　JAMP-A-RⅡの効果測定にあたり，ひとつひとつの反応やスキルについて

第3節　怒りのコントロールプログラム（1回シリーズ）改訂版，JAMP-A-RⅡの作成と施行

検討できたほうがいいであろうと心理学者1名と討論した。そこで，JARI-Aにターゲットスキルの内容を反映させた次の4つの項目「時間を置いて怒りを鎮める」「時間を置いてどの解決方法がいいかをひとりで考える」「私の気持ちも伝えていいでしょうかと尋ねる」「信頼できる人に良い解決方法を一緒に考えてもらう」を付け加えることにした。また予備調査その2では，プログラムのテーマと効果測定で用いる怒り喚起場面のミスマッチが課題であった。そこで本研究では，JARI-Aのエピソード①「放課後友達と待ち合わせの約束をしたのですが，友達は来ませんでした」とエピソード②「友達があなたを非難してばかりであなたの言おうとしていることを聞いてくれませんでした」の2つを選択した。Pre-Testではエピソード①を半分の被験者に，エピソード②をもう半分の被験者に効果測定紙として配布する。Post-Testは，①を施行した被験者に②を，②を施行した被験者に①を配布する。①と②の質問紙の各21項目（新しく付け加えたターゲットスキルを測定する4項目を除く）は，JARI-Aの各下位尺度との相関を求めたところ，①は$r=.50\sim.78$, $p<.01$, ②は$r=.45\sim.78$, $p<.01$で，ほぼJARI-A全項目を反映していると考えられる。よって①と②を用いてのPre-TestとPost-Testの効果測定は適切であると考えられた。Pre-TestとPost-Testの間は1週間ほどあけ，道徳の時間，もしくは学活の時間を使って実施した。ファシリテーターは実施校SCである筆者と，各学級担任教諭の2名のチームで行った。

JAMP-A-RⅡの作成と施行　　JAMP-A-RⅠで実験協力者が作成したワークシートを筆者が修正した。それをAppendix 15に示す。JAMP-A-RⅡの内容はそのワークシートに準拠する。

【結　果】

実験群でPre-TestとPost-Testでt検定を行った。その結果をTable 18に示す。意図レベル反応では「抑圧的意図」が，実行レベルでは「我慢」と"I Statement"が，Pre-TestよりPost-Testのほうが有意に平均値が低かった。Post-Testにおいて実験群と統制群とでt検定を行ったところ，有意差は見られなかった。

Table 18 JAMP-A-RⅡにおける Pre-Test, Post-Test の効果測定

項目	平均値		t 値	
	Pre-Test	Post-Test		
認知度	3.25	3.26	−.67	
建設的意図	2.85	2.68	.94	
悪意	2.97	2.75	1.05	
発散回避的意図	1.75	1.55	1.54	
抑圧的意図	3.02	2.52	−.38*	Pre＞Post
直接的身体攻撃	1.19	1.22	2.75	
直接的言語攻撃	1.71	1.72	−.048	
直接的脅し攻撃	1.55	1.39	1.14	
間接的攻撃（悪口）	1.57	1.62	−.41	
間接的攻撃（無視）	1.65	1.88	−1.49	
置換え身体攻撃	1.07	1.07	.04	
置換え言語攻撃	1.24	1.25	−.12	
置換え物攻撃	1.45	1.30	1.45	
自己非難	1.73	1.70	.23	
抑圧反芻	1.66	1.68	−.14	
愛想笑い	1.80	1.78	.11	
発散	2.56	2.34	1.11	
過小評価	3.00	2.77	1.02	
立ち去る	2.07	2.08	−.07	
何もしない	2.07	2.22	−.75	
話し合い	1.78	1.88	−.56	
I Statement	2.32	1.87	2.22*	Pre＞Post
状況改善行動	1.73	1.57	1.33	
相談	2.53	2.33	1.15	
サポート希求	2.30	2.28	.17	
時間を置く（鎮静化）	2.57	2.68	−.58	
時間を置く（問題解決）	2.52	2.17	1.82	
自己認知再評価	2.35	2.17	.98	
相手認知再評価	1.83	1.83	−.05	
我慢	2.52	2.15	2.44*	Pre＞Post
自分結果予測	2.97	3.00	−.35	
相手結果予測	2.90	2.84	.60	
人間関係結果予測	2.97	2.93	.28	

$N=36$, *$p<.05$

【考　　察】

　怒り感情を伴ったときの各反応について実験群と統制群とで差を比較検討したところ，有意差は見られなかった。よって仮説1は支持されなかった。そこで実験群におけるPre-TestとPost-Testの比較をしたところ，抑圧的意図と我慢がPost-Testで有意に平均値が低かった。「我慢するだけでなく，他にも色々と適切なコントロール方法がある」というプログラムの意図を，「我慢しなくてもいい」と自分の都合の良いように被験者が理解してしまった可能性が考えられる。

　実行レベル反応における"I Statement"は，Post-Testのほうが有意に平均値が低かった。ファシリテーターは，"I Statement"の効用を，寸劇などを通して伝えようと試みた。しかし，中学生は新しいスキル獲得に対して慎重な態度および警戒心を示したことが，効果測定の結果から明らかになった。曽我・島井・大竹（2002）は小学生を対象とした攻撃性に関する調査の中で，「怒りが喚起された場合でも，情緒が安定しており自己を統制することができれば，怒りは言語的攻撃として行動化され，いわゆる"キレる"という現象を生じる傾向は抑えられる」（p.363）とし，言語的攻撃は攻撃行動と比較すると，適応的行動に必要な正当な主張性を併せもつものと指摘している。しかし中学生の場合は，言語的攻撃も身体的攻撃と同じ，あるいはそれ以上の心的ダメージを相手側に与えるということを経験的に知っている可能性が考えられ，安易に自己主張的に振る舞うことに抑制がかかっていることが考えられる。

　畑中（2003）は，発言の抑制が精神的健康に及ぼす影響について言及し，女性は対話相手やその関係性を大切にする傾向が強く，関係を良好に保ちたいという動機に基づく発言抑制を多く行っており，そのような発言抑制により精神的健康度が高まることを示した。畑中（2003）の研究は大学生対象ではあるが，中学生にもこれと似たような理由での発言抑制が行われていると推察される。それは高田（2001）が，日本人の文化的自己観について指摘するところの「青年期は高い相互協調性・低い相互独立性が顕著である」ことからも裏付けることができる。つまり，もし現代の日本人中学生が相互独立的であれば，相手と自分とは独立して異なっていても，お互いにかかわることができるのであり，それを橋渡しするコミュニケーションの手段としての"I Statement"や「話し

合い」を選択することによる良好な結果を予測することができる。しかし日本人中学生は高い相互協調性をもつと考えられる。そこで，相手と自分は似たもの同士，または相手との良好な関係が何よりも優先されるべきだという信念が強く，相手への発言，ここでは "I Statement" は抑制されるのであろうと予測される。

本研究では攻撃性得点の高い生徒について担任教諭のインタビューを求め，その個人についての特性を検討するなど質的調査も目的のひとつであったため，効果測定にあたり被験者のID記入は必要であった。しかし今後はIDを記入させずに効果測定を行うことによって，プログラムの効果を示すことができるかどうかについて確認する必要があるであろう。

第4節　中学生が経験する怒り感情に伴う諸反応の特徴
　　　―攻撃性の高い生徒に関する担任教員への半構造的インタビューによる質的調査―　〈研究6-2〉

この節では，攻撃性の高い中学生の友人，教員，学級との関係および家庭環境について，担任教諭に半構造的インタビューによる質的調査を行うことによって，攻撃性の高い中学生の特徴を明らかにする。

【目　　的】

本研究では，攻撃性の高い生徒の，「友人との関係」「教師との関係」「学級との関係」および「家庭環境」などの要因を測定する。それにより，攻撃性の高い中学生の問題点を多面的に明らかにする。また，攻撃性の高い生徒の特徴を明らかにすることによって，このような特性をもつ生徒への援助のあり方を探索的に明らかにすることを目的とする。

【方　　法】

調査対象者　JAMP-A-RⅡを施行した関東圏内B中学校1年生2クラスのうち，担任教諭が攻撃性の高い生徒であると判断した生徒4名および，JAMP-A-RⅡ施行前のベースライン時に，攻撃性得点が最も高かった生徒4名，

計 8 名について，担任教諭 2 名（男性 40 代 1 名，男性 20 代 1 名）にインタビューした。

調査時期　2003 年 9 ～ 11 月に施行した。

調査手続き　〈研究 6-1〉で得られた実験前後の怒り感情に伴う諸反応の各得点のうち，悪意，直接的身体攻撃，直接的言語攻撃，直接的脅し攻撃，間接的攻撃（悪口），間接的攻撃（無視），置換え身体攻撃，置換え言語攻撃，置換え物攻撃，の各得点を単純加算して，被験者の攻撃性の強さの程度として求めた。また JARI-A-R の下位尺度のカテゴリーを参照しながら，効果測定にあたってのカテゴリーを次のように分類した。直接的身体攻撃，直接的言語攻撃，直接的脅し攻撃，間接的攻撃（悪口），間接的攻撃（無視），置換え身体攻撃，置換え言語攻撃，置換え物攻撃，自己非難，抑圧反芻を「非建設的反応」，話し合い，"I Statement"，状況改善のための行動，相談，サポート希求を「能動的対処反応」，発散，タイムアウト（鎮める），タイムアウト（問題解決），自己認知再評価，相手認知再評価，我慢を「鎮静内省的反応」，愛想笑い，過小評価，立ち去る，何もしない，を「回避的反応」とした。プログラムの効果測定にあたり，「能動的対処反応」と「鎮静内省的反応」の各項目の回答で得られる得点を，ターゲットスキル得点とする。

インタビューは JAMP-A-RⅡ を施行した中学校で，調査者とチームティーチングを行った担任教諭 2 名を対象に，1 対 1 の面接形式で行われた。記録はノートに逐語で記述された。

インタビュー質問紙の作成　インタビューの項目を Appendix 17 に示す。筆者は半構造的インタビューの質問項目を，以下のことを参照しながら作成した。まず調査対象者の学校生活の満足度を測定するために，スクールモラール・スケールを作成した河村（1999）の学校適応感の定義を参照しながら，「友人との関係」「教員との関係」「学級との関係」の 3 つの質問項目を設けた。また親の養育態度が子どもの攻撃性に影響するという指摘もあり（八島，2002；橘，2002），その子どもの家庭環境も見逃すことのできない重要な要因であると予測できることから，「家庭環境」の質問項目を 1 項目設定した。補足資料として「その他」の項目を設け，上記のカテゴリーの範疇に入らないが，重要な情報であると担任教諭が判断したことについての情報を収集することにする。

【結　果】

(1)　教員の行動観察，および質問紙による効果測定の結果により，攻撃性が高いと判断された中学生について

　担任教諭へのインタビューで得た逐語記録のうち，担任教諭により攻撃性が高いと判断された生徒については Appendix 17 に，効果測定紙により攻撃性が高いと判断された生徒については Appendix 18 に，それぞれ示す。友人との関係では，「友人に対して暴力をふるう」「罵倒する」「キレるなどの衝動的な攻撃行動」が見られた。また相手に「嫌がらせ」をしたり，「悪口を言う」などの，攻撃行動が見られた。一方質問紙の効果測定により攻撃性が高いと判断された生徒の友人関係は，「友人との関係は良好」の者が3名いたが，「不良仲間が友人」である者もいた。

　教員により攻撃性が高いと判断された中学生と教員との関係はさほど悪くはなく，担任に反抗的なもの1名を除くと「指示が入りやすい」との評価であった。質問紙による効果測定の結果，攻撃性が高いと判断された中学生と教員との関係も，「指示が入りやすい」「教員に対して積極的にかかわる」「教員に甘えてくる」であった。

　学級との関係では「クラスメートの足をひっぱる」「女性蔑視をする」「キレるなどの衝動的行動をクラスの中で見せる」傾向が見られ，その結果として「クラスメートから嫌がられている」「孤立している」「受身的で自発的にかかわろうとしない」などの傾向が見られた。

　家庭環境との関連においては，担任教諭から攻撃性が高いと判断されている中学生は，「父親に男はどんどん喧嘩をやれと言われている」「母親が子どもを躾けない」「兄弟にも問題行動が見られる」「親から勉強のプレッシャーをかけられている」などの養育上の問題や，「母親が精神的に不安定」などの家族の問題が見られた。また質問紙の効果測定により攻撃性が高いと判断された中学生は，「母親が子どもの学校生活に関心を持たない」「母親自身が暴力的である」など，家庭における深刻な問題も見られた。

　その他に性格的要因，行動面などの問題で担任教員から見て気がかりな問題は「躾がなっていない」「我慢できない」「だらしない」「精神的にムラがある」「自分の行動を反省しない」「屈折している」などの性格的要因，および「非行

化のきざしがある」「生活の乱れ」などが見られた。

（2）事例研究

事　例　生徒Aは中学1年生，男子である。担任教諭からクラスの中で最も攻撃性が高い生徒のひとりであると判断された。担任教諭の行動観察によると，プログラム参加中の生徒Aは，自分，相手，相手との関係にとって良い結果になるような怒りのコントロール方法についての脚本作成をするにあたり，グループの中でふざけたり，わざと悪い結末にもっていこうとするなどの傾向が見られた。

プログラム前後の効果測定の結果をFigure 12～15に示す。「能動的対処反応」では実験前後とも"I Statement"を除くすべての項目は最低点の1点であった。"I Statement"は，実験前より後のほうが得点が低くなった。鎮静内省的反応においては，実験後のほうが「発散」「タイムアウト」「相手認知再評価」「我慢」が得点が高くなった。しかし「愛想笑い」「過小評価」「立ち去る」など

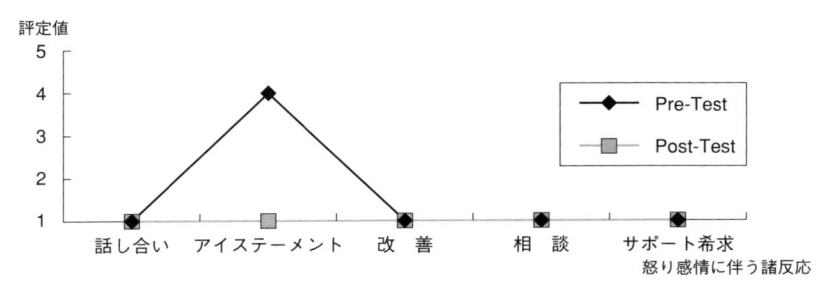

Figure 12　教員から見た攻撃性の高い生徒Aの能動的対処反応

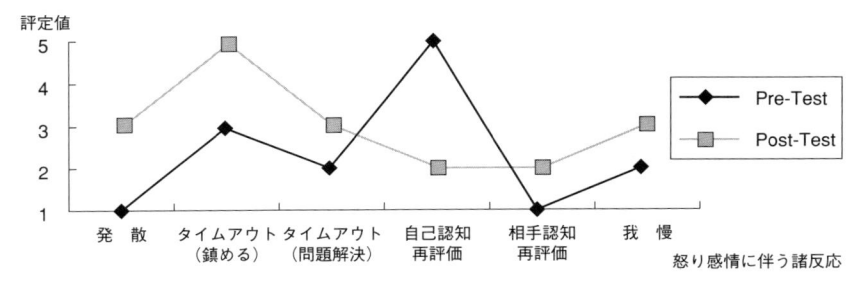

Figure 13　教員から見た攻撃性の高い生徒Aの鎮静内省的反応

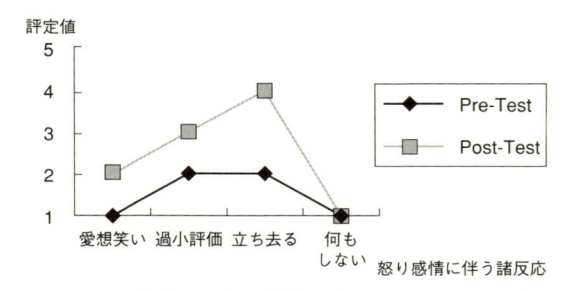

Figure 14　教員から見た攻撃性の高い生徒Aの回避的反応

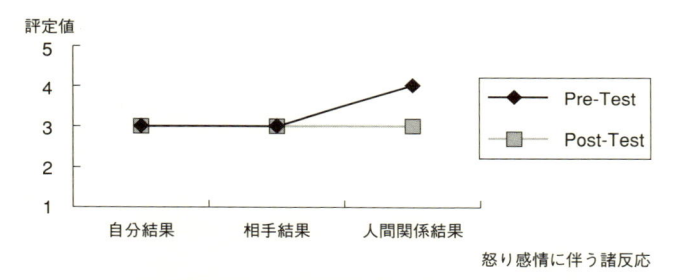

Figure 15　教員から見た攻撃性の高い生徒Aの反応結果予測

回避的反応も得点が高くなった。反応の結果予測では「人間関係の結果」得点がプログラム後低くなった。

　友人との関係は特に問題はないが，クラスメートに対しては自己顕示欲が強く，人の足をひっぱって蹴落としたり，女性差別的な態度が見られた。教員との関係では内申書の点数を稼ごうとして，目だった反発は示さないが，教育実習生を困らせるなど，相手を見て態度を変えている。学業成績は中の上である。性格は人の欠点をついてあら探しをするようなところがある。親は生徒Aに勉強しろとプレッシャーをかけている。要約すると，勉強でよい点をとることについて親から強いプレッシャーがかけられているため，クラスメートは生徒Aにとってライバルにしか見えず，蹴落とす対象になるようである。権限のある教員に対しては自己中心的に取り入ろうとすることが明らかになった。

(3) 担任教員A，BにとってのJAMP-A-RⅡ参加およびSCによるインタビュー参加に関するメリット・デメリット

担任教諭にJAMP-A-RⅡのメリット・デメリットについて尋ねた逐語記録をAppendix 19に示す。プログラム効果については担任教諭2名とも，生徒たちのプログラム参加中の反応がよかったと肯定的な回答があった。プログラムの効果をグラフで見ることについても，「何故このタイプの生徒に，このような攻撃性が見られるのかを知るきっかけになった」と捉えていることがわかった。またグラフを使用してのSCからの説明については「視覚的に子どもたちの性格を再確認できるようになった」と述べている。デメリットについては，「アンケートの回答が中学生なので攻撃性の日常的，固定的なパターンを反映するというよりは，その日の気分に影響されやすいのではないか」，という指摘があった。また20代の教員からは，攻撃性の高い生徒のための具体的な介入や示唆を調査者（SC）に求めていることが明らかになった。40代の教員からは「自己中心的」な自己主張ではなく，「自分を認めて自分をうまく表現する」自己主張の大切さを，授業の中でも活かしていきたいという抱負が述べられた。

【考 察】
(1) 全体的考察（攻撃性の高い中学生について）

攻撃性の高い中学生は，友人との関係において，身体的暴力など自他ともに目に見える形で攻撃反応があらわれることもあるが，メールで情報を操作するなど新たな攻撃の手段を用いていることがわかった。また友人には攻撃性を向けないが，「学級との関係」で，クラスの女子など自分より弱い者に攻撃反応が向けられやすいなどの傾向も見られた。友人との関係の形成および維持は，中学生にとって重要であるため（酒井ら，2002），攻撃反応を友人に向けて表出することが抑制されるのであろう。それにかわる攻撃性の吐け口が，学級内の弱者に向けられていると考えられる。かつて「校内暴力」と呼ばれていた生徒から教員への暴力行為にかわるものとして，学級の中の弱者が標的にされるいじめへと社会的関心が移行してきた現象と重なるところがあると考えられる（松尾，2002）。

教員との関係ではさほど目立った反抗的な態度を示す生徒はいなかった。しかしこれはＢ中学校が比較的閑静な住宅街にあり，学校全体がさほど荒れているわけでもなく，基本的に安定しているからとも考えられる。

学級との関係においては，攻撃性の高い中学生はクラスメートの足をひっぱるなどの攻撃的反応を示すことによって，結果としてクラスから孤立していることが特徴のひとつとしてあげられる。これは桜井（1999）が指摘するところの「攻撃的な子どもが攻撃的にクラスメートにかかわることによって，本人自身も仲間集団から報復を受けたり，拒絶されることもある」という知見と一致している。また，質問紙の効果測定により攻撃性が高いと判断された中学生の中に，学級との関係で「受け入れられている」と担任教諭から評価された者も一部いた。しかしこれは担任教諭のコメントにもあるように，ふだんは攻撃的行動が目立たない生徒でも，家庭などで問題が起こり，質問紙に回答する日のその生徒の攻撃的な気分がグラフに反映されたのではないかと考えられる。これについては，このようなグラフの図示によって，担任教諭が見過ごしがちな平均的な生徒が持つ攻撃性への気づきとなりうることを示している。したがって，SC から担任教諭への攻撃性の高い生徒に関するインタビューが，攻撃性が潜在的に高い生徒を発見することにつながるという，予防的な役割も果たしていることを示すと考えられる。

攻撃性が高い中学生は，２名を除くすべての事例において，家庭環境に何らかの問題があることがわかった。酒井ら（2002）は，子どもが学校に不適応の問題を抱えている場合には，子どもが親に対して信頼感を高めることができるように，親の養育態度や親から子への情緒的および物理的サポートなどが強化されることが必要であるとしている。中学生は反抗期にあたるため，自我の発達とともに親への反発心が増加する時期であり，子が親に抱く信頼感が低い場合はその反抗心は一般的な状態に比べて激しいと予測できる（酒井ら，2002）。しかし，親から子どもへの愛着感および高いレベルのコミュニケーションやスーパービジョンが存在すれば，子どもの学校での反社会的傾向は抑制されると指摘されている（酒井ら，2002）。したがって事例生徒Ｄのように，平気で子どもに夜更かしをさせるなど，子どもに対して十分なスーパービジョンが見られない場合は，子どもの学校生活での攻撃行動に対する強い影響が推測される。

Kazdin, Bass, Siegel, & Thomas (1989) は，セラピストだけが反社会的行動の問題のある子どもを指導，援助するのではなく，家庭で親や兄弟が，学校では教師や友人がアシスタントとして協力体制に加わってもらうことにより，面接場面で行われる問題解決スキル訓練の効果がより高まることを指摘した。このように攻撃性が高い子どもについては，家庭および学校といった複数の設定において怒りのコントロールの心理教育的介入が求められている（桜井・クスマノ，2002）。

(2) 事例研究についての考察

生徒Aはプログラム参加中に，悪ふざけをして他の生徒が学習しているところを邪魔したり，グループワークでは脚本作成にあたって意図的に悪い結末になるように作ってしまうなどの態度が見られた。これについては，以下のように解釈できる。生徒Aは家庭で勉強さえできればいいと親から教育を受けており，彼の心理的に相手を見下すような態度と，プログラム中で教えられた怒りのコントロールの方法は相容れなかった。そのため，新しいスキル学習に対して，抵抗感があったと推測される。

次にグラフで示されたプログラム効果について検討する。生徒Aは能動的対処反応を，まったく選択しないと回答している。生徒Aはプログラムに参加して，能動的対処反応の知識を得た後も，それらを用いようとするモチベーションが向上しなかったと考えられる。またプログラム中で強調された "I Statement" がPost-Testのほうが低くなったところを見ると，"I Statement" を習得することへの抵抗感や反発心が強かったのではないかと推察される。攻撃性の高い中学生は，怒り感情に伴い攻撃行動を示すことによって自尊心を保とうとするため，相手との関係を有効に保つ "I Statement" のようなスキル習得に反発を覚えたのであろう。また攻撃行動が有効であると判断するほど，攻撃的行動を遂行する傾向が強いため（Valliant, Jensen, & Brook, 1995；濱口，1994），攻撃行動に対する有効性を経験上知っている中学生にとっては，新しい，違和感のあるスキルを学習することに抵抗感を覚えたのではないかと予測できる。

しかし本事例においても，JAMP-A-RⅡの効果は一部見られた。それは，怒りを感じたとき，自分自身に働きかけて感情を鎮めたり，認知を変えるなどの

鎮静内省的反応を選択する頻度が高くなったことである。自分の気持ちをなだめようとするモチベーションはプログラム実施後少しは高くなったと考えられ、その観点からは本プログラムは生徒Aに対しても、多少効果があったと考えられる。

　事例の生徒Aは、攻撃行動や喧嘩といった、担任にとってトラブル行為として見られる行動については自重するが、そのかわり女性蔑視という相手を見下す、心理的かつ陰湿な攻撃を用いている。誰が権威があり、誰が弱者かに着目し、態度を使い分けていると考えられる。磯部・佐藤（2003）は大人の顔色を見て行動する子どもが、大人から見つかりやすい身体的攻撃を避け、比較的見えにくい攻撃を用いることを指摘しており、事例の生徒Aについても、似たような現象が見られると考えられる。学業成績は中の上であり、成績さえよければ親からは特に叱責されることはないのだろうが、担任教諭は生徒Aの問題を見抜いていた。つい見過ごされがちな陰湿な攻撃行動も、担任がよく注意をして子どもの様子を見ることによって、このように介入の余地が生まれてくるであろう。したがって、中学生の攻撃反応についての教員の問題意識の有無は、中学生への介入の際に、大きく影響する。またSCがプログラムを実施し、攻撃性の高い生徒に関して担任教諭にインタビューすることによって、担任教諭の生徒理解がさらに深まるような対話を、SCが心がけることも重要である。

（3） 担任教諭A, BにとってのJAMP-A-RⅡ参加およびインタビュー参加によるメリット・デメリット

　中学生の家庭環境など個人的な事柄に関する情報については、担任教諭が平常は把握している。そこでSCが心理教育的介入などをきっかけとして、教員と生徒についての情報交換をしたり、その生徒がプログラムの効果測定においてどのような反応を示したかについて話し合いをすることが、教員のモチベーションを高めたり、生徒への理解の仕方や指導方法についての気づきと変化を起こすことがある（伊藤, 2003）。またこのようなインタビューが、客観的な資料を表示することにより、教員自身の中で生徒理解について洞察が進展することがある、有効な手法であると思われる（伊藤, 2003）。教職経験年数の長い教員は、プログラム中に行われた教育を自分の授業でさらに応用させたいとの希

望を述べた。経験年数の浅い教員は,グラフで結果を図示するだけでなく,攻撃性の高い中学生に対する具体的な対応方法についての意見をSCに求めるということがあった。その際村瀬（1998）も指摘しているように,子どもの長所に着目することで,その子どもに対する介入の仕方の具体的な手がかりを得ることも重要である。

これらの知見により,SCが受身的に来談者を待つのではなく,攻撃性の高い生徒を事前に発見し,教員と連携しながら彼らの問題傾向を理解し対応を考えていくこと,つまり予防的なかかわりが可能になることが示された。

第5節　怒りのコントロールプログラム（3回シリーズ）,JAMP-A-RⅢの作成と施行—本調査その2—〈研究7〉

【問　題】

中学生が発言を抑制することによって安心感を得ようとしたり,お互いの人間関係について相互協調的であることを重んじる日本文化の影響により,プログラムのターゲットスキルのひとつ"I Statement"を体得することに抵抗感が見られることが〈研究6-1〉から明らかになった。プログラムを1回実施するのみでは,中学生の"I Statement"スキル学習への抵抗感をやわらげ,変化を求めることは難しい。プログラムの施行回数を増やし,中学生に安心して新しいスキルを体得してもらえるような工夫が求められる。よって本研究では,プログラムの施行回数を1回から3回に増やし,時間をかけてターゲットスキルを丁寧に教えることが可能なプログラムに改訂する。また,統制群を設定した上で,以下の2つの仮説を検証することにする。

仮説1　実験群と統制群とでは,実験群のほうが統制群よりPost-Testにおいて,建設的意図およびターゲットスキル得点が有意に高いであろう。

仮説2　実験群において,Pre-TestよりPost-Testのほうが建設的意図,およびターゲットスキル得点が有意に高いであろう。

【目　　的】

　本研究では，怒りのコントロールプログラム3回シリーズを作成し，中学校でそのプログラムを実施し，統制群を設定した上で効果を測定し，上記の2つの仮説について検討する。その際，生徒による自己報告式質問紙に加えて，担任教諭によるプログラム評価も取り入れながらプログラムの効果を検討することを目的とする。

【方　　法】

調査対象者　　実験群として，東京都内B中学校2年生1クラス（男子17名，女子16名，記入不明3名，計36名），統制群として2年生1クラス（男子20名，女子16名，記入不明1名，計37名）を対象とした。実験群と統制群の対象者の中には，2002年にJAMP-Aに参加した生徒が各8名含まれている。実験群と統制群の対象者は，ほぼ同一であると考えられる。

調査時期　　2003年10月に施行した。

調査手続き　　本プログラムの内容は，筆者が考案したプログラムJAMP-A-RⅡをもとに，3回シリーズとして作成したものである。プログラム作成および修正は次の手続きを経て行った。以下，本プログラムをJapanese Anger Management Program-Adolescent-Revised Part 3：JAMP-A-RⅢと呼ぶことにする。

　スペシャルノートを用いたワークについての変更　　本プログラムでは，スペシャルノートパート1とスペシャルノートパート2双方を用い，「心の中」で考えることと，「実際に実行する」ことの区別化や，自分の選択した反応が自分，相手，相手との人間関係にどのような影響を与えるかを学習させた。

　講義内容の変更　　ファシリテーターは，一度にたくさんのスキルについて講義するのではなく，1つか2つに絞って講義するように変更した。たとえば第1回目では「タイムアウト」と「相談」の2つのターゲットスキルに着目して講義した。第2回目では，本田（2002）の5つのコミュニケーションタイプから，中学生に概念が理解しにくいと思われる「相手によって態度を変える狐タイプ」を除く4つを選び，自分がどのようなコミュニケーションを誰に対して用いているか，被験者にワークシートを活用して，整理させた。その際，自

己主張もするが相手の言い分も聞いて互いに納得できる解決策をとる「ふくろうタイプ」について講義中に提案し，中学生に模倣を促進した。また"I Statement"と同時に"You Statement"のアイディアも導入し，2つの異なった自己主張の仕方を比較することによって，"I Statement"の意義をより強調するようにした。第3回目は，第1回目，第2回目で学習したタイムアウト，信頼できる人に相談すること，"I Statement"を用いて相手に自分の気持ちを上手に伝えることの3つについて，被験者に復習させる目的で講義した。

JAMP-A-RⅢの作成と施行　JAMP-A-RⅢのワークシートを筆者が作成した。それをAppendix 20に示す。

【結　果】

実験群と統制群とでPost-Testにおけるt検定を行った。その結果をTable 19に示す。「愛想笑い」が統制群より実験群のほうが有意に平均値が高かった。「過小評価」は実験群のほうが統制群より有意に平均値が低かった。建設的意図および建設的反応については，実験群および統制群との間では有意差が見られなかった。よって，仮説1は支持されなかった。

実験群を対象にして，Pre-TestとPost-Testで対応のあるt検定を行った。その結果をTable 20に示す。意図レベル反応では「抑圧的意図」がPre-TestよりPost-Testのほうが有意に平均値が低かった。実行レベルでは「置換え言語攻撃反応」と「状況改善のための行動」がPre-TestよりPost-Testのほうが有意に平均値が高かった。ターゲットスキル項目のうち1項目ではあったが，Pre-TestよりPost-Testのほうが有意に高かったため，仮説2は一部支持された。

担任教諭Cは「効果を数値ですぐに求めるのは難しくても，プログラム中で学習したターゲットスキルの『タイムアウト』や"I Statement"と"You Statement"の概念は，今後生徒に対して怒りのコントロールを教えていく上で使用していきたいスキルである」(Appendix 19) と述べた。

Table 19 JAMP-A-RⅢの実験群,統制群の平均値によるt検定

項目	平均値		t値	
	Pre-Test	Post-Test		
認知度	3.29	3.17	.45	
建設的意図	2.86	2.71	.47	
悪意	1.91	1.77	.54	
発散回避的意図	3.09	2.77	1.13	
抑圧的意図	2.17	2.40	−.84	
直接的身体攻撃	1.49	1.14	1.97	
直接的言語攻撃	1.59	1.49	.54	
直接的脅し攻撃	1.72	1.67	.21	
間接的攻撃(悪口)	1.84	1.43	1.65	
間接的攻撃(無視)	1.84	1.54	1.30	
置換え身体攻撃	1.35	1.11	1.72	
置換え言語攻撃	1.46	1.30	.90	
置換え物攻撃	1.78	1.54	1.00	
自己非難	1.62	1.73	−.52	
抑圧反芻	1.59	1.46	.64	
愛想笑い	2.00	1.50	2.05*	実験＞統制
過小評価	2.38	3.38	−3.94**	実験＜統制
立ち去る	2.14	1.95	.67	
何もしない	2.14	2.17	−.09	
話し合い	2.00	2.14	−.54	
I Statement	2.31	2.17	.61	
状況改善行動	1.92	1.76	.57	
相談	2.78	2.41	1.21	
サポート希求	2.24	2.16	.36	
発散	2.68	2.62	.16	
時間を置く(鎮静化)	2.35	2.62	−1.12	
時間を置く(問題解決)	2.62	2.76	−.52	
自己認知再評価	2.43	2.35	.30	
相手認知再評価	1.73	1.92	−.88	
我慢	2.08	2.19	−.37	
自分結果予測	2.92	3.03	−.66	
相手結果予測	3.00	3.19	−1.00	
人間関係結果予測	2.94	2.86	.42	

$N=37$. $*=p<.05$. $**=p<.01$

Table 20　JAMP-A-RⅢ実験群における Pre-Test, Post-Test の対応のある t 検定

項目	平均値		t 値	
	Pre-Test	Post-Test		
認知度	3.18	3.29	−.43	
建設的意図	2.85	2.85	.00	
悪意	2.03	1.91	.42	
発散意図	3.29	3.12	.52	
抑圧的意図	3.00	2.21	2.84*	Pre＞Post
直接的身体攻撃	1.22	1.50	−1.41	
直接的言語攻撃	1.67	1.61	.28	
直接的脅し攻撃	1.57	1.74	−.61	
間接的攻撃（悪口）	1.86	1.86	.00	
間接的攻撃（無視）	1.81	1.83	−.11	
置換え身体攻撃	1.11	1.36	−1.78	
置換え言語攻撃	1.11	1.47	−2.13*	Pre＜Post
置換え物攻撃	1.81	1.81	.00	
自己非難	1.58	1.64	−.32	
抑圧反芻	1.67	1.61	.31	
愛想笑い	2.00	2.03	−.11	
過小評価	2.83	2.42	1.46	
立ち去る	2.14	2.17	−.09	
何もしない	2.11	2.14	−.09	
話し合い	2.00	2.03	−.10	
I Statement	2.46	2.31	.52	
状況改善行動	1.49	1.89	−2.07*	Pre＜Post
相談	2.78	2.81	−.11	
サポート希求	2.14	2.25	−.42	
発散	2.86	2.72	.58	
時間を置く（鎮静化）	2.78	2.39	1.52	
時間を置く（問題解決）	2.67	2.67	.00	
自己認知再評価	2.33	2.47	−.43	
相手認知再評価	1.86	1.75	.55	
我慢	2.54	2.09	1.53	
自分結果予測	2.83	2.89	−.30	
相手結果予測	2.81	2.97	−.80	
人間関係結果予測	2.86	2.92	−.27	

$N=34$.　$*=p<.05$

【考　　察】
（1）　実験群と統制群との比較

　怒り感情を伴ったときの各反応について実験群と統制群とで差を比較検討したところ，実験群は統制群に比べて「愛想笑い」が有意に平均値が高く，「過小評価」が有意に低いことが示された。ターゲットスキル得点に差が見られなかったため，仮説1は支持されなかった。

　「過小評価」は，実験群のほうが統制群より有意に平均点が低かった。実験群はプログラムの中で，「怒り感情が喚起させられるのは何らかのサインであり，それを無視することはよくないこと。したがって怒りは認知すべきことで，その上で対処方法を考えること」というメッセージが実験者より強調されている。それが被験者に伝わり，理解されたために，実験群のほうが過小評価が低くなった，と推測できる。

　「愛想笑い」が Pre-Test より Post-Test のほうが有意に平均値が高かった。これについては，以下のように解釈できる。JAMP-A-RⅢで被験者に対し，怒り感情を抱いた相手との関係を良好に保つ反応を選択，実行するように促した。そのため，被験者にとって数ある反応のうち「愛想笑い」が，比較的無難で安全な方略であると受けとめられたのではないかと推測できる。押見（2000）は作り笑いについて，不快さや悲しい気持ち，ばつの悪い思いなど，ネガティブな感情を解消ないし隠蔽する意図の"感情制御"の作り笑いと，他者を和ませることで場の緊張的雰囲気を解消したり場を盛り上げようとする意図の"雰囲気操作"の作り笑いと，他者の行為を矯正・統制しようとする意図の"行為統制"の作り笑いがあるとしている。そして作り笑いは，対人関係において，そのまま表出すると自分にとってマイナスの効果をもたらす感情を隠蔽する社会的需要の性質を含むとし，日本文化の要因が影響していると示唆している（押見，2002）。したがって日本人中学生も，対人関係を円滑にするために愛想笑いを盛んに用いているのであり，それが文化的土壌に支えられた安全な方法であると認知しているのではないかと思われる。これらのことから，怒り感情を感じている対象に，自分の気持ちを直接言葉にすることははばかられても，どちらともとれない表現方法でかつメッセージを穏便にあるいは隠微に伝え，それを相手も読み取るという方法を中学生が用いていると考えられる。実験者が

"I Statement"の効用をプログラムの中で強調することにより，かえってそのような伝統的な文化に固持された方法へと被験者の気持ちが向かうという傾向が見られた。アメリカの怒りのコントロールプログラムをそのまま日本人中学生に導入しようと試みることの困難さが示された一例と考えることができるであろう。また，感情表出の制御という観点から鑑みれば，社会的動機が強く関連していると崔・新井（1997）は述べている。崔・新井（1997）は感情制御にあたって2つの社会的動機をあげている。1つは消極的な社会的動機，すなわち「社会的相互作用の中で他者との関係の維持や自尊心の維持などのマイナス傾向の回避を目標とする動機」である。もう1つは，積極的な社会的動機，すなわち「社会的相互作用の中で，他者とよい関係を形成することや自分をよりよく理解してもらうことなどプラス傾向への働きかけを目標とする動機」である。本研究の結果は，崔・新井（1997）のいう消極的社会的動機が強く作用したため，「話し合い」や"I Statement"は用いず，「愛想笑い」がPost-Testにおいて有意に高くなったのであろうと推測できる。このような消極的社会動機が強められた背景のひとつは，中学生の友人関係の付き合い方の特徴が，自分と友達との間に心理的な距離を置き，まわりに合わせようとするために，友達に自分を見せようとしないし，本音が問われるようなことを避けることがあげられる（落合・佐藤，1996）。中学生は集団の中で自分を守ることに汲々としていると推測できる。

　これらのことから，日本人中学生が経験する怒り感情に伴う諸反応において，「愛想笑い」のような回避的反応が頻繁に用いられていること，アメリカの怒りのコントロールスキルとしての"I Statement"は，日本人中学生にとってなじみがなく，抵抗感があることがわかった。

（2）　実験群のPre-Test, Post-Test間における平均値の比較

　実験群におけるPre-TestとPost-Testで各反応の平均値を比較をしたところ，「抑圧的意図」がPost-Testのほうが有意に平均値が低かった。これは〈研究6-2〉でも同じ結果が得られている。JAMP-A-Rは1回シリーズ，3回シリーズとも，「我慢すること以外の何らかの怒り感情の表出方法」についての学習であると，中学生である被験者に受け止められたと考えられる。「置換え言

語攻撃」がPost-Testにおいて有意に平均値が高くなった。これについては，JAMP-A-RⅢでは，被験者に「自分，相手，相手との関係にとって良い結果になるように反応を選択する」ということを強調したがために，被験者は第三者に向けて攻撃反応を表出すればよい，つまり「置換え言語攻撃」で自分の怒り感情をおさめようとしたのではないか，と推察される。また担任教員Cの「中学生は自分と利害関係のない者に対しては八つ当たりをして関係が切れてもかまわないと冷めている」(Appendix 19)というコメントから，中学生が立場の弱いものに攻撃行動を向けやすいという現象が起こっていると推測される。さらに八つ当たりの矛先は，桜井（2003b）も指摘するように，学校でいじめの被害にあった子どもが自分が学校で言われて傷ついたことをそのまま，無抵抗な母親に暴言として向けるなど，母親がターゲットにされることもあるであろう。日本人中学生が積極的に相手とかかわる中で適切に自己主張をすることの困難さが示されたといえる。

　「状況を改善するための行動」がPost-Testのほうが有意に平均値が高かった。このスキルを測定する項目内容を検討してみると「大人に話しを聞いてもらいアドバイスを求める」がある。JAMP-A-RⅢを施行した学級担任の教諭Cによると，「対象者である中学生の親子関係が，縦の関係というより，友人のような横の関係であることがよく見られ，友人やクラスメートに相談するよりは親と相談するほうが安心できるのであろう」というコメントがあった（Appendix 19)。よって，被験者の親子関係に影響されたとも考えられるが，プログラム中に「母親に相談し，いいアドバイスをもらう」という寸劇による模範例の効果が示されたとも考えられる。被験者の親子関係について回答を求めていないため，推測の域を出ないが，被験者が大人にアドバイスを求めるというスキルをより多く回答したということは，怒り感情を建設的にコントロールするためのスキルについて，一部ではあるが理解し体得できたと考えてよいであろう。このことから3回シリーズのプログラムは，一部ではあるが効果が示された。

第4章
日本文化における中学生の怒りのコントロール

第1節 日本人中学生が経験する怒り感情に伴う諸反応における特徴
―学校適応感と文化的要因との関連― ─────〈研究8〉

【目　的】
　本研究では，怒り感情に伴う諸反応のうちのどの反応が，中学生の学校生活における良好な人間関係に影響を与えているかについて，学校適応感との関連から明らかにすることを目的とする。また，怒り感情に伴う諸反応と学校適応感との関連から，文化的要因による影響についても検討する。

【方　法】
　調査票の構成　　フェイスシートに調査対象者の性別，学年，年齢について，記入させた。また，質問の回答の仕方に慣れてもらうため，例題を提示した。JARI-A-R とスクールモラール・スケール（河村，1999）と合わせて質問紙として配布した。なお，JARI-A-R は，エピソードと項目の順番をランダムに並べ替えたものを4パターン用意し，無記名で行った。
　調査対象　　東京都内の公立C中学校に在籍する中学生 195 名（中1男子98 名，中1女子 97 名），I中学校 65 名（中2男子 36 名，中2女子 29 名）計 260 名であった。
　調査手続き　　調査は 2003 年9月に実施した。C中学校は学校の教室で，クラス担任より生徒に質問紙が配布され，自宅に持ち帰り，再度学校で回収された。生徒個人の自由意志に任されたため，回収率は 30％であった。I中学校では，学校の教室で，クラス担任より生徒に質問紙が配布され，記入され，そ

の場で回収された。

【結　果】

意図レベル反応の,非建設的意図,能動的対処意図,鎮静内省的意図,の3つを説明変数にし,実行レベル反応では,直接的攻撃,間接的攻撃,置換え攻撃,自責的反応,能動的対処反応,鎮静内省的反応,回避的反応の各得点を説明変数にし,スクールモラル・スケールのうち「学級との関係」「教師との関係」「友人との関係」の3つをそれぞれ基準変数にし,意図レベルと実行レベルでそれぞれ重回帰分析を行った。その結果を Table 21, 22 に示す。能動的対処意図得点は「学級との関係」($\beta = .306$, $p < .05$)に対して正の予測子であることがわかったが,「友人との関係」($\beta = -.388$, $p < .05$)に対しては負の予測子

Table 21　JARI-A-R 意図レベル反応を説明変数,SMS を基準変数とした重回帰分析結果

説明変数	基準変数					
	友人との関係		教師との関係		学級との関係	
JARI-A-R 下位尺度	β	t	β	t	β	t
非建設的意図	.098	1.20	−.08	−.96	.001	.007
能動的対処意図	−.39*	3.16	.18	1.43	.31*	2.48
鎮静内省的意図	−.02	−.13	.22	1.77	.71**	.48
$R[R^2]$	.39	[−.15]	.38	[−.14]	.38	(−.14)

*$p < .05$, **$p < .01$　$N = 137$

Table 22　JARI-A-R 実行レベル反応を説明変数,SMS を基準変数とした重回帰分析結果

説明変数	基準変数					
	友人との関係		教師との関係		学級との関係	
JARI-A-R 下位尺度	β	t	β	t	β	t
直接的攻撃	.02	.11	.01	.07	−.08	−.51
間接的攻撃	.37*	2.88	.18	1.46	.28*	2.17
置換え攻撃	−.23*	−.20	−.22	−1.92	−.03	−.26
自責的反応	−.15	−1.35	−.18	−1.72	−.14	−1.33
能動的対処反応	.14	1.03	.21	1.61	.09	.69
鎮静内省的反応	.39*	2.28	.41*	2.46	.60**	3.60
回避的反応	−.22	−1.92	−.15	−1.33	−.41**	−3.52
$R[R^2]$	.43	[−.19]	.47	[.22]	.45	(.20)

*$p < .05$, **$p < .01$　$N = 137$

であることが示唆された。鎮静内省的意図は「学級との関係」（$\beta = .711$, $p < .01$）に対して正の予測子であることが示唆された。非建設的意図においては，どれも有意な正の予測子とはならなかった。

実行レベルでは，直接的攻撃および自責的反応はどれとも有意な影響は見られなかった。しかし間接的攻撃は「友人との関係」（$\beta = .369$, $p < .05$）および「学級との関係」（$\beta = .275$, $p < .05$）に対して正の予測子であることがわかった。置換え攻撃反応は「友人との関係」（$\beta = -.228$, $p < .05$）に対して有意な負の影響が見られた。能動的対処反応はどれとも有意な正の予測子は見られなかった。鎮静内省的反応は「友人との関係」（$\beta = .386$, $p < .05$），「学級との関係」（$\beta = .603$, $p < .01$），「教師との関係」（$\beta = .408$, $p < .05$）とそれぞれ有意な正の影響が見られた。回避的反応は「学級との関係」（$\beta = -.407$, $p < .01$）へ負の影響が見られた。

【考　察】

意図レベルにおいては「能動的対処意図」と「学級との関係」との間に有意な正の影響が見られたにもかかわらず，「友人との関係」とでは負の影響が見られた。これは，状況を改善しようと試みたり，自分の気持ちや意見を表明しようとするような能動的対処意図が，学級のような対集団においては効果的であっても，特定の友人関係においては，かえってマイナスになる場合があると中学生が考えているということを指す。

実行レベルでは，間接的攻撃が「学級との関係」および「友人との関係」に対して有意な正の予測子であることがわかった。これは悪口を言う，無視するなどの間接的攻撃が，学級や友人との関係を維持するのに使われていることを指すと考えられるであろう。

つまり，人の悪口を言って友人同士の結束を固めることや，特定の生徒（たとえばいじめの対象になるような生徒）に対して悪口を言うことによって，少なくとも悪口を言っている者同士は，学級の中で関係が維持されていると感じていることを指すのではないだろうか。現代の中学生は，内グループと親密になり結束するものの，外グループに対しては排他的になり，配慮が欠如した行動をとる傾向にあると考えられる（Crick, 1997; Grotpeter & Crick, 1996）。ま

た友人と葛藤が生じたとき，友人を無視することによって自分が不快であることを伝え，それによって友人に対する自分の要望を間接的にかなえようとしているとも考えられる。このような操作的な攻撃と，学級や友人との関係の良好さとの因果関係が見られたことについては，心理教育的介入の際に考慮されなければならない点であろう。つまり，相手の悪口を言ったり無視することは，相手を傷つけるだけでなく，自分にとっても決して満足をもたらす結果にはならないこと，それにかわる怒りのコントロール方法を学習することは有意味であると伝える必要があるだろう。

　置換え攻撃が「友人との関係」に有意な負の影響が見られた。友人が八つ当たりの対象にされ，殴られたり罵倒されたり，あるいは物を蹴るなどの暴力行為を目撃することは，その友人にとって迷惑な行為であり，中には恐怖心や嫌悪感を覚えるものもいるであろう。よって置換え攻撃反応の頻度を高く示すものほど，友人との関係が良好でない，と認識したと思われる。

　能動的対処反応は能動的対処意図と反して，どれとも正の予測子とはならなかった。これについては，怒り感情を抱いた対象との話し合いによって人間関係が改善した，などの体験の蓄積が少ないために，"I Statement" などの対話スキルを実行することに対して不安を覚えていることを指すのではないかと考えられる。サポート希求スキルについても，相談相手が自分の秘密を守ってもらえるかどうかというリスクがあるために，中学生は使わなかったのではないかと思われる。日本人中学生が友人間でも自分の悩みを打ち明けることに躊躇しているということは，友人に負担をかけ，気遣わせないようにしようと，このような方法を選択しないのではないかと推察される。また友達との付き合いの中で自分の地を出して仲間はずれになることを恐れているため，話し合いや "I Statement" などの対話スキルやサポート希求スキルが，良好な友人関係への正の予測子とならなかったのであろう（落合・佐藤，1996）。これらのことから，中学生が友人関係について非常に萎縮し，警戒していることが明らかになった。同時に，怒りのコントロールにおけるターゲットスキルを習得させるにあたっての発達的課題が明らかになったといえるだろう。

　一方，鎮静内省的反応は，学級，友人，先生との関係へ正の影響が見られた。自分自身の認知のありようを変えたり，我慢したり，あるいは気分転換をして

自分の気持ちや認知への働きかけを頻繁に用いる中学生が，どの対人関係も良好であるということは，鎮静内省的反応が日本人中学生に最も受け入れられやすいスキルであると予測できる。

　回避的反応は「学級との関係」へ負の影響が見られた。学級に対して自分の気持ちを表明したり，サポートを求めるというようなことから回避すればするほど，ますます要望が通りにくくなったり，適切な援助が学級から受けられにくくなるからであろう。回避的反応は一時的にその場をしのぐために用いれば，タイムアウトスキルにも似た概念であり，必ずしも非建設的であるとは考えられない。しかし，回避的反応を用いる頻度が高くなり，そのような状態が慢性化すると，学級から孤立することも考えられる。したがって，今後の研究において，中学生が怒り感情を経験したときにどれほど回避的反応を頻繁に用いるかということについて着目することが，学校適応感を高めるための怒りのコントロール方法を探る上で，有用な知見となると思われる。今後の課題としたい。

第5章
総合的考察と今後の展望

　本書では大まかにまとめると，怒り感情に伴う諸反応の程度を測定する質問紙の作成，作成された質問紙および規定された諸要因を用いての調査，怒りのコントロールプログラムの作成，および効果測定がなされた。以下の各節において，本書における3つの目的がどのように検証されたかについて述べることにする。

1．ACP モデルの検討

　日本人中学生を対象として怒りのコントロールプログラムを作成し，そのプログラムを用いて中学生に介入を試みたところ，愛想笑いをして相手との関係をつなぎとめようとしたり，逆に自分とかかわりの薄い者に対して八つ当たり的に攻撃する反応が増えることがわかった。中学生が怒り感情を経験したとき，意図レベルから実行レベルに移行する前に，自分，相手，相手との関係にとって良い結果になるように選択させたとしても，相手を傷つけないことが最優先されたり，自分が不利な立場にならないように自己保身的なコントロール方法を強めてしまう可能性が示唆された。しかし同時に建設的意図がある者ほど，実行レベルにおいても建設的反応を表出することが示されている。したがって意図レベルにおいて愛想笑いや置換え攻撃にかわる建設的反応を選択することを，介入の目標とすることが有益であると考えられる。

2．攻撃性の高い中学生への配慮について

　プログラム実施の際，自分の気持ちを相手に伝える "I Statement" をターゲットスキルのひとつとしたが，効果は示されなかった。その理由のひとつとして，攻撃性の低い者から高い者まで含まれている集団を対象に同様の訓練，同

様の効果測定を行ったことがあげられるだろう（Deffenbacher et al., 1996）。村上・福光（2005）も小学生を対象としてアサーションスキル体得を目指したプログラムを実施しているが，攻撃性の高い児童は攻撃行動をアサーティブな行動に変化させるのは効果が見られないとしている。後藤ら（2001）は，比較的短いセッション（3～5セッション）の実施ではそれほど大きな問題を抱えていない平均的な生徒に効果が見られても，問題行動や不適応感を抱えた生徒については個別と集団のソーシャルスキル訓練の併用の必要があると述べている。プログラムで用いた手法はロールプレイなどの体験学習が中心であったが，後藤ら（2001）は小学生でさえ，低学年ではロールプレイの形式で行われる行動リハーサルに応答しやすいが，学年があがるにつれて積極的でなくなることを示唆している。また5，6名に分かれてのグループ活動をプログラム中に取り入れたが，ファシリテーター1名もしくは2名では一人一人の生徒のグループワークについて充分なフィードバックや強化を与えることが困難であった（後藤ら，2001）。よって一斉集団式のプログラム施行においては，今後さらなる施行回数の増加や効果測定の工夫を試みる必要があるだろう。

　文化的要因および学校適応感要因からみて，日本人中学生の学校生活における人間関係のあり方が，窮屈になっていることが明らかになった。個人的な面接をどの生徒にも行い，家庭環境の要因も加味しながらきめ細やかなアセスメントおよび個別の介入が，攻撃性の高い生徒を中心に必要とされる。Volling, Mackinnon-Lewis, Rabiner, & Baradaran（1993）は，攻撃的な被排斥児童は，仲間に入っていく能力や挑発された場合のコミュニケーション能力および問題解決能力の問題が不足していると指摘した。家庭で攻撃性に対するゆがんだ価値観が育まれてしまっている中学生は，仲間との間でも向社会的行動をとることが困難であるとの指摘があるため（Dekovic & Janssens, 1992），対集団式プログラムの効果をすぐに期待するのは無謀であるといってもいいであろう。また攻撃性の高い子どもだけのためのグループによる介入もアメリカでは効果をあげており，日本においても，今後そのようなグループ介入について検討していく必要があるであろう（桜井・クスマノ，2002）。さらに，学校が，攻撃性が高く，友人や学級活動に障害があると判断される生徒に対してカウンセリングを勧めることができるアメリカのように，日本においてもそのようなサービ

スを提供することを可能にするような学校システムに改めていくことも視野に入れて検討していく必要があるであろう（桜井，2003e）。

現時点では日本の中学校は子どもを攻撃性の程度別にグループ分けして，心理教育的介入を行わせるようになっていない。そのようなことを学校が行うと生徒に対する差別的扱いとして，保護者からの苦情もまぬかれないであろう。それは日本人には，道徳的な資質や知的能力に関して生得的には違いがないという信念が一貫してあるという育児観もしくは教育観が根付いているからである（小嶋，1989）。たとえば，いじめの加害者に半ば強制的にカウンセリングを受けさせるアメリカの学校の仕組みについて筆者が日本で学会発表したときに，「加害者のこどもの人権はどうなるのか？」とフロアから質問があった（桜井，2003e）。日本では中学生を個別扱いにしないようにする配慮が，学校では最優先されているようである。しかし本書が示したように，すべての生徒を対象に集団式の介入のみで効果をあげるのは，かなり困難である。心理学の専門家は，上述した教育的介入のあり方について，教育行政とコミュニケーションをはじめるときが来ているのではないか。また地域や保護者への働きかけなどが前にも増して期待される。親が適切な怒りのコントロール方法について，社会的規則に照らし合わせながら子どもに考えさせるような家庭教育が行われると，子どもは仲間との間でもより良いコミュニケーションができるようになり，仲間関係の維持や発展が行われやすくなるからである（Burleson, Delia, & Applegate, 1995）。よってSCをはじめとする学校現場にかかわる心理学の専門家が，PTA活動にも積極的なかかわりをもち，各家庭においても親が子どもに怒りのコントロール教育を行うように，推進していく必要がある。

3．日本の文化的要因が怒りのコントロールに与える影響

Sharkin（1996）は，怒りをどのように経験し，表現するかは，文化的な伝統に基づくものであったり，世界観に影響されると，Review論文の中で述べている。ARI-Aにより調査されたアメリカ人中学生の各下位尺度の平均値（Tangney & Becker, 1996）と，〈研究1-1〉より示されたJARI-Aで調査した日本人中学生の平均値とを比較してみると，同等の質問紙で比較できないため，断定は避けなければならないものの，直接的身体攻撃や言語攻撃などの攻撃反応の平均

値は，アメリカ人中学生のほうが日本人中学生のそれよりも高かった。同時に，「相手と話し合う」や「状況を改善するために行動する」などの建設的反応は，アメリカ人中学生のほうが平均値が高かった。アメリカでは，怒り感情の表出が日本と比較して容認されているため，行動レベルでの怒りの表出が多く見られる。その一方で，「話し合い」や「自己や相手への再認知評価」などの怒りのコントロールに関するソーシャルスキルは，家庭や学校で教育を受ける機会は保障されている（桜井・クスマノ，2002）。そのため，日本人中学生と比較してこのような違いが見られたのではないかと考えられる。たとえば，日本の母親はアメリカの母親に比べて自己を抑えて他との協調・同調に価値を置くが，アメリカの母親は言語的自己主張と社会的スキル（たとえば仲間集団での能動性）を重視している（八島，2002）。したがって子どもの家庭教育および養育環境がアメリカと大きく異なる日本人中学生に，怒りのコントロールプログラムの効果を早急に求めることは困難であることが推察される。

　日本では，自分に対する他者のネガティブな反応に敏感で，他者からのポジティブな評価を渇望する"社会的受容"（social acceptance）と作り笑いとの関連性が指摘されている（押見，2002）。本書においても，相手との関係を維持することをプログラム中に強調すると，「愛想笑い」の反応が増えるという結果が見られた。「愛想笑い」も，本書で幾度か論じているように，文化的要因に強く影響された反応であると考えられる。

　本書では，自分の気持ちのもちようを変化させる鎮静内省的反応が，日本文化に適した方法であるということが明らかになった。一方，相手とのかかわりの中で変化を求める能動的対処反応が，どの程度日本文化に適しているのかを具体的に特定するまでには至らなかった。しかし，中学生の中には，人と積極的にコミュニケーションをとったり，自分の気持ちを表現するというスキルを理解し取り入れようとする者もいることが明らかになった。これらのことから，文化的要因は怒り感情のコントロールの心理教育的介入を考案するにあたり，欠かすことのできない大事な要因であるが，新しいスキルの導入の試みも価値があることが示唆された。

4．学校適応感との関連性

　本書では，中学生が対象であることを鑑み，文化的要因だけではなく，学校適応感との関連性も併せて検討した。そして中学生が悪口や無視という間接的攻撃反応を用いることによって，友達との関係を維持しようとしたり，学級から疎外されないようにしているということが明らかになった。これについては，学校という場の特殊性のみをとりあげて解釈するには不十分であろう。大渕（1986）の研究結果からも示唆されるように，怒りの表現に対して他者の共感や社会的支持が得にくいと判断されたとき，あるいは怒りを表現することが相手から一層の報復を招く危険性が強いと思われるときに，怒りの抑制が行われていると考えられる。そしてそのような感情規則を守らない者に対しては「恥をかかせる，孤立させる，排斥する」などの手厳しい制裁が行われる（工藤，1999）。つまり間接的攻撃と学校適応感との間に正の影響が見られたのは，日本人中学生の間に暗黙の了解として間接的攻撃についての社会的支持が得られたためであると推測される。集団からの圧力による怒りのコントロールではなく，自らが自らの感情や行動を律し，同時に他者との関係を円滑にするようなスキルを中学生が習得するほうが望ましい。これについては，渡部（2001）が，外的適応，すなわち個人が属する文化や社会的環境に適応していることが，内的適応，すなわち幸福感や満足感を経験し，心的状態が安定していることを必ずしも意味しないと指摘しているように，集団からの圧力ではなく，自らコントロールできているという統制感がその人の内的適応を支え，ひいては学校適応感につながると考えるからである。

5．心理教育プログラムにおいて"I Statement"スキルを高めるために

　ここでは，適切な自己主張であるところのアサーション，"I Statement"スキルを，心理教育プログラムの中でどのように日本人中学生に伝えればより効果が高まるかについて，アサーショントレーニングの観点から考察する。

（1）　日本人中学生の"I Statement"スキル学習不安に影響を及ぼす要因

　加藤・前田・西・江村・目久田・森（2009）の研究によると，凝集性の高い家族ではアサーション行動が多いが，凝集性の中程度の家族では非主張的な行

動傾向が見られ，葛藤の強い家族では攻撃的な傾向が見られることがわかっている。加藤ら（2009）は小学生を対象に家庭科でアサーショントレーニングを実施し，その結果アサーション行動を実行する自信がないと述べる児童が多く，アサーション行動の実行に対する自己効力感がプログラムによりあまり高まっていないことを示した。自分の意見や不満を相手との葛藤を避けるためにあらかじめ述べない，あるいは意見表明してもそれについて反論されたり断られるくらいなら人に合わせるといった心のありようが，アサーションのスキル不安や実行効力感の低さにつながっていると推測される（堀川・柴山，2006）。このようなスキル学習不安がある場合は，学習する前段階としてのレディネスやモチベーションを十分に高めておくことが求められる。具体的には，学級の中でアサーション行動が奨励され認められる雰囲気を作っておく必要があるであろう。

　高橋（2006a；2006b）はアサーションの規定因に関する研究を行い，学級の規律正しさ，学級への満足感，学級活動への関与度，教師への親近感といった要因がアサーションを促進することを明らかにしている。これらのことから，学級風土を改善することで，生徒間の"I Statement"スキル学習のレディネスやモチベーションが高まり，さらには心理教育プログラムの"I Statement"スキル学習においてもより効果が高まると期待できる。

（2）　文脈に沿った適切な自己主張スキルとしての"I Statement"

　三田村・松見（2010a）は，アサーションと攻撃行動とを区別する基準として「適切性」をあげ，自己表現の結果，聞き手がその自己表現をより適切と捉えること，つまり聞き手視点の導入や文脈の依存に沿うことで，必ずしも直接的自己主張のみならず間接的自己主張が採用されることが「適切」であると述べている。さらに，三田村・松見（2010b）はアサーションの文脈依存性について実験的検討を行い，率直な自己主張を重要視する欧米文化に対し，日本人大学生では間接的自己主張が好意的に受け取られる可能性について示している。またアサーションにおける自己主張方略は，聞き手にとって適切かつ好ましい印象を与えるように各々の文脈により柔軟に使い分けることが重要であるとしている。本研究のJAMP-A-RI，Ⅱ，Ⅲでは，寸劇の良い例として"I Statement"

を示してきたが，単に模倣すべきスキルを提示するのではなく，文脈との関連，たとえば相手が誰で，どのタイプの自己主張が望ましいかをセットで具体的に示すことで，日本人中学生がより安心して"I Statement"スキルを学習することができるのではないかと思われる。

(3) "I Statement"スキル学習の受け止め方における性差，個人差の問題

原田・青山（2010）はアサーティブな態度や気持ちのもちようは，交わされる表明の内容によって，男子と女子とでその強さが異なるとしている。また同一人物でも対象となる他者に対して，肯定的な感情を抱いているか否定的な感情を抱いているかにより異なる。さらにその個人が他者から賞賛されたい，あるいは拒否されたくないという欲求をどの程度もっているかもアサーティブな態度への影響が異なるとしている。また安藤（2009）はアサーションにおける性差の研究で，「自己表明」では女子が男子よりも多く行い，「不満・欲求の表明」は男子のほうが女子よりも多く行うことを明らかにした。さらに「他者の表明を望む気持ち」では，女子の方が男子より多く行うことが明らかにされた。一方自尊感情との関連では，女子は幼少期よりアサーティブに振る舞うことが懸念され，社会的強化につながらないとしている。

これらのことから，JAMP-A-Rプログラムで"I Statement"スキルの模範例を示したとしても，このような性差も含めた複雑な要因が個人に影響を及ぼし，プログラム効果測定の結果にも一部反映された可能性も考えられる。

本研究では男女別にプログラムの効果を検討していないことから，今後はアサーションの表明内容，他者からの称賛欲求の程度などの要因も含めた性差について検討を加えることで，プログラムの中で性差をカバーしていくような教示を行ったり，模範例の内容をきめ細かく設定するように考慮する等の工夫が求められる。

6．まとめ

怒り感情に伴う諸反応における日本文化特有のものとしては，愛想笑いなどの反応が現代の中学生において見られた。アメリカで行われている怒りのコントロールプログラムを参照し，"I Statement"を用いて怒りを感じた対象と話

し合うこと，サポート希求，状況改善のための行動，およびタイムアウトをプログラムのターゲットスキルとして設定し，日本人中学生に心理教育的介入を試みたものの，文化に強く影響された反応である鎮静内省的反応がより多く示され，"I Statement"スキルの導入は必ずしも顕著な効果を示さなかった。文化表示規則と密接に絡んだ中学生の怒りのコントロール方法を性急に変えようとするのは難しいと思われる。今後もプログラム作成にあたって，文化的視点や，他者視点を入れた文脈による適切性について教えるなどの具体的なアプローチおよび，性差に着目した効果を測定するなどの工夫をこらすことで，より効果が期待される。さらに攻撃性の高い生徒については，プログラム参加だけでなく，個別の対応も併せて求められるであろう。

　これらの課題はあるものの，本書は，現代の日本人中学生の怒りのコントロールプログラム作成において，その礎となる基礎研究による結果を示すことはできたと考える。

　本書で提唱した知見をもとに，今後も中学生の怒りのコントロールに対する心理的教育介入のあり方が議論を活発に呼び，あらたな展開へと導かれることを願っている。

引用文献

Acosta, O. M., Albus, K. E., Reynolds, M. W., Spriggs, D., & Weist, M. D. 2001 Assessing the status of research on violence-related problems among youth. *Journal of Community Psychology*, 30, 152-160.
相川 充・佐藤正二・佐藤容子・高山 巖 1993 社会的スキルという概念について―社会的スキルの生起過程モデルの提唱― 宮崎大学教育学部紀要 社会科学, 74, 1-16.
安藤有美 2009 性差の観点からみたアサーション研究の概観 名古屋大学大学院教育発達科学研究科紀要 心理発達科学, 56, 95-104.
Averill, J. R. 1980 The emotions. In E. Staub (Ed.), *Personality: Basic aspects and current research.* Englewood Cliffs, NJ: Prentice-Hall.
Averill, J. R. 1982 *Anger and aggression: An essay on emotion.* New York: Springer-Verlag.
Brown, J. R. & Dunn, J. 1992 Talk with your mother or your sibling? Developmental changes in early family conversations about feelings. *Child Development*, 63, 336-349.
Burleson, B. R., Delia, J. G., & Applegate, J. L. 1995 The socialization of person-centered communication: Parents' contribution to their children's social-cognitive and communication skills. In M. A. Fitzpatrick & A. L. Vangelisti (Eds.), *Explaining family interaction.* Thousand Oaks, CA: Sage. pp. 34-76.
Burney, D. M. & Kromrey, J. 2001 Initial development and score validation of the Adolescent Anger Rating Scale. *Educational and Psychological Measurement*, 61 (3), 446-460.
Buss, A. H. & Durkee, A. 1957 An Inventory for Assessing Different Kinds of Hostility in clinical situations. *Journal of Consulting Psychology*, 21, 343-348.
Cairns, R. B., & Cairns, B. D. 1986 The developmental-interactional view of social behavior: Four issues of adolescent aggression. In D. Olweus, J. Block, & M. Radke-Yarrow (Eds.), *Development of antisocial and prosocial behavior: Research, theories, and issues.* New York: Academic Press. pp. 315-342.
Crandall, V. C., Crandall, V. J., & Katkovsky, W. W. 1965 A children's social desirability questionnaire. *Journal of Consulting Psychology*, 29, 27-36.
Crick, N. R. 1997 Engagement in gender normative versus non-normative forms of aggression: Links to social -psychological adjustment. *Developmental Psychology*, 33, 579-588.
Crick, N. R. & Dodge, K. A. 1994 A review and reformulation of social information-processing mechanisms in children's social adjustment. *Psychological Bulletin*, 115 (1), 74-101.
Debaryshe, B. D. & Fryxell, D. 1998 A developmental perspective on anger: Family and peer contexts. *Psychology in the Schools*, 35 (3), 205-216.
Deffenbacher, J. L., Lynch, R. S., Oetting, E. R., & Kemper, C. C. 1996 Anger Reduction in Early Adolescents. *Journal of Counseling Psychology*, 43 (2), 149-157.
Deffenbacher, J. L., Thwaites, G. A., Wallace, T. L., & Oetting, E. R. 1994 Social skills and cognitive-relaxation approaches to general anger reduction. *Journal of Counseling Psychology*, 41, 386-396.
Dekovic, M. & Janssens, M. A. M. 1992 Parents' child-rearing style and child's sociometric status. *Developmental Psychology*, 28, 925-932.
Dodge, K. A. & Coie, J. D. 1987 Social-information-processing factors in reactive and proactive aggression in children's peer groups. *Journal of Personality and Social Psychology*, 53, 1146-1158.
Eagly, A. H. & Steffen, V. J. 1986 Gender and aggressive behavior: A meta-analytic review of the social psychological literature. *Psychological Bulletin*, 100, 309-330.
Ekman, P. & Frisen, W. V. 1969 The repertorie of nonverbal behavior: Categories, origins, usages, and coding. *Semiotica*, 1, 49-98.
Ellis, A. & Tafrate, R. C. 1997 *How to control your anger before it controls you.* New York: Citadel

Press.
遠藤利彦　1998　感情と行動・認知・生理―感情の社会心理学　土田昭司・竹村和久（編）　対人行動シリーズ4　誠信書房
Farrell, A. D., Meyer, A. L., & White, K. S. 1997 The effectiveness of a school-based curriculum for reducing violence among urban sixth-grade students. *American Journal of Public Health*, 87, 979-984.
藤井義久　2001　大学生の怒りとその対処に関する研究　岩手大学看護学部紀要, 3, 23-30.
Furlong, M. J. & Smith, D. C. 1998 Raging Rick to tranquil Tom: An empirically based multidimensional anger Typology for Adolescents Males. *Psychology in the Schools*, 35(3), 229-245.
後藤吉道・佐藤正二・高山　巖　2001　児童に対する集団社会的スキル訓練の効果　カウンセリング研究, 34, 127-135.
Gottlieb, M. M. 1999 *The angry self: A comprehensive approach to anger management.* Arizona: Zeig, Tucker.
Grotpeter, J. K. & Crick, N. R. 1996 Relational aggression, overt aggression, and friendship. *Child Development*, 67, 2328-2338.
濱口佳和　1994　被害者児童の人格的要因（主張性, 愛他性, 攻撃性）がその社会的情報処理と応答的行動に及ぼす効果の検討―仲間による挑発場面について―　教育相談研究, 32, 45-61.
濱口佳和　2002　攻撃性と情報処理　山崎勝之・島井哲志（編）　攻撃性の行動科学　発達・教育編　ナカニシヤ出版　pp.40-59.
濱口佳和　2005　能動的攻撃・反応的攻撃の概念定義と測定法に関する一考察―青年期における能動的攻撃・反応的攻撃の個人差測定尺度開発にむけて　筑波大学教育研究科カウンセリングコース教育相談研究, 43, 27-36.
秦　一士　1990　敵意的攻撃インベントリーの作成　心理学研究, 61(4), 227-234.
畑中美穂　2003　会話場面における発言の抑制が精神的健康に及ぼす影響　心理学研究, 74(2), 95-103.
原田克己・青山智恵　2010　アサーションと対人感情・対人欲求との関連　金沢大学人間社会学域学校教育学類紀要, 3, 15-30.
速水敏彦　1999　中学生はなぜ怒り, 悲しみ, 喜ぶのか―感情日誌を用いて―　名古屋大学教育学部紀要, 46, 235-244.
林　真一郎　1999　男性の男性役割に対する態度と感情制御との関係　上智大学博士論文　未公刊
平井美佳・高橋惠子　2003　友だち関係における文化―ジレンマ課題と友情概念の検討―　心理学研究, 74(4), 275-335.
本田恵子　2002　キレやすい子の理解と対応―学校でのアンガーマネージメント・プログラム　ほんの森出版
堀川徳子・柴山謙二　2006　現代の大学生に対するアサーション・トレーニングの効果について　熊本大学教育学部紀要　人文科学, 55, 73-83.
Hyde, J. S. 1984 How large are gender differences in aggression? A developmental meta-analysis. *Developmental Psychology*, 20, 722-736.
市川宏伸　2000　「キレる」のは子どもだけではない―社会全体が衝動性の高い時代に―Psiko, 60-67.
今田里佳　2003　危機にどう介入するか―学校における危機対応―　思春期の問題行動にどう対応するか　児童心理　臨時増刊, 782, 69-73.
石隈利紀　1999　学校心理学　誠信書房
磯部美良・中村多見・江村理奈　2003　子どもの怒り経験と怒り表出に関する研究―親に怒りを感じた場合について―　広島大学大学院教育学研究科紀要, 52, 253-258.
磯部美良・佐藤正二　2003　幼児の関係性攻撃と社会的スキル　教育心理学研究, 51, 13-21.
伊藤亜矢子　2003　スクールカウンセリングにおける学級風土アセスメントの利用　心理臨床学研究, 21(2), 179-190.
伊藤　拓・上里一郎　2002　ネガティブな反すうとうつ状態の関連性についての予測的研究　カウンセリング研究, 35, 40-46.
亀口憲治（編）2000　教師とカウンセラーのための心理教育プログラム―いじめ克服への実践ガイド―　東京大学大学院教育学研究科　付属学校臨床総合教育研究センター　相談援助部門
亀澤信一　2000　「ふつうの子がキレる」は本当か　児童心理, 54(2), 53-58.

粕谷貴志・河村茂雄 2002 学校生活満足度尺度を用いた学校不適応のアセスメントと介入の視点―学校生活満足度と欠席行動との関連および学校不適応の臨床像の検討― カウンセリング研究, 35, 116-123.
加藤佳子・前田健一・西 敦子・江村理奈・目久田純一・森 敏明 2009 家族成員の相互関係と児童の自尊感情との関係―家庭科「家庭生活と家族」の領域におけるアサーション・トレーニングの効果― 学習開発学研究, 2, 39-49.
川喜田二郎 1967 発想法―創造性開発のために― 中央公論社
河村茂雄 1999 生徒の援助ニーズを把握するための尺度の開発（2）―スクールモラール尺度（中学生用）の作成― カウンセリング研究, 32(3), 283-291.
Kazdin, A. E., Bass, D., Siegel, T., & Thomas, C. 1989 Cognitive-behavioral therapy and relationship therapy in the treatment of children referred for antisocial behavior. *Journal of consulting and clinical Psychology*, 57(4), 522-535.
菊浦友美・吉岡和子 2010 青年期の対人関係における攻撃性の表出とアサーション及び自己評価との関連 福岡県立大学人間社会学部紀要, 18(2), 53-63.
木野和代 2000 日本人の怒りの表出方法とその対人的影響 日本心理学研究, 70(6), 494-502.
工藤 力 1999 しぐさと表情の心理分析 福村出版
工藤 力・マツモト, D. 1996 日本人の感情世界 誠信書房
小林正幸 2002 適切な怒り方をどう教えるのか 子どもの社会性を育てる―ソーシャル・スキル・トレーニング9 月刊学校教育相談, 12, 52-57.
小嶋秀夫 1989 子育ての伝統を訪ねて 新曜社
小嶋佳子・松田文子 1999 中学生の暴力に対する欲求・規範意識, 加害・被害経験, および学校適応感 広島大学教育学部紀要 第一部（心理学）, 48, 131-139.
Kubany, E. S., Richard, D. C., Bauer, G. B., & Muraoka, M. Y. 1992 Verbalized anger and accusatory "You" messages as cues for anger and antagonism among adolescents. *Adolescence*, 27(107), 505-516.
Largerspetz, K. M. J., Bjorkqvist, K., & Peltonen, T. 1988 Is indirect aggression typical of females? Gender differences in aggressiveness in 11 to 12-year-old children. *Aggressive Behavior*, 14, 403-414.
Maccoby, E. E. & Jacklin, C. N. 1980 Sex differences in aggression: A rejoinder and reprise. *Child Development*, 51, 964-980.
前川あさ美 2000 キレる子どもの心の背景―聞こえなかったSOSサイン― 児童心理, 54(2), 38-42.
Mahon, N. E., Yarcheski, A., & Yarcheski, T. J. 2000 Positive and negative outcomes of anger in early adolescents. *Research in Nursing & Health*, 23, 17-24.
Marriott, S. A. & Iwata, M. 1984 Group Anger Control Training for Junior High School Deliquents. *Cognitive Therapy and Research*, 8(3), 299-311.
松尾直博 2002 学校における暴力・いじめ防止プログラムの動向―学校・学級単位での取り組み― 教育心理学研究, 50, 487-499.
松尾直博・新井邦二郎 1997 感情と目標が児童の社会的行動の選択に及ぼす影響 教育心理学研究, 45, 303-311.
Mckay, M., & Rogers, P. 2000 *The anger control workbook*. New Harbinger Publications Inc.
三田村 仰・松見淳子 2010a 相互作用としての機能的アサーション パーソナリティ研究, 18(3), 220-232.
三田村 仰・松見淳子 2010b アサーションの文脈依存性についての実験的検討―話し手と聞き手の観点から― 対人社会心理学研究, 10, 77-86.
向井隆代・神村栄一 1998 子どもの攻撃性といじめ―発達心理学的視点による基礎研究― カウンセリング研究, 31, 72-81.
村上宣寛・福光 隆 2005 問題攻撃性尺度の基準関連的公正とアサーション・トレーニングによる治療的介入 パーソナリティ研究, 13(2), 170-182.
文部科学省 2010 平成21年度「児童生徒の問題行動等生徒指導上の諸問題に関する調査」結果（暴力行為, いじめ, 高等学校不登校等）について 2010年9月14日
　　http://www.mext.go.jp/b_menu/houdou/22/09/1297352.htm （2010年12月1日閲覧）
森田ゆり 1999 子どもと暴力 岩波書店
村瀬嘉代子 1998 心理療法のかんどころ―心傷ついた人々の傍らにあって― 金剛出版
西村美佳・中野良顯 2002 上智大学ピア・サポート・プロジェクトの開発と現状：人間形成のためのカリ

キュラムづくりとイノベーション導入の実際　上智大学心理学年報，26，21-44．
落合良行・佐藤有耕　1996　青年期における友達とのつきあい方の発達的変化　教育心理学研究，44，55-65．
岡安孝弘・嶋田洋徳・坂野雄二　1993　中学生におけるソーシャル・サポートの学校ストレス軽減効果教育心理学研究，41，302-312．
Olweus, D.　1979　Stability of aggressive reaction patterns in males: A review. *Psychological Bulletin*, 86, 852-875.
大渕憲一　1982　欲求不満の原因帰属と攻撃反応　実験社会心理学研究，21，175-179．
大渕憲一　1986　質問紙による怒りの反応の研究：攻撃反応の要因分析を中心に　実験社会心理学研究，65(2)，127-136．
大渕憲一・小倉左知男　1984　怒りの経験（1）：Averill の質問紙による成人と大学生の調査概況　犯罪心理学研究，22(1)，15-34．
大木桃代・神田信彦　2000　中学生の問題行動に対する意識とストレス反応に関する検討『人間科学研究』文教大学人間科学部，22，183-192．
押見輝男　2000　社会的スキルとしての笑い　立教大学心理学研究，42，31-38．
押見輝男　2002　公的自己意識が作り笑いに及ぼす効果　日本心理学研究，73(3)，251-257．
大竹恵子・島井哲志・曽我祥子　2002　小学生におけるコーピングと攻撃性との関係　学校保健研究，44，155-165．
大竹恵子・島井哲志・曽我祥子・嶋田洋徳　1998　中学生用攻撃性質問紙（HAQS）の作成（1）　日本心理学会第62回大会発表論文集，930．
Saarni, C.　1999　*The development of emotional competence.* New York: The Guilford Press.（佐藤 香（監訳）2005　感情コンピテンスの発達　ナカニシヤ出版）
齊藤　勇　1973　社会的地位，集団内，集団外関係と攻撃的行動—日本社会において—　日本心理学研究，44(3)，150-155．
酒井　厚・菅原ますみ・眞榮城和美・菅原健介・北村俊則　2002　中学生の親および親友との信頼関係と学校適応　教育心理学研究，50，12-22．
桜井茂男　1984　児童用社会的望ましさ測定尺度（SDSC）の作成　教育心理学研究，32．(4)．310-314．
桜井茂男　1999　社会的不適応児に対する支援　ヒューマンサイエンスリサーチ　第8巻，pp.216-227．
桜井美加　2000　思春期女子の怒りの表出方法—面接中の沈黙をめぐって—　上智大学臨床心理学研究，23，123-131．
桜井美加　2003a　怒りのコントロールプログラムの開発および中学生への適用　上智大学心理学年報，27，31-40．
桜井美加　2003b　思春期男子不登校児の家庭内暴力に対する家族力動を用いた介入—日本における対応のありかたの課題検討と展望　上智大学臨床心理学研究，25，5-17．
桜井美加　2003c　ADHD 児の攻撃行動に対する多面的アプローチの効用　心理臨床学研究，20(6)，533-545．
桜井美加　2003d　思春期版怒り反応尺度（日本語版）の作成　心理臨床学研究，21(3)，255-265．
桜井美加　2003e　いじめ加害者へのカウンセリング—アメリカでの臨床経験から—　こころの科学，108，2-8．
桜井美加・クスマノ，J.　2002　アメリカにおける中学生の怒りの基礎的研究および怒りのコントロール（Anger Management）に関する Review 上智大学心理学年報，26，77-90．
沢崎達夫　2006　青年期女子におけるアサーションと攻撃性および自己受容との関係　目白大学心理学研究，2，1-12．
Sharkin, B. S.　1996　Understanding anger: Comment on Deffenbacher, Oetting, et al. (1996), Deffenbacher, Lynch et al. (1996), and Kopper and Epperson (1996). *Journal of Counseling Psychology*, 43 (2), 166-169.
柴橋祐子　1998　思春期の友人関係におけるアサーション能力育成の意義と主張性尺度研究の課題についてカウンセリング研究，31，19-26．
嶋田洋徳　2000　成長に必要なストレス・無用なストレス　児童心理，54(2)，174-180．
嶋田洋徳・三浦正江　1999　中学生用ストレスコーピング尺度　ヒューマンサイエンスリサーチ，8，87-102．

嶋田洋徳・吉川由香・戸ケ崎泰子 2002 攻撃性と少年犯罪・非行 山崎勝之・島井哲志（編）攻撃性の行動科学 発達・教育編 ナカニシヤ出版 pp.152-165.

Smith, D. C. & Furlong, M. J. 1998 Introduction to the special issue: Addressing youth anger and aggression in school settings. *Psychology in the Schools*, 35 (3), 201-203.

添田みさお・平野 眞 2001 攻撃性形成の家庭の影響についての研究―父親関与の分析を中心に― 東海大学紀要 課程資格教育センター pp.13-23.

曽我祥子・島井哲志・大竹恵子 2002 児童の攻撃性と性格特性との関係の分析 心理学研究，73(4), 358-365.

荘厳舜哉 1997 文化と感情の心理生態学 金子書房

園田雅代・中釜洋子 1999 子どものためのアサーショングループワーク 日本精神技術研究所

Spielberger, C. D., Krasner, S. S., & Solomon, E. P. 1988 The experience expression and control of anger. In M. P. Janlsse (Ed.), *Individual differences, stress and health psychology*. New York: Springer-Verlag.

高橋あつ子 2002 自己肯定感促進のための実験授業が自己意識の変化に及ぼす効果 教育心理学研究，50, 103-112.

高橋 均 2006a アサーションの規定因に関する研究の動向と問題 広島大学大学院教育学研究科紀要，55, 35-43.

高橋 均 2006b 児童のアサーションと学級風土認知の関連 学校教育相談研究，16, 12-19.

高田利武 2001 自己認識手段と文化的自己観―横断的資料による発達的検討― 心理学研究，72(5), 378-386.

玉木健弘・山崎勝之・松永一郎 2002 中学生用攻撃性質問紙教師版（AQS-T）の作成と信頼性および妥当性の検討 徳島文理大学研究紀要，64, 7-14.

田中輝美 2003 高怒り内向者と高怒り外向者の主張性評価における特徴 カウンセリング研究，36, 149-155.

田中陽子・栗山和広・園田順一・柴田良一 2001 小学生・中学生の無気力感と攻撃性の関連性（1）九州大学保健福祉大学紀要，2, 143-148.

Tangney, J. P., Barlow, D. H., Wagner, P. E., Marshall, D. E., Borenstein, J. K., Santner, Mchr, J. T., & Gramzow, R. 1996 Assessing individual differences in constructive vs destructive responses to anger across the lifespan. *Journal of Personality and Social Psychology*, 70 (4), 780-796.

Tangney, J. P. & Becker, B. 1996 *Gender differences in constructive vs. destructive responses to anger across the lifespan*. Unpublished.

Tangney, J. P., Wagner, P. E., Marschall, D., & Gramzow, R. 1991 *The Anger Response Inventory* (ARI). Fairfax, VA: George Mason University.

橘 良治 2002 攻撃性と養育の関係に関する国際比較 山崎勝之・島井哲志（編）攻撃性の行動科学 発達・教育編 ナカニシヤ出版 pp.81-97.

崔 京姫・新井邦二郎 1997 「感情の表出と制御」研究の概観 筑波大学心理学研究，19, 29-35.

Teglasi, H. & Rothman, L. 2000 A classroom-based program to reduce aggressive behavior. *Journal of School Psychology*, 38, 71-95.

土沼雅子 2000 怒りをアサーティブに表現するには 児童心理，54(2), 192-196.

戸ケ崎泰子・岡安孝弘・坂野雄二 1997 中学生の社会的スキルと学校ストレスとの関係 日本健康心理学，10(1), 23-32.

朝長昌三・福井昭文・地頭薗健二・小島道生・中村千秋・小原達朗・柳田泰典 2009 児童生徒の特性からみた生徒指導の質的改善―中学生の攻撃性について― 長崎大学教育学部紀要，73, 17-30.

内田伸子 1993 読み，書き，話す過程で生じるモニタリング 現代のエスプリ，314, 65-78.

梅本博昌・佐野秀樹 1996 ストレス対処のための問題解決スキル訓練の基礎研究 カウンセリング研究，29, 19-26.

Underwood, M. K., Coie, J. D., & Herbsman, C. R. 1992 Display rules for anger and aggression in school-age children. *Child Development*, 63, 366-380.

臼井 博 2001 アメリカの学校文化 日本の学校文化―学びのコミュニティの創造 金子書房

Valliant, P. M., Jensen, B. & Brook, L. R. 1995 Brief cognitive behavioral therapy with male adolescent offenders in open custody or on probation: An evaluation of management of anger. *Psychological*

Reports, **76**, 1056-1058.
Volling, B. L., Mackinnon-Lewis, C., Rabiner, D., & Baradaran, L. P. 1993 Children's social competence and sociometric status: Further exploration of aggression, social withdrawal, and peer rejection. *Development & Psychopathology*, **4**, 459-483.
渡部玲二郎　2001　子どもと適応　杉原一昭（監修）　発達臨床心理学の最前線　教育出版　pp. 137-144.
渡部玲二郎・稲川洋美　2002　児童用自己表現尺度の作成，および認知的変数と情緒的変数が自己表現に及ぼす影響について　カウンセリング研究，**35**，198-207.
山崎勝之　2002a　発達と教育領域における攻撃性の概念と測定方法　山崎勝之・島井哲志（編）　攻撃性の行動科学　発達・教育編　ナカニシヤ出版　pp. 19-37.
山崎勝之　2002b　攻撃性の適正化教育　山崎勝之・島井哲志（編）　攻撃性の行動科学　発達・教育編　ナカニシヤ出版　pp. 211-225.
山口　浩　1996　日常生活における怒りと攻撃性の表出　実験社会心理学研究，**36**(2)，273-286.
八島美菜子　2002　攻撃性と発達　山崎勝之・島井哲志（編）　攻撃性の行動科学　発達・教育編　ナカニシヤ出版　pp. 60-80.
湯川進太郎・日比野　桂　2003　怒り経験とその鎮静化過程　心理学研究，**74**(5)，428-436.

Appendix 1

〈某エピソードに対する質問項目の例および下位尺度〉
「友だちがあなたの悪口を言いふらしているのを，あなたは気づいたところです。」

項目内容	下位尺度

Q1 もしこのようなことがあったら，あなたはどのくらい怒りを感じますか？ …… 怒りの認知度

Q2 もしこのようなことがあったら，あなたは心の中でどう思いますか？
1. その友だちに仕返しをしようと思いますか。 …… 悪意
2. その状況を良くしようと思いますか。 …… 建設的意図
3. 怒りの気持ちをスッキリさせようと思いますか。 …… 発散回避的意図
4. その状況についてじっとがまんしようと思いますか。 …… 抑圧的意図

Q3 このようなとき，心の中でなく，実際にどうすると思いますか？
1. その友だちをなぐる。 …… 直接的身体攻撃
2. 「馬鹿やろう」とその友だちをののしる。 …… 直接的言語攻撃
3. その友だちに会った時，にらみつける。 …… 直接的脅し攻撃
4. みんなに友だちの悪口を言いふらす。 …… 間接的攻撃悪口
5. 次にその友だちが電話もしくはメールをしてきた時，無視する。 …… 間接的攻撃無視
6. あとでほかの誰かを殴ってうっぷんをはらす。 …… 置換え身体攻撃
7. ほかのだれかにやつあたりしてどなる。 …… 置換え言語攻撃
8. 壁をなぐったりけったりする。 …… 置換え物攻撃
9. そんなイヤな友だちを信じた自分を責める。 …… 自己非難
10. 気分が悪くなるくらいくよくよ悩む。 …… 抑圧反芻
11. 何か問題があるなら，話し合おうとその友だちに言う。 …… 話し合い
12. 友だちとの関係を改善するために，助言を大人からもらう。 …… 状況改善のための行動
13. なにか気晴らしできるようなことをする。 …… 発散
14. その人が自分のことをどう思おうが気にしない。 …… 過小評価
15. 怒りをぶちまけないようにその場から立ち去る。 …… 立ち去る
16. 怒りのあまりその日は一日中何もやる気がでない。 …… 何もしない
17. その友だちは，なにか他のことで悩まされているに違いないと思う。 …… 相手再認知評価
18. 自分はそれについてあまりにもカッカとしすぎていないかと考える。 …… 自己再認知評価
19. ただがまんする。 …… 我慢
20. だれかに，自分の怒っている気持ちを聞いてもらう。 …… 相談
21. わざとその友だちの前で愛想笑いする。 …… 愛想笑い

Q4 あなたが上の Q3 で選んだような方法を本当にとったら，全体的に考えて，長い目で見て，そのあとどうなると思いますか？
1．長い目で見て，自分にとって，どんな結果になると思いますか？……自分結果予測
2．長い目で見て，その友だちにとって，どんな結果になると思いますか？……相手結果予測
3．長い目で見て，その友だちとの関係は，どうなると思いますか？……人間関係結果予測

注：各下位尺度に対応して各項目が作成され，8つのエピソード（本文中記載）にも対応している。

Appendix 2

JARI-A（Japanese version of Anger Response Inventory-Adolescent）
アンケート調査のお願い

本日はアンケートにご協力いただき，どうもありがとうございます。

次ページから，最初に大きな文字で，ある学校，家庭，あるいは町中での状況が書かれてあります。全部で8場面，出てきますので，それぞれの場面を自分が経験したことのある人はその経験を思い出してみてください。また，経験がない人は，自分の経験だと思って読んでみてください。そして，あなたがどのように考え，感じるかを想像してみてください。

それから，そのあとに出てくる Q1 から Q4 までの質問について，自分でもっともあてはまると思うところに○をつけてください。

○のつけかたの例は以下のとおりです。

例：学校がある日，とても朝早く起きてしまいました。

まったくしない	ちょっとはする	まあまあする	わりとする	とてもよくする
1	2	3	4	5

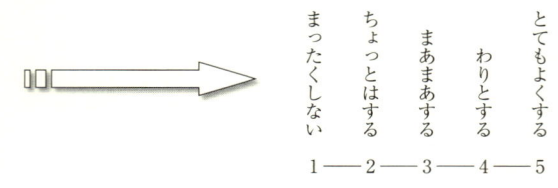

1よりも5のほうが，そうしたい気持ちがだんだん強くなります。

たとえば……

こういうとき，ふとんの中でいつまでもグズグズしていることをわりとよくすると思った人は ━━━━▶ 4に○

まったくしない	ちょっとはする	まあまあする	わりとする	とてもよくする
1	2	3	④	5

　あなたに答えていただいたアンケートは，すべて無記名で行われ，数字になりますので，あなたにご迷惑(めいわく)がかかることはありません。また，このアンケートは本研究以外の目的で使われることはありません。

　これが正しいとかまちがっているとかいうことはありませんので，正直に思ったとおりに答えてください。

　また，全部の質問に答えるように，気をつけて○をしてください。

　あなたについて，少し教えてください。

次の質問について○でかこむか，かっこの中に数字を書きこんで下さい。

あなたの性別　男・女

学年　1・2・3年

所属している部活（　　　　　　　）

好きな科目　　　（　　　　　　　）

嫌いな科目　　　（　　　　　　　）

➡　次のページからアンケートは始まります！

Appendix 2　JARI-A

> 友だちは，あなたのことを非難（ひなん）してばかりで，
> あなたの言い分を聞こうとしませんでした。

Q1 もしこのようなことがあったら，あなたはどのくらい怒（いか）りを感じますか？

| | まったく感じない | ちょっとは感じる | まあまあ感じる | わりと感じる | とても強く感じる |

あなたの気持ちに近いところに○をつけてください …… 1 — 2 — 3 — 4 — 5

Q2 もしこのようなことがあったら，あなたが心の中でどう思うかについておたずねします。あなたの気持ちに近いところに○をつけてください。

| | まったく思わない | ちょっとは思う | まあまあ思う | わりと思う | とても強く思う |

1. その状況（じょうきょう）を良くしようと思いますか。 …… 1 — 2 — 3 — 4 — 5
2. その友だちに仕返（しかえ）しをしようと思いますか。 …… 1 — 2 — 3 — 4 — 5
3. その状況についてじっとがまんしようと思いますか。 …… 1 — 2 — 3 — 4 — 5
4. 怒りの気持ちをスッキリさせようと思いますか。 …… 1 — 2 — 3 — 4 — 5

Q3 このようなとき，心の中でなく，実際（じっさい）にどうするかについておたずねします。あなたの気持ちに近いところに○をつけて下さい。

| | まったくしない | ちょっとはする | まあまあする | わりとする | とてもよくする |

1. その友だちをなぐる。 …… 1 — 2 — 3 — 4 — 5
2. その友だちに向かって「うるさい，人の話を聞け」と言う。 …… 1 — 2 — 3 — 4 — 5
3. その友だちの目の前でわざとドアをばたんと閉める。 …… 1 — 2 — 3 — 4 — 5
4. みんなにその友だちの悪口を言いふらす。 …… 1 — 2 — 3 — 4 — 5
5. その友だちを無視（むし）する。 …… 1 — 2 — 3 — 4 — 5

Appendix 2　JARI-A

	まったくしない	ちょっとはする	まあまあする	わりとする	とてもよくする

6．あとでほかの誰かを殴ってうっぷんをはらす。……………　1 ── 2 ── 3 ── 4 ── 5
7．ほかのだれかにやつあたりしてどなる。………………　1 ── 2 ── 3 ── 4 ── 5
8．壁をなぐったりけったりする。………………………　1 ── 2 ── 3 ── 4 ── 5
9．そんなイヤな友だちを信じた自分を責める。…………　1 ── 2 ── 3 ── 4 ── 5
10．気分が悪くなるくらいくよくよ悩む。…………………　1 ── 2 ── 3 ── 4 ── 5
11．その友だちに自分の言い分を手紙もしくはメールで伝える。…　1 ── 2 ── 3 ── 4 ── 5
12．友だちとの関係を改善するために，助言を大人からもらう。…　1 ── 2 ── 3 ── 4 ── 5
13．気分転換に外出する。……………………………………　1 ── 2 ── 3 ── 4 ── 5

14．そんなにたいしたことではない，と思うようにする。…………　1 ── 2 ── 3 ── 4 ── 5
15．怒りをぶちまけないようにその場から立ち去る。………………　1 ── 2 ── 3 ── 4 ── 5
16．その問題について特に何もしない。…………………………　1 ── 2 ── 3 ── 4 ── 5
17．その友だちはなにかほかにイライラしていることがあるに
　　違いないと思うようにする。……………………………　1 ── 2 ── 3 ── 4 ── 5
18．自分はそれについてあまりにもカッカとしすぎていないか
　　と考える。………………………………………………　1 ── 2 ── 3 ── 4 ── 5
19．ただがまんする。…………………………………………　1 ── 2 ── 3 ── 4 ── 5
20．だれかに，自分の怒っている気持ちを聞いてもらう。…………　1 ── 2 ── 3 ── 4 ── 5
21．わざとその友だちの前で愛想笑いする。……………………　1 ── 2 ── 3 ── 4 ── 5

<u>**Q4**</u>　あなたが上のQ3で選んだような方法を本当にとったら，<u>全体的に考えて，長い目で見て，そのあとどうなると思うか</u>についておたずねします。あなたの気持ちに近いところに○をつけて下さい。

	とても悪い結果	悪い結果	まあまあの結果	良い結果	とても良い結果

1．長い目で見て，<u>自分にとって</u>どんな結果になると思いますか？　1 ── 2 ── 3 ── 4 ── 5
2．長い目で見て，<u>その友だちにとって</u>どんな結果になると
　　思いますか？………………………………………………　1 ── 2 ── 3 ── 4 ── 5
3．長い目で見て，<u>その友だちとの関係は</u>，どうなると思いますか？　1 ── 2 ── 3 ── 4 ── 5

友だちは放課後あなたと会う約束をしていたのに，
来ませんでした。

Q1 もしこのようなことがあったら，あなたは<u>どのくらい怒り</u>を感じますか？

| | まったく感じない | ちょっとは感じる | まあまあ感じる | わりと感じる | とても強く感じる |

あなたの気持ちに近いところに○をつけてください ……… 1 — 2 — 3 — 4 — 5

Q2 もしこのようなことがあったら，あなたが<u>心の中でどう思うか</u>についておたずねします。あなたの気持ちに近いところに○をつけてください。

| | まったく思わない | ちょっとは思う | まあまあ思う | わりと思う | とても強く思う |

1．その友だちに仕返しをしようと思いますか。 ……………… 1 — 2 — 3 — 4 — 5
2．その状況を良くしようと思いますか。 ………………………… 1 — 2 — 3 — 4 — 5
3．怒りの気持ちをスッキリさせようと思いますか。 ………… 1 — 2 — 3 — 4 — 5
4．その状況についてじっとがまんしようと思いますか。……… 1 — 2 — 3 — 4 — 5

Q3 このようなとき，心の中でなく，<u>実際にどうするか</u>についておたずねします。
あなたの気持ちに近いところに○をつけてください。

| | まったくしない | ちょっとはする | まあまあする | わりとする | とてもよくする |

1．その友だちをなぐる。……………………………………………… 1 — 2 — 3 — 4 — 5
2．その友だちに「自己チューな人！」とどなる。 ……………… 1 — 2 — 3 — 4 — 5
3．その友だちに会った時，にらみつける。 ……………………… 1 — 2 — 3 — 4 — 5
4．みんなに友だちの悪口を言いふらす。 ………………………… 1 — 2 — 3 — 4 — 5
5．その友だちを，無視する。 ……………………………………… 1 — 2 — 3 — 4 — 5

	まったくしない	ちょっとはする	まあまあする	わりとする	とてもよくする

6. あとでほかの誰かを殴ってうっぷんをはらす。･･････････ 1 ── 2 ── 3 ── 4 ── 5
7. ほかの友だちにやつあたりしてどなる。････････････････ 1 ── 2 ── 3 ── 4 ── 5
8. 壁をなぐったりけったりする。････････････････････････ 1 ── 2 ── 3 ── 4 ── 5
9. その友だちをただ待ち続けていた自分に腹が立つ。･････ 1 ── 2 ── 3 ── 4 ── 5
10. 気分が悪くなるくらいくよくよ悩む。･････････････････ 1 ── 2 ── 3 ── 4 ── 5
11. その友だちに電話かメールで連絡して，どうしたのか事情を聞く。1 ── 2 ── 3 ── 4 ── 5
12. その友だちとの関係を改善するために努力する。･･･････ 1 ── 2 ── 3 ── 4 ── 5
13. なにか気晴らしできるようなことをする。･････････････ 1 ── 2 ── 3 ── 4 ── 5

14. そんなに大したことではないと自分に言い聞かせる。･･･ 1 ── 2 ── 3 ── 4 ── 5
15. 怒りをぶちまけないようにその場から立ち去る。･･･････ 1 ── 2 ── 3 ── 4 ── 5
16. その出来事を忘れるようにする。･････････････････････ 1 ── 2 ── 3 ── 4 ── 5
17. その友だちが来なかったのは，大変なことがあったに違いないと思う。･･ 1 ── 2 ── 3 ── 4 ── 5
18. 自分はそれについてあまりにもカッカとしすぎていないかと考える。･･･ 1 ── 2 ── 3 ── 4 ── 5
19. ただがまんする。･････････････････････････････････････ 1 ── 2 ── 3 ── 4 ── 5
20. だれかに，自分の怒っている気持ちを聞いてもらう。･･･ 1 ── 2 ── 3 ── 4 ── 5
21. わざとその友だちの前で愛想笑いする。･･･････････････ 1 ── 2 ── 3 ── 4 ── 5

<u>**Q4**</u> **あなたが上のQ3で選んだような方法を本当にとったら，全体的に考えて，長い目で見て，そのあとどうなると思うかに**についておたずねします。あなたの気持ちに近いところに○をつけて下さい。

	とても悪い結果	悪い結果	まあまあの結果	良い結果	とても良い結果

1. 長い目で見て，<u>自分にとって</u>どんな結果になると思いますか？ 1 ── 2 ── 3 ── 4 ── 5
2. 長い目で見て，<u>その友だちにとって</u>どんな結果になると思いますか？･･ 1 ── 2 ── 3 ── 4 ── 5
3. 長い目で見て，<u>その友だちとの関係は</u>，どうなると思いますか？ 1 ── 2 ── 3 ── 4 ── 5

Appendix 2　JARI-A

```
親が，あなたの友だちの前で
あなたのことをしかりました。
```

Q1 もしこのようなことがあったら，あなたは<u>どのくらい怒り</u>を感じますか？

	ま	ち	ま	わ	と
	っ	ょ	あ	り	て
	た	っ	ま	と	も
	く	と	あ	感	強
	感	は	感	じ	く
	じ	感	じ	る	感
	な	じ	る		じ
	い	る			る

あなたの気持ちに近いところに○をつけてください ……… 1 — 2 — 3 — 4 — 5

Q2 もしこのようなことがあったら，あなたは<u>心の中でどう思うか</u>についておたずねします。あなたの気持ちに近いところに○をつけてください。

	ま	ち	ま	わ	と
	っ	ょ	あ	り	て
	た	っ	ま	と	も
	く	と	あ	思	強
	思	は	思	う	く
	わ	思	う		思
	な	う			う
	い				

1. その親に仕返しをしようと思いますか。 …………… 1 — 2 — 3 — 4 — 5
2. その状況を良くしようと思いますか。 ……………… 1 — 2 — 3 — 4 — 5
3. 怒りの気持ちをスッキリさせようと思いますか。 … 1 — 2 — 3 — 4 — 5
4. その状況について，がまんしようと思いますか。 … 1 — 2 — 3 — 4 — 5

Q3 このようなとき，心の中でなく，<u>実際にどうするか</u>についておたずねします。あなたの気持ちに近いところに○をつけて下さい。

	ま	ち	ま	わ	と
	っ	ょ	あ	り	て
	た	っ	ま	と	も
	く	と	あ	す	よ
	し	は	す	る	く
	な	す	る		す
	い	る			る

1. その親をなぐる。 …………………………………… 1 — 2 — 3 — 4 — 5
2. その親に向かって「うるさい」とどなる。 ………… 1 — 2 — 3 — 4 — 5
3. 部屋のドアを親に聞こえるようにわざとばたんと閉める。 … 1 — 2 — 3 — 4 — 5
4. 親せきにその親の悪口を言う。 …………………… 1 — 2 — 3 — 4 — 5
5. その親としばらく話をしない。 …………………… 1 — 2 — 3 — 4 — 5

| | まったくしない | ちょっとはする | まあまあする | わりとよくする | とてもよくする |

6. 自分の友だちを腹いせに突き飛ばす。 1 — 2 — 3 — 4 — 5
7. ほかのだれかにやつあたりしてどなる。 1 — 2 — 3 — 4 — 5
8. 壁をなぐったりけったりする。 1 — 2 — 3 — 4 — 5
9. 親に叱られるようなことをした自分に対して腹が立つ。 1 — 2 — 3 — 4 — 5
10. 気分が悪くなるくらいくよくよ悩む。 1 — 2 — 3 — 4 — 5

⟹

11. その親と冷静に話し合う。 1 — 2 — 3 — 4 — 5
12. 次は親にしかられないようにしようと努力する。 1 — 2 — 3 — 4 — 5
13. 親にしかられたショックを忘れようと何か気晴らしをする。 1 — 2 — 3 — 4 — 5
14. そんなに怒るほどのことではないと自分に言い聞かせる。 1 — 2 — 3 — 4 — 5
15. 怒りをぶちまけないようにその場から立ち去る。 1 — 2 — 3 — 4 — 5
16. その問題について特に何もしない。 1 — 2 — 3 — 4 — 5
17. 親の役目として自分のことを叱っただけだと思うようにする。 1 — 2 — 3 — 4 — 5
18. 自分はそれについてあまりにもカッカとしすぎていないかと考える。 1 — 2 — 3 — 4 — 5
19. ただがまんする。 1 — 2 — 3 — 4 — 5
20. だれかに,自分の怒っている気持ちを聞いてもらう。 1 — 2 — 3 — 4 — 5
21. わざとその親の前で愛想笑いする。 1 — 2 — 3 — 4 — 5

Q4 あなたが上のQ3で選んだような方法を本当にとったら,**全体的に考えて,長い目で見て**,そのあとどうなると思うかについておたずねします。あなたの気持ちに近いところに○をつけて下さい。

| | とても悪い結果 | 悪い結果 | まあまあの結果 | 良い結果 | とても良い結果 |

1. 長い目で見て,**自分のために**,どんな結果になると思いますか? 1 — 2 — 3 — 4 — 5
2. 長い目で見て,**その親にとって**,どんな結果になると思いますか? 1 — 2 — 3 — 4 — 5
3. 長い目で見て,**その親との関係は**,どうなると思いますか? 1 — 2 — 3 — 4 — 5

> 親は，あなたの本当の話をうそだと思い，
> 信じてくれませんでした。

Q1 もしこのようなことがあったら，あなたは<u>どのくらい怒り</u>を感じますか？

	まったく感じない	ちょっとは感じる	まあまあ感じる	わりと感じる	とても強く感じる

あなたの気持ちに近いところに○をつけてください …… 1——2——3——4——5

Q2 もしこのようなことがあったら，あなたは<u>心の中でどう思うか</u>についておたずねします。あなたの気持ちに近いところに○をつけてください。

	まったく思わない	ちょっとは思う	まあまあ思う	わりと思う	とても強く思う

1. その親に仕返しをしようと思いますか。 ……………… 1——2——3——4——5
2. その状況を良くしようと思いますか。 ………………… 1——2——3——4——5
3. 怒りの気持ちをスッキリさせようと思いますか。 …… 1——2——3——4——5
4. その状況について，がまんしようと思いますか。 …… 1——2——3——4——5

Q3 このようなとき，心の中でなく，<u>実際にどうするか</u>についておたずねします。あなたの気持ちに近いところに○をつけて下さい。

	まったくしない	ちょっとはする	まあまあする	わりとする	とてもよくする

1. その親をなぐる。 ……………………………………… 1——2——3——4——5
2. その親をどなりつける。 ……………………………… 1——2——3——4——5
3. 部屋のドアを親に聞こえるようにわざとばたんと閉める。 1——2——3——4——5
4. 親せきにその親の悪口を言う。 ……………………… 1——2——3——4——5
5. 親と，しばらく話をしない。 ………………………… 1——2——3——4——5

Appendix 2　JARI-A

	まったくしない	ちょっとはする	まあまあする	わりとよくする	とてもよくする
6. ほかのだれかを腹いせに突き飛ばす。	1	2	3	4	5
7. ほかのだれかにやつあたりしてどなる。	1	2	3	4	5
8. 壁をなぐったりけったりする。	1	2	3	4	5
9. 自分のせいに違いないと自分を責める。	1	2	3	4	5
10. 気分が悪くなるくらいくよくよ悩む。	1	2	3	4	5
11. 自分の言っていることが本当だと，親に証明しようとする。	1	2	3	4	5
12. その問題を解決しようと努力する。	1	2	3	4	5
13. 何か気晴らしをして，忘れようとする。	1	2	3	4	5

14. そんなに怒るほどのことではないと自分に言い聞かせる。	1	2	3	4	5
15. 怒りをぶちまけないようにその場から立ち去る。	1	2	3	4	5
16. その問題について，ただ忘れようとする。	1	2	3	4	5
17. 親はその日たまたま機嫌が悪かっただけだと思うようにする	1	2	3	4	5
18. 自分はそれについて十分に説明していなかったかもしれないと思う。	1	2	3	4	5
19. ただがまんする。	1	2	3	4	5
20. だれかに，自分の怒っている気持ちを聞いてもらう。	1	2	3	4	5
21. わざとその親の前で愛想笑いする。	1	2	3	4	5

Q4 あなたが上のQ3で選んだような方法を本当にとったら，<u>全体的に考えて，長い目で見て</u>，そのあとどうなると思うかについておたずねします。あなたの気持ちに近いところに○をつけて下さい。

	とても悪い結果	悪い結果	まあまあの結果	良い結果	とても良い結果
1. 長い目で見て，<u>自分のために</u>，どんな結果になると思いますか？	1	2	3	4	5
2. 長い目で見て，<u>その親にとって</u>，どんな結果になると思いますか？	1	2	3	4	5
3. 長い目で見て，<u>その親との関係は</u>，どうなると思いますか？	1	2	3	4	5

Appendix 2　JARI-A

> 映画を観るためにあなたは並んでいましたが，
> 誰か知らない人が割り込んできました。

Q1　もしこのようなことがあったら，あなたは<u>どのくらい怒り</u>を感じますか？

	まったく感じない	ちょっとは感じる	まあまあ感じる	わりと強く感じる	とても強く感じる

あなたの気持ちに近いところに○をつけてください ……　1 — 2 — 3 — 4 — 5

Q2　もしこのようなことがあったら，あなたが<u>心の中でどう思うか</u>についておたずねします。あなたの気持ちに近いところに○をつけてください。

	まったく思わない	ちょっとは思う	まあまあ思う	わりと強く思う	とても強く思う

1．その状況を良くしようと思いますか。………………　1 — 2 — 3 — 4 — 5
2．その割り込んできた人に仕返しをしようと思いますか。　1 — 2 — 3 — 4 — 5
3．その状況についてじっとがまんしようと思いますか。…　1 — 2 — 3 — 4 — 5
4．怒りの気持ちをスッキリさせようと思いますか。……　1 — 2 — 3 — 4 — 5

Q3　このようなとき，心の中でなく，<u>実際にどうするか</u>についておたずねします。あなたの気持ちに近いところに○をつけて下さい。

	まったくしない	ちょっとはする	まあまあする	わりとする	とてもよくする

1．その人の持ち物をこわす。……………………………　1 — 2 — 3 — 4 — 5
2．あとでほかの誰かを殴ってうっぷんをはらす。……　1 — 2 — 3 — 4 — 5
3．その人はイライラしていることがあるに違いないと思うようにする。　1 — 2 — 3 — 4 — 5
4．その人を自分の後ろの列へと押しやる。……………　1 — 2 — 3 — 4 — 5
5．その人に割り込むスキを見せてしまった自分に腹が立つ。……　1 — 2 — 3 — 4 — 5

	まったくしない	ちょっとはする	まあまあする	わりとする	とてもよくする

6. その出来事を忘れるようにする。 …………………… 1—2—3—4—5
7. 「やめろ！」とその人たちに向かってどなる。 ………… 1—2—3—4—5
8. 「ずうずうしい人だよね，この人」と自分のまわりの人に言う。 1—2—3—4—5
9. だれかに，自分の怒っている気持ちを聞いてもらう。………… 1—2—3—4—5
10. そんなにたいしたことではないと自分に言い聞かせる。……… 1—2—3—4—5
11. 冷静にその割り込んできた人に自分が順番が先だと知らせる。 1—2—3—4—5
12. わざとその人の前で愛想笑いする。 ……………………… 1—2—3—4—5
13. 深呼吸をして自分の気持ちをなだめる。 ………………… 1—2—3—4—5

14. その人に対して腹が立つあまり映画を楽しむことができない。 1—2—3—4—5
15. その人をにらみつける。 …………………………………… 1—2—3—4—5
16. 割り込んできた人に注意してもらうように映画館の職員に頼む。 1—2—3—4—5
17. 怒りをぶちまけないようにその場から立ち去る。 ………… 1—2—3—4—5
18. チケットを売っている人に，やつあたりでどなりちらす。…… 1—2—3—4—5
19. 自分はそれについてあまりにもカッカとしすぎていないかと考える。 …………………………………………………… 1—2—3—4—5
20. ただがまんする。 ………………………………………… 1—2—3—4—5
21. 壁をなぐったりけったりする。 ………………………… 1—2—3—4—5

Q4 あなたが上のQ3で選んだような方法を本当にとったら全体的に考えて，長い目で見て，そのあとどうなると思うかについておたずねします。あなたの気持ちに近いところに○をつけて下さい。

	とても悪い結果	悪い結果	まあまあの結果	良い結果	とても良い結果

1. 長い目で見て，自分にとって，どんな結果になると思いますか？ 1—2—3—4—5
2. 長い目で見て，その相手にとって，どんな結果になると思いますか？ ……………………………………………… 1—2—3—4—5

> 友だちがあなたの悪口を言いふらしているのを，
> あなたは気づいたところです。

Q1 もしこのようなことがあったら，あなたは<u>どのくらい怒りを感じますか</u>？

（まったく感じない／ちょっとは感じる／まあまあ感じる／わりと感じる／とても強く感じる）

あなたの気持ちに近いところに○をつけてください …… 1 — 2 — 3 — 4 — 5

Q2 もしこのようなことがあったら，あなたが<u>心の中でどう思うか</u>についておたずねします。あなたの気持ちに近いところに○をつけてください。

（まったく思わない／ちょっとは思う／まあまあ思う／わりと思う／とても強く思う）

1．その友だちに仕返しをしようと思いますか。 …………… 1 — 2 — 3 — 4 — 5
2．その状況を良くしようと思いますか。 …………………… 1 — 2 — 3 — 4 — 5
3．怒りの気持ちをスッキリさせようと思いますか。 ……… 1 — 2 — 3 — 4 — 5
4．その状況についてじっとがまんしようと思いますか。 … 1 — 2 — 3 — 4 — 5

Q3 このようなとき，心の中でなく，<u>実際にどうするか</u>についておたずねします。あなたの気持ちに近いところに○をつけて下さい。

（まったくしない／ちょっとはする／まあまあする／わりとする／とてもよくする）

1．その友だちをなぐる。 ……………………………………… 1 — 2 — 3 — 4 — 5
2．「馬鹿やろう」とその友だちをののしる。 ……………… 1 — 2 — 3 — 4 — 5
3．その友だちに会った時，にらみつける。 ………………… 1 — 2 — 3 — 4 — 5
4．みんなにその友だちの悪口を言いふらす。 ……………… 1 — 2 — 3 — 4 — 5
5．次にその友だちが電話もしくはメールをしてきた時無視する。 1 — 2 — 3 — 4 — 5

	まったくしない	ちょっとはする	まあまあする	わりとする	とてもよくする

6. あとでほかの誰かを殴ってうっぷんをはらす。 ………… 1 — 2 — 3 — 4 — 5
7. ほかの友だちにやつあたりしてどなる。 ………… 1 — 2 — 3 — 4 — 5
8. 壁をなぐったりけったりする。 ………… 1 — 2 — 3 — 4 — 5
9. そんなイヤな友だちを信じた自分を責める。 ………… 1 — 2 — 3 — 4 — 5
10. 気分が悪くなるくらいくよくよ悩む。 ………… 1 — 2 — 3 — 4 — 5
11. 何か問題があるなら，話しあおうとその友だちに言う。 …… 1 — 2 — 3 — 4 — 5
12. その友だちとの関係を改善するために努力する。 ………… 1 — 2 — 3 — 4 — 5
13. なにか気晴らしできるようなことをする。 ………… 1 — 2 — 3 — 4 — 5

14. その人が自分のことをどう思おうが気にしない。 ………… 1 — 2 — 3 — 4 — 5
15. 怒りをぶちまけないようにその場から立ち去る。 ………… 1 — 2 — 3 — 4 — 5
16. 怒りのあまりその日は一日中何もやる気がでない。 ………… 1 — 2 — 3 — 4 — 5
17. その友だちは，なにか他のことで悩まされているに違いないと思う。 ………… 1 — 2 — 3 — 4 — 5
18. 自分はそれについてあまりにもカッカとしすぎていないかと考える。 ………… 1 — 2 — 3 — 4 — 5
19. ただがまんする。 ………… 1 — 2 — 3 — 4 — 5
20. だれかに，自分の怒っている気持ちを聞いてもらう。 ………… 1 — 2 — 3 — 4 — 5
21. わざとその友だちの前で愛想笑いする。 ………… 1 — 2 — 3 — 4 — 5

Q4 あなたが上のQ3で選んだような方法を本当にとったら，全体的に考えて，長い目で見て，そのあとどうなると思うかについておたずねします。あなたの気持ちに近いところに〇をつけて下さい。

	とても悪い結果	悪い結果	まあまあの結果	良い結果	とても良い結果

1. 長い目で見て，<u>自分にとって</u>，どんな結果になると思いますか？ 1 — 2 — 3 — 4 — 5
2. 長い目で見て，<u>その友だちにとって</u>，どんな結果になると思いますか？ ………… 1 — 2 — 3 — 4 — 5
3. 長い目で見て，<u>その友だちとの関係は</u>，どうなると思いますか？ 1 — 2 — 3 — 4 — 5

Appendix 2　JARI-A

> 先生があなたの言おうとしていることを
> 聞いてくれませんでした。

Q1 もしこのようなことがあったら，あなたは<u>どのくらい怒り</u>を感じますか？

	まったく感じない	ちょっとは感じる	まあまあ感じる	わりと感じる	とても強く感じる

あなたの気持ちに近いところに○をつけてください ……… 1 ── 2 ── 3 ── 4 ── 5

Q2 もしこのようなことがあったら，あなたは<u>心の中でどう思うか</u>についておたずねします。あなたの気持ちに近いところに○をつけてください。

	まったく思わない	ちょっとは思う	まあまあ思う	わりと思う	とても強く思う

1．その先生に仕返しをしようと思いますか。 ……… 1 ── 2 ── 3 ── 4 ── 5
2．その状況を良くしようと思いますか。 ……… 1 ── 2 ── 3 ── 4 ── 5
3．怒りの気持ちをスッキリさせようと思いますか。 ……… 1 ── 2 ── 3 ── 4 ── 5
4．その状況について，がまんしようと思いますか。 ……… 1 ── 2 ── 3 ── 4 ── 5

Q3 このようなとき，心の中でなく，<u>実際にどうするか</u>についておたずねします。あなたの気持ちに近いところに○をつけて下さい。

	まったくしない	ちょっとはする	まあまあする	わりとする	とてもよくする

1．その先生の腕をつかんで，自分の言い分を聞かせる。 …… 1 ── 2 ── 3 ── 4 ── 5
2．その先生をどなりつける。 ……… 1 ── 2 ── 3 ── 4 ── 5
3．教室のドアを先生に聞こえるようにわざとばたんと閉める。… 1 ── 2 ── 3 ── 4 ── 5
4．みんなにその先生の悪口を言う。 ……… 1 ── 2 ── 3 ── 4 ── 5
5．その先生を無視する。 ……… 1 ── 2 ── 3 ── 4 ── 5

| | まったくしない | ちょっとはする | まああまあする | わりとする | とてもよくする |

6. ほかの誰かを腹いせに突き飛ばす。 ………………… 1 — 2 — 3 — 4 — 5
7. ほかのだれかにやつあたりしてどなる。 …………… 1 — 2 — 3 — 4 — 5
8. 先生の目の前で先生の机の上にあった書類を破る。 1 — 2 — 3 — 4 — 5
9. 自分のせいに違いないと自分を責める。 …………… 1 — 2 — 3 — 4 — 5
10. 気分が悪くなるくらいくよくよ悩む。 ……………… 1 — 2 — 3 — 4 — 5
11. 冷静に先生と話し合おうとする。 …………………… 1 — 2 — 3 — 4 — 5
12. その先生との問題を解決しようと努力する。 ……… 1 — 2 — 3 — 4 — 5
13. 何か気晴らしをしようとする。 ……………………… 1 — 2 — 3 — 4 — 5

14. そんなにたいしたことではないと自分に言い聞かせる。 ……… 1 — 2 — 3 — 4 — 5
15. 怒りをぶちまけないようにその場から立ち去る。 ……………… 1 — 2 — 3 — 4 — 5
16. その問題について，ただ忘れようとする。 …………………… 1 — 2 — 3 — 4 — 5
17. 先生はその日たまたま機嫌が悪かっただけだと思うようにする。 1 — 2 — 3 — 4 — 5
18. 自分にも責任があるかもしれないと思う。 …………………… 1 — 2 — 3 — 4 — 5
19. ただがまんする。 ………………………………………………… 1 — 2 — 3 — 4 — 5
20. だれかに，自分の怒っている気持ちを聞いてもらう。 ………… 1 — 2 — 3 — 4 — 5
21. わざとその先生の前で愛想笑いする。 ………………………… 1 — 2 — 3 — 4 — 5

Q4 **あなたが上のQ3で選んだような方法を本当にとったら，全体的に考えて，長い目で見て，そのあとどうなると思うかについておたずねします。あなたの気持ちに近いところに○をつけて下さい。**

| | とても悪い結果 | 悪い結果 | まああまあの結果 | 良い結果 | とても良い結果 |

1. 長い目で見て，**自分のために**，どんな結果になると思いますか？ 1 — 2 — 3 — 4 — 5
2. 長い目で見て，**その先生にとって**，どんな結果になると
   思いますか？ ……………………………………………………… 1 — 2 — 3 — 4 — 5
3. 長い目で見て，**自分と先生との関係**は，どうなると思いますか？ 1 — 2 — 3 — 4 — 5

廊下(ろうか)を歩(ある)いていると，見知らぬ生徒たちが
すれ違(ちが)いざまに笑(わら)いました。

Q1 もしこのようなことがあったら，あなたは<u>どのくらい怒(いか)り
を感じますか</u>？

	まったく感じない	ちょっとは感じる	まあまあ感じる	わりと強く感じる	とても強く感じる

あなたの気持ちに近いところに○をつけてください ……… 1 — 2 — 3 — 4 — 5

Q2 もしこのようなことがあったら，あなたは<u>心の中でどう思
うか</u>についておたずねします。あなたの気持ちに近いとこ
ろに○をつけてください。

	まったく思わない	ちょっとは思う	まあまあ思う	わりと強く思う	とても強く思う

1．その見知らぬ生徒たちに仕返(しかえ)しをしようと思いますか。……… 1 — 2 — 3 — 4 — 5
2．その状況(じょうきょう)を良くしようと思いますか。………………………… 1 — 2 — 3 — 4 — 5
3．怒りの気持ちをスッキリさせようと思いますか。……………… 1 — 2 — 3 — 4 — 5
4．その状況について，がまんしようと思いますか。……………… 1 — 2 — 3 — 4 — 5

Q3 このようなとき，心の中でなく，<u>実際(じっさい)にどうするか</u>について
おたずねします。あなたの気持ちに近いところに○をつけ
て下さい。

	まったくしない	ちょっとはする	まあまあする	わりとする	とてもよくする

1．その生徒たちをなぐる。………………………………………… 1 — 2 — 3 — 4 — 5
2．「だまれ！」とその人たちに向かってどなる。………………… 1 — 2 — 3 — 4 — 5
3．その人たちをにらみつける。…………………………………… 1 — 2 — 3 — 4 — 5
4．みんなにその人たちの悪口を言いふらす。…………………… 1 — 2 — 3 — 4 — 5
5．その人たちを無視する。………………………………………… 1 — 2 — 3 — 4 — 5

		まったくしない	ちょっとはする	まあまあする	わりとする	とてもよくする

6. あとでほかの誰かを殴ってうっぷんをはらす。 1 ─ 2 ─ 3 ─ 4 ─ 5
7. だれかれかまわずそこらへんにいる人に，どなってあたりちらす。 1 ─ 2 ─ 3 ─ 4 ─ 5
8. 壁をなぐったりけったりする。 1 ─ 2 ─ 3 ─ 4 ─ 5
9. その生徒たちにスキを見せてしまった自分に腹が立つ。 1 ─ 2 ─ 3 ─ 4 ─ 5
10. 自分は，その生徒たちにこう言えばよかった，と何度も考え続ける。 1 ─ 2 ─ 3 ─ 4 ─ 5
11. なにか問題でもあるのかと冷静にその人たちと話し合う。 1 ─ 2 ─ 3 ─ 4 ─ 5
12. 誰か自分にいやがらせをする人たちがいる，と先生に言う 1 ─ 2 ─ 3 ─ 4 ─ 5
13. 何か気晴らしできるようなことをする。 1 ─ 2 ─ 3 ─ 4 ─ 5

14. 自分の知らない人たちにどう思われようと気にしない。 1 ─ 2 ─ 3 ─ 4 ─ 5
15. 怒りをぶちまけないようにその場から立ち去る。 1 ─ 2 ─ 3 ─ 4 ─ 5
16. その出来事を忘れようとする。 1 ─ 2 ─ 3 ─ 4 ─ 5
17. その生徒たちは，ほかにイライラしていることがあるに違いないと思うようにする。 1 ─ 2 ─ 3 ─ 4 ─ 5
18. 自分はそれについてあまりにもカッカとしすぎていないかと考える。 1 ─ 2 ─ 3 ─ 4 ─ 5
19. ただがまんする。 1 ─ 2 ─ 3 ─ 4 ─ 5
20. だれかに，自分の怒っている気持ちを聞いてもらう。 1 ─ 2 ─ 3 ─ 4 ─ 5
21. わざとその人たちの前で愛想笑いする。 1 ─ 2 ─ 3 ─ 4 ─ 5

<u>Q4</u> あなたが上のQ3で選んだような方法を本当にとったら，<u>全体的に考えて，長い目で見て，そのあとどうなると思うか</u>についておたずねします。あなたの気持ちに近いところに○をつけて下さい。

		とても悪い結果	悪い結果	まあまあの結果	良い結果	とても良い結果

1. 長い目で見て，<u>自分のために</u>，どんな結果になると思いますか？ 1 ─ 2 ─ 3 ─ 4 ─ 5
2. 長い目で見て，<u>その見知らぬ生徒たちにとって</u>，どんな結果になると思いますか？ 1 ─ 2 ─ 3 ─ 4 ─ 5
3. 長い目で見て，<u>その見知らぬ生徒たちとの関係は</u>，どうなると思いますか？ 1 ─ 2 ─ 3 ─ 4 ─ 5

Appendix 3

自由記述式怒り反応質問紙
アンケート調査のお願い

　本日はアンケートにご協力いただき，どうもありがとうございます。以下の質問について，あなたのふだん考えていること，思っていること，行動をふりかえって，自由に書いてください。
　あなたに答えていただいたアンケートは，すべて無記名で行われますので，あなたにご迷惑はかけません。
　答え方に正しいとかまちがいとかはありませんので，思ったとおりに書いてください。

あなたについて少し教えてください。あてはまるところに○をつけ，かっこの中に数字を書き入れてください。
あなたの性別　男・女　　学年　1・2・3年　　年令（　　　）才

あなたが最近怒りを感じた時の，あなたの行動や思うことについて，思い出してみてください。

質問1　それは誰に対して，どのような時に，どんな理由で，怒りを感じましたか？　下に，具体的に自由に書いてください。

誰に対して：

どんなときに：

どのような理由で：

質問2　その時，どのような行動をしたり考えたりしましたか？　自由に書いてください。

これでアンケートはおわりです。
ご協力どうもありがとうございました！

Appendix 4

〈JARI-A-Rの某エピソードに対する質問項目の例および下位尺度〉
「友だちがあなたのことを無視しました。」

下位尺度　　　　　　　　　　　項目内容

怒りの認知度
1．もしこのようなことがあったら，あなたはどのくらい怒りを感じますか？

意図レベル反応
〈非建設的意図〉
1．その友だちに仕返しをしようと思いますか。
2．怒りを感じた友達に抗議をしようと思いますか。
3．その友だちに対してムカつくと思いますか。
4．その友だちに対してうざいと思いますか。

〈能動的対処意図〉
5．友だちがどうして無視するのか，理由を考えようと思いますか。
6．友だちに無視されている状況を良くしようと思いますか。

〈鎮静内省的意図〉
7．その状況についてじっとがまんしようと思いますか。
8．自分のやったことについて反省しようと思いますか。
9．怒りの気持ちをスッキリさせようと思いますか。

Appendix 4 〈JARI-A-R の某エピソードに対する質問項目の例および下位尺度〉

<u>実行レベル反応</u>
〈直接的攻撃〉
1．怒りを感じた友だちをなぐる。
2．怒りを感じた友だちに向かってどなる。
3．怒りを感じた友だちの目の前でわざとドアをばたんと閉める。
4．その友だちに反発する。
5．その友だちに無視されたことを抗議する。
6．その友だちに対してキレる。

〈間接的攻撃〉
7．みんなに怒りを感じた友だちの悪口を言いふらす。
8．怒りを感じた友だちを，無視する。

〈置換え攻撃〉
9．あとでほかの誰かを殴ってうっぷんをはらす。
10．ほかのだれかにやつあたりしてどなる。
11．壁をなぐったりけったりする。

〈自責的反応〉
12．そんなイヤな友だちを信じた自分を責める。
13．気分が悪くなるくらいくよくよ悩む。
14．自分自身にやつあたりする。

〈能動的対処反応〉
15．怒りを感じた相手と話し合いをする。
16．怒りを感じた相手との関係を改善するために何か行動を起こす。
17．だれかに，自分の怒っている気持ちを聞いてもらう。
18．「無視するのをやめてほしい」と相手に自分の気持ちを伝える。
19．問題を解決するために，誰かと一緒によい方法を考えてもらう。

〈鎮静内省的反応〉
20．気分転換に外出する。
21．怒りを感じた友だちはなにかほかにイライラしていることがあるに違いないと思うようにする。
22．自分はそれについてあまりにもカッカとしすぎていないかと考える。
23．ただがまんする。
24．少し時間を置いて，何が一番よい解決方法かを自分で考える。
25．少し時間を置いて，怒りを静める。
26．自分を高めるようにする。
27．自分に何か原因がないかどうか反省する。

〈回避的反応〉
28．そんなにたいしたことではない，と思うようにする。
29．怒りをぶちまけないようにその場を立ち去る。
30．友だちに無視されたことについて，特に何もしない。
31．その友だちに無視されたことを忘れるようにする。

32. わざとその友だちの前で愛想笑いする。
33. 怒りを感じた友だちのことを適当にあしらう。

注：各下位尺度に対応して各項目が作成され，4つのエピソード（本文中記載）にも対応している。

Appendix 5

JARI-A-R（Japanese version of Anger Response Inventory-Adolescent-Revised）

クラスメートが，あなたの悪口を言いふらしました。

Q1 あなたはこのようなことを実際に経験したことがありますか？
　○をつけてください。……………………………………………………… はい ・ いいえ
それでは経験したことがある人もない人も以下の質問に答えてください。

Q2 もしこのようなことがあったら，あなたはどのくらい怒りを感じますか？

| | まったく感じない | ちょっとは感じる | まあまあ感じる | わりと感じる | とても強く感じる |

あなたの気持ちに近いところに○をつけてください。………… 1 ── 2 ── 3 ── 4 ── 5

Q3 もしこのようなことがあったら，**心の中でどう思いますか？**
あなたの気持ちに近いところに○をつけてください。

| | まったく思わない | ちょっとは思う | まあまあ思う | わりと思う | とても強く思う |

1. そのクラスメートに仕返しをしようと思いますか。……………… 1 ── 2 ── 3 ── 4 ── 5
2. 悪口を言われているその状況を良くしようと思いますか。……… 1 ── 2 ── 3 ── 4 ── 5
3. 怒りの気持ちをスッキリさせようと思いますか。………………… 1 ── 2 ── 3 ── 4 ── 5
4. その状況についてじっとがまんしようと思いますか。…………… 1 ── 2 ── 3 ── 4 ── 5
5. 相手がどうして自分の悪口を言うのか，理由を考えようと
　思いますか。………………………………………………………… 1 ── 2 ── 3 ── 4 ── 5

	まったく思わない	ちょっとは思う	まあまあ思う	わりと思う	とても強く思う
6．怒りを感じたクラスメートに抗議をしようと思いますか。	1	2	3	4	5
7．そのクラスメートのことをうざいと思いますか。	1	2	3	4	5
8．そのクラスメートのことをムカツクと思いますか。	1	2	3	4	5
9．自分自身について反省しようと思いますか。	1	2	3	4	5

Q4　そのとき，心の中でなく，**実際にどうしますか？**　あなたの気持ちに近いところに○をつけて下さい。

	まったくしない	ちょっとはする	まあまあする	わりとする	とてもよくする
1．怒りを感じた相手をなぐる。	1	2	3	4	5
2．怒りを感じた相手に向かってどなる。	1	2	3	4	5
3．怒りを感じた相手の目の前でわざとドアをばたんと閉める。	1	2	3	4	5
4．みんなに怒りを感じた相手の悪口を言いふらす。	1	2	3	4	5
5．怒りを感じた相手を無視する。	1	2	3	4	5
6．あとでほかの誰かをなぐってうっぷんをはらす。	1	2	3	4	5
7．ほかのだれかにやつあたりしてどなる。	1	2	3	4	5
8．壁をなぐったりけったりする。	1	2	3	4	5
9．そんなイヤな人を信じた自分を責める。	1	2	3	4	5
10．気分が悪くなるくらいくよくよ悩む。	1	2	3	4	5
11．怒りを感じた相手と話し合いをする。	1	2	3	4	5
12．怒りを感じた相手との関係を改善するために何か行動を起こす。	1	2	3	4	5
13．気分転換に外出する。	1	2	3	4	5
14．そんなにたいしたことではない，と思うようにする。	1	2	3	4	5
15．怒りをぶちまけないようにその場から立ち去る。	1	2	3	4	5
16．悪口を言われたことについて，特に何もしない。	1	2	3	4	5

Appendix 5　JARI-A-R

| | まったくしない | ちょっとはする | まあまあする | わりとする | とてもよくする |

17. 怒りを感じた相手はなにかほかにイライラしていることが
あるに違いないと思うようにする。 …………………… 1 ── 2 ── 3 ── 4 ── 5
18. 自分はそれについてあまりにもカッカとしすぎていないかと
考える。 ……………………………………………………… 1 ── 2 ── 3 ── 4 ── 5
19. ただがまんする。 ………………………………………… 1 ── 2 ── 3 ── 4 ── 5
20. だれかに，自分の怒っている気持ちを聞いてもらう。…… 1 ── 2 ── 3 ── 4 ── 5
21. わざとそのクラスメートの前で愛想笑いする。 ………… 1 ── 2 ── 3 ── 4 ── 5
22. 「悪口を言うのはやめてほしい」と自分の気持ちを伝える。… 1 ── 2 ── 3 ── 4 ── 5
23. 少し時間を置いて，怒りを静める。 ……………………… 1 ── 2 ── 3 ── 4 ── 5
24. 少し時間を置いて，何が一番よい解決方法かを自分で考える。· 1 ── 2 ── 3 ── 4 ── 5

25. 問題を解決するために誰かと一緒によい方法を考えてもらう。· 1 ── 2 ── 3 ── 4 ── 5
26. そのクラスメートに反発する。 …………………………… 1 ── 2 ── 3 ── 4 ── 5
27. そのクラスメートに悪口を言われたことを抗議する。 … 1 ── 2 ── 3 ── 4 ── 5
28. 悪口を言いふらされたことを忘れるようにする。 ……… 1 ── 2 ── 3 ── 4 ── 5
29. 自分に何か原因がないかどうか反省する。 ……………… 1 ── 2 ── 3 ── 4 ── 5
30. 自分自身にやつあたりする。 ……………………………… 1 ── 2 ── 3 ── 4 ── 5
31. 悪口を言ったクラスメートに対して，キレる。 ………… 1 ── 2 ── 3 ── 4 ── 5
32. 自分を向上させるようにする。 …………………………… 1 ── 2 ── 3 ── 4 ── 5
33. 怒りを感じたクラスメートのことを適当にあしらう。 … 1 ── 2 ── 3 ── 4 ── 5

先生が，あなたのことを怒りました。

Q1　あなたはこのようなことを実際に経験したことがありますか？
　　○をつけてください。……………………………………………… はい　・　いいえ
　　それでは経験したことがある人もない人も以下の質問に答えてください。

Appendix 5　JARI-A-R

Q2　もしこのようなことがあったら，あなたはどのくらい怒りを感じますか？

	まったく感じない	ちょっとは感じる	まあまあ感じる	わりと感じる	とても強く感じる

　　　あなたの気持ちに近いところに○をつけてください。………　1 ── 2 ── 3 ── 4 ── 5

Q3　もしこのようなことがあったら，**心の中でどう思いますか？**　あなたの気持ちに近いところに○をつけてください。

	まったく思わない	ちょっとは思う	まあまあ思う	わりと思う	とても強く思う

1．その先生に仕返しをしようと思いますか。………………　1 ── 2 ── 3 ── 4 ── 5
2．その状況を良くしようと思いますか。……………………　1 ── 2 ── 3 ── 4 ── 5
3．怒りの気持ちをスッキリさせようと思いますか。………　1 ── 2 ── 3 ── 4 ── 5
4．先生に怒られてもじっとがまんしようと思いますか。…　1 ── 2 ── 3 ── 4 ── 5
5．その先生がどうして自分を怒るのか，理由を考えようと
　　思いますか。…………………………………………………　1 ── 2 ── 3 ── 4 ── 5
6．怒りを感じた先生に抗議をしようと思いますか。………　1 ── 2 ── 3 ── 4 ── 5
7．その先生のことをうざいと思いますか。…………………　1 ── 2 ── 3 ── 4 ── 5
8．その先生のことをムカツクと思いますか。………………　1 ── 2 ── 3 ── 4 ── 5
9．自分のやったことについて反省しようと思いますか。…　1 ── 2 ── 3 ── 4 ── 5

Q4　そのとき，心の中でなく，**実際にどうしますか？**　あなたの気持ちに近いところに○をつけて下さい。

	まったくしない	ちょっとはする	まあまあする	わりとする	とてもよくする

1．怒りを感じた相手をなぐる。………………………………　1 ── 2 ── 3 ── 4 ── 5
2．怒りを感じた相手に向かってどなる。……………………　1 ── 2 ── 3 ── 4 ── 5
3．怒りを感じた相手の目の前でわざとドアをばたんと閉める。…　1 ── 2 ── 3 ── 4 ── 5

	まったくしない	ちょっとはする	まあまあする	わりとする	とてもよくする

4. みんなに怒りを感じた相手の悪口を言いふらす。 1 — 2 — 3 — 4 — 5
5. 怒りを感じた相手を無視する。 1 — 2 — 3 — 4 — 5
6. ほかの誰かを腹いせに突き飛ばす。 1 — 2 — 3 — 4 — 5
7. ほかのだれかにやつあたりしてどなる。 1 — 2 — 3 — 4 — 5
8. 先生の目の前で先生の机の上にあった書類を破る。 1 — 2 — 3 — 4 — 5
9. 自分のせいに違いないと自分を責める。 1 — 2 — 3 — 4 — 5
10. 気分が悪くなるくらいくよくよ悩む。 1 — 2 — 3 — 4 — 5
11. 冷静に先生と話し合おうとする。 1 — 2 — 3 — 4 — 5
12. その先生に怒られたことについて，解決しようと努力する。 1 — 2 — 3 — 4 — 5
13. 何か気晴らしをしようとする。 1 — 2 — 3 — 4 — 5
14. そんなにたいしたことではないと自分に言い聞かせる。 1 — 2 — 3 — 4 — 5
15. 怒りをぶちまけないようにその場から立ち去る。 1 — 2 — 3 — 4 — 5

16. その問題について，ただ忘れようとする。 1 — 2 — 3 — 4 — 5
17. 先生はその日たまたま機嫌が悪かっただけだと思うようにする。 1 — 2 — 3 — 4 — 5
18. 自分にも責任があるかもしれないと思う。 1 — 2 — 3 — 4 — 5
19. ただがまんする。 1 — 2 — 3 — 4 — 5
20. だれかに，自分の怒っている気持ちを聞いてもらう。 1 — 2 — 3 — 4 — 5
21. わざとその先生の前で愛想笑いする。 1 — 2 — 3 — 4 — 5
22. 「私の気持ちもお話ししていいでしょうか」と自分の気持ちを伝える。 1 — 2 — 3 — 4 — 5
23. 少し時間を置いて，怒りを静める。 1 — 2 — 3 — 4 — 5
24. 少し時間を置いて，何が一番よい解決方法かを自分で考える。 1 — 2 — 3 — 4 — 5
25. 問題を解決するために誰かと一緒によい方法を考えてもらう。 1 — 2 — 3 — 4 — 5
26. その先生に反抗する。 1 — 2 — 3 — 4 — 5
27. その先生に怒られたことを抗議する。 1 — 2 — 3 — 4 — 5
28. その先生に怒られたことについて特に何もしない。 1 — 2 — 3 — 4 — 5
29. 自分に先生に怒られる原因がないかどうか反省する。 1 — 2 — 3 — 4 — 5

30. 自分自身にやつあたりする。 …………………… 1 —— 2 —— 3 —— 4 —— 5
31. その先生に対して，キレる。 …………………… 1 —— 2 —— 3 —— 4 —— 5
32. 自分を高めるようにする。 ……………………… 1 —— 2 —— 3 —— 4 —— 5
33. 怒りを感じた先生のことを適当にあしらう。 … 1 —— 2 —— 3 —— 4 —— 5

| 親が，「勉強しなさい！」とうるさく言いました。 |

Q1 あなたはこのようなことを実際に経験したことがありますか？
  ○をつけてください。 ……………………………………………………… はい ・ いいえ
  それでは経験したことがある人もない人も以下の質問に答えてください。

Q2 もしこのようなことがあったら，あなたはどのくらい怒りを感じますか？

| | まったく感じない | ちょっとは感じる | まあまあ感じる | わりと感じる | とても強く感じる |

あなたの気持ちに近いところに○をつけてください。 ………… 1 —— 2 —— 3 —— 4 —— 5

Q3 もしこのようなことがあったら，心の中でどう思いますか？　あなたの気持ちに近いところに○をつけてください。

| | まったく思わない | ちょっとは思う | まあまあ思う | わりと思う | とても強く思う |

1. その親に仕返しをしようと思いますか。 ……………… 1 —— 2 —— 3 —— 4 —— 5
2. その状況を良くしようと思いますか。 ………………… 1 —— 2 —— 3 —— 4 —— 5
3. 怒りの気持ちをスッキリさせようと思いますか。 …… 1 —— 2 —— 3 —— 4 —— 5
4. 親にうるさく言われることをがまんしようと思いますか。 … 1 —— 2 —— 3 —— 4 —— 5
5. 親がどうしてうるさく言うのか，理由を考えようと思いますか。 1 —— 2 —— 3 —— 4 —— 5
6. 親に抗議をしようと思いますか。 ……………………… 1 —— 2 —— 3 —— 4 —— 5
7. 親をうざいと思いますか。 ……………………………… 1 —— 2 —— 3 —— 4 —— 5
8. 親をムカツクと思いますか。 …………………………… 1 —— 2 —— 3 —— 4 —— 5
9. 自分のやったことについて反省しようと思いますか。 … 1 —— 2 —— 3 —— 4 —— 5

Appendix 5　JARI-A-R

<u>Q4</u>　そのとき，心の中でなく，**実際にどうしますか？**　あなたの気持ちに近いところに○をつけて下さい。

		まったくしない	ちょっとはする	まあまあする	わりとする	とてもよくする
1.	その親をなぐる。	1	2	3	4	5
2.	その親に向かって「うるさい」とどなる。	1	2	3	4	5
3.	部屋のドアを親に聞こえるようにわざとばたんと閉める。	1	2	3	4	5
4.	親せきにその親の悪口を言う。	1	2	3	4	5
5.	その親としばらく話しをしない。	1	2	3	4	5
6.	自分の友だちを腹いせに突き飛ばす。	1	2	3	4	5
7.	ほかのだれかにやつあたりしてどなる。	1	2	3	4	5
8.	壁をなぐったりけったりする。	1	2	3	4	5
9.	親にうるさく言われるようなことをした自分に対して腹が立つ。	1	2	3	4	5
10.	気分が悪くなるくらいくよくよ悩む。	1	2	3	4	5
11.	その親と冷静に話し合う。	1	2	3	4	5
12.	次は親にうるさく言われないようにしようと努力する。	1	2	3	4	5
13.	何か気晴らしをする。	1	2	3	4	5
14.	そんなに怒るほどのことではないと自分に言い聞かせる。	1	2	3	4	5
15.	怒りをぶちまけないようにその場から立ち去る。	1	2	3	4	5
16.	その親にうるさく言われたことを忘れるようにする。	1	2	3	4	5
17.	親の役目として自分にうるさく言っただけだと思うようにする。	1	2	3	4	5
18.	自分はそれについてあまりにもカッカとしすぎていないかと考える。	1	2	3	4	5
19.	ただがまんする。	1	2	3	4	5
20.	だれかに，自分の怒っている気持ちを聞いてもらう。	1	2	3	4	5
21.	わざとその親の前で愛想(あいそ)笑いする。	1	2	3	4	5
22.	「うるさく勉強と言わないでほしい」と親に自分の気持ちを伝える。	1	2	3	4	5
23.	少し時間を置いて，怒りを静める。	1	2	3	4	5
24.	少し時間を置いて，何が一番よい解決方法かを自分で考える。	1	2	3	4	5
25.	問題を解決するために誰かと一緒によい方法を考えてもらう。	1	2	3	4	5

26. 親に反抗する。 ……………………………………… 1 — 2 — 3 — 4 — 5
27. 親に勉強しろとうるさく言われたことに抗議する。 ……… 1 — 2 — 3 — 4 — 5
28. 親にうるさく言われたことについて特に何もしない。 …… 1 — 2 — 3 — 4 — 5
29. 自分に何か親にうるさく言われる原因がないかどうか反省する。 1 — 2 — 3 — 4 — 5
30. 自分自身にやつあたりする。 ………………………… 1 — 2 — 3 — 4 — 5
31. その親に対して，キレる。 …………………………… 1 — 2 — 3 — 4 — 5
32. 自分を向上させるようにする。 ………………………… 1 — 2 — 3 — 4 — 5
33. 怒りを感じた親のことを適当にあしらう。 ……………… 1 — 2 — 3 — 4 — 5

友だちがあなたのことを無視しました。

Q1 あなたはこのようなことを実際に経験したことがありますか？
○をつけてください。 ……………………………………… はい ・ いいえ
それでは経験したことがある人もない人も以下の質問に答えてください。

Q2 もしこのようなことがあったら，あなたはどのくらい怒りを感じますか？

	まったく感じない	ちょっとは感じる	まあまあ感じる	わりと感じる	とても強く感じる

あなたの気持ちに近いところに○をつけてください。 …… 1 — 2 — 3 — 4 — 5

Q3 もしこのようなことがあったら，心の中でどう思いますか？ あなたの気持ちに近いところに○をつけてください。

	まったく思わない	ちょっとは思う	まあまあ思う	わりと思う	とても強く思う

1. その友だちに仕返しをしようと思いますか。 ……………… 1 — 2 — 3 — 4 — 5
2. その友だちに無視されている状況を良くしようと思いますか。 1 — 2 — 3 — 4 — 5
3. 怒りの気持ちをスッキリさせようと思いますか。 ………… 1 — 2 — 3 — 4 — 5
4. その友達から無視されることをがまんしようと思いますか。 … 1 — 2 — 3 — 4 — 5
5. 友だちがどうして無視するのか理由を考えようと思いますか。 1 — 2 — 3 — 4 — 5
6. 怒りを感じた友だちに抗議をしようと思いますか。 ……… 1 — 2 — 3 — 4 — 5
7. その友だちに対してうざいと思いますか。 ……………… 1 — 2 — 3 — 4 — 5
8. その友だちに対してムカックと思いますか。 …………… 1 — 2 — 3 — 4 — 5
9. 自分のやったことについて反省しようと思いますか。 …… 1 — 2 — 3 — 4 — 5

Appendix 5 JARI-A-R

Q4 そのとき，心の中でなく，**実際にどうしますか？** あなたの気持ちに近いところに○をつけて下さい。

| | まったくしない | ちょっとはする | まあまあする | わりとする | とてもよくする |

1. 怒りを感じた友だちをなぐる。……………………………… 1 — 2 — 3 — 4 — 5
2. 怒りを感じた友だちに向かってどなる。…………………… 1 — 2 — 3 — 4 — 5
3. 怒りを感じた友だちの目の前でドアをわざとばたんと閉める。 1 — 2 — 3 — 4 — 5
4. 皆に怒りを感じた友だちの悪口を言いふらす。…………… 1 — 2 — 3 — 4 — 5
5. 怒りを感じた友だちを無視する。…………………………… 1 — 2 — 3 — 4 — 5
6. あとでほかの誰かを殴る。…………………………………… 1 — 2 — 3 — 4 — 5
7. ほかのだれかにやつあたりしてどなる。…………………… 1 — 2 — 3 — 4 — 5
8. 壁をなぐったりけったりする。……………………………… 1 — 2 — 3 — 4 — 5
9. そんな嫌な友だちを信じた自分を責める。………………… 1 — 2 — 3 — 4 — 5
10. 気分が悪くなるくらいくよくよ悩む。……………………… 1 — 2 — 3 — 4 — 5
11. 「無視するのをやめてほしい」と相手に自分の気持ちを伝える。 1 — 2 — 3 — 4 — 5
12. 怒りを感じた相手との関係を改善するために何か行動を起こす。 1 — 2 — 3 — 4 — 5

13. 気分転換に外出する。………………………………………… 1 — 2 — 3 — 4 — 5
14. 自分はそれについてあまりにもカッカとしすぎていないかと考える。 1 — 2 — 3 — 4 — 5
15. 気分転換に外出する。………………………………………… 1 — 2 — 3 — 4 — 5
16. その友だちに無視されたことを忘れるようにする。……… 1 — 2 — 3 — 4 — 5
17. 怒りを感じた友だちはなにかほかにイライラしていることがあるに違いないと思うようにする。 1 — 2 — 3 — 4 — 5
18. そんなにたいしたことではないと思うようにする。……… 1 — 2 — 3 — 4 — 5
19. ただがまんする。……………………………………………… 1 — 2 — 3 — 4 — 5
20. だれかに，自分の怒っている気持ちを聞いてもらう。…… 1 — 2 — 3 — 4 — 5
21. わざとその友だちの前で愛想笑いする。…………………… 1 — 2 — 3 — 4 — 5
22. 怒りを感じた相手と話し合いをする。……………………… 1 — 2 — 3 — 4 — 5
23. 少し時間を置いて，怒りを静める。………………………… 1 — 2 — 3 — 4 — 5
24. 少し時間を置いて，何が一番よい解決方法かを自分で考える。 1 — 2 — 3 — 4 — 5
25. 問題を解決するために誰かと一緒によい方法を考えてもらう。 1 — 2 — 3 — 4 — 5

26. その友だちに反発する。	1	—	2	— 3	— 4	— 5
27. その友だちに無視されたことを抗議する。	1	—	2	— 3	— 4	— 5
28. 友だちに無視されたことについて，特に何もしない。	1	—	2	— 3	— 4	— 5
29. 自分に何か原因がないかどうか反省する。	1	—	2	— 3	— 4	— 5
30. 自分自身にやつあたりする。	1	—	2	— 3	— 4	— 5
31. その友だちに対して，キレる。	1	—	2	— 3	— 4	— 5
32. 自分を高めるようにする。	1	—	2	— 3	— 4	— 5
33. 怒りを感じた友だちのことを適当にあしらう。	1	—	2	— 3	— 4	— 5

Appendix 6
JARI-A-R-S の質問項目および下位尺度

下位尺度	項目内容

意図レベル反応
〈非建設的意図〉
1. 怒りを感じた相手をなぐろうと思った。
2. 怒りを感じた相手に向かってどなろうと思った。
3. 相手の目の前でわざとドアをばたんと閉めようと思った。
4. みんなに怒りを感じた相手の悪口をいいふらそうと思った。
5. 怒りを感じた相手を無視しようと思った。
6. あとでほかの誰かをなぐってうっぷんをはらそうと思った。
7. ほかのだれかにやつあたりしてどなろうと思った。
8. 壁をなぐったりけったりしようと思った。
9. そんなイヤな人を信じた自分を責めようと思った。
10. 気分が悪くなるくらいくよくよ悩むだろうと思った。
11. 怒りを感じている相手に反抗しようと思った。
12. 怒りを感じている相手に文句を言おうと思った。
13. やけ食いなどをして自分自身にあたろうと思った。
14. キレてしまえと思った。
15. 怒りを感じた相手に対して「むかつく」と言おうと思った。
16. 怒りを感じた相手に対して「うざい」と言おうと思った。
17. わざとその友だちの前で愛想笑いしようと思った。

〈建設的意図〉
18. 相手との関係を改善するために何か行動を起こそうと思った。
19. 怒りを発散させるために気分転換しようと思った。
20. そんなにたいしたことではない，と自分に言い聞かせようと思った。
21. 怒りをぶちまけないようにその場から立ち去ろうと思った。
22. 何もなかったかのようにいつもどおりにふるまおうと思った。
23. 怒りを感じた相手はなにかほかにイライラしていることがあるに違いないと思うようにしようと思った。
24. 自分はそれについてあまりにもカッカとしすぎていないか考えようと思った。
25. ただがまんしようと思った。
26. だれかに，自分の怒っている気持ちを聞いてもらおうと思った。
27. 怒りを感じた相手と話し合いをしようと思った。
28. 「○○してもらえませんか」と自分の気持ちを相手にはっきりと伝えようと思った。
29. 少し時間を置いて，怒りを静めようと思った。
30. 少し時間を置いて，何が一番よい解決方法か自分で考えようと思った。
31. 問題解決に向けてよい方法を誰かと一緒に考えてもらおうと思った。
32. そのことを忘れようと思った。
33. 自分のやったことについて反省しようと思った。
34. 自分を高めようと思った。
35. 相手に何か怒る理由でもあるのかと尋ねようと思った。

なお，実行レベル反応は意図レベルと同じ内容の項目内容である。意図レベル反応と実行レベル反応は対応して作成された。

Appendix 7

JARI-A-R-S（Japanese version of Anger Response Inventory-Adolescent-Revised-Short version）

あなたがこれまでに何度も怒りを感じた相手をひとり
思い浮かべてください。
その時のあなたの行動や考えることについて
思い出してみてください。

Q1 それはだれに対する怒りですか？ あてはまるところに○をつけてください。
　　（1）親　（2）先生　（3）友だち
　　（4）クラスメート
　　（5）その他（　　　　　　　　　　）

	まったく親しくない	あまり親しくない	どちらでもない	わりと親しい	とても親しい
Q2 その人とどの程度親しいですか？ ○をつけてください。……	1	2	3	4	5

Q3 あなたはその人に怒りを感じた時，心の中でどう思いましたか？　あなたの気持ちに近いところに○をつけてください。

	まったく思わなかった	ちょっとは思った	まあまあ思った	わりとよく思った	とてもよく思った
1．怒りを感じた相手をなぐろうと思った。………………………	1	2	3	4	5
2．怒りを感じた相手に向かってどなろうと思った。……………	1	2	3	4	5
3．相手の目の前でわざとドアをばたんと閉めようと思った。…	1	2	3	4	5
4．みんなに怒りを感じた相手の悪口を言いふらそうと思った。…	1	2	3	4	5
5．怒りを感じた相手を無視しようと思った。……………………	1	2	3	4	5
6．あとでほかの誰かをなぐってうっぷんをはらそうと思った。…	1	2	3	4	5
7．ほかのだれかにやつあたりしてどなろうと思った。…………	1	2	3	4	5
8．壁をなぐったりけったりしようと思った。……………………	1	2	3	4	5

	まったく思わなかった	ちょっとは思った	まあまあ思った	わりとよく思った	とてもよく思った

9. そんなイヤな人を信じた自分を責めようと思った。……… 1 — 2 — 3 — 4 — 5
10. 気分が悪くなるくらいくよくよ悩むだろうと思った。………… 1 — 2 — 3 — 4 — 5
11. 怒りを感じた相手と話し合いをしようと思った。…………… 1 — 2 — 3 — 4 — 5
12. 相手との関係を改善するために何か行動を起こそうと思った。 1 — 2 — 3 — 4 — 5
13. 怒りを発散させるために気分転換しようと思った。………… 1 — 2 — 3 — 4 — 5
14. そんなにたいしたことではない，と自分に言い聞かせようと
    思った。……………………………………………………………… 1 — 2 — 3 — 4 — 5
15. 怒りをぶちまけないようにその場から立ち去ろうと思った。… 1 — 2 — 3 — 4 — 5
16. 何もなかったかのようにいつもどおりにふるまおうと思った。 1 — 2 — 3 — 4 — 5
17. 怒りを感じた相手はなにかほかにイライラしていることが
    あるに違いないと思うようにしようと思った。……………… 1 — 2 — 3 — 4 — 5
18. 自分はそれについてあまりにもカッカとしすぎていないか
    考えようと思った。………………………………………………… 1 — 2 — 3 — 4 — 5

19. ただがまんしようと思った。……………………………………… 1 — 2 — 3 — 4 — 5
20. だれかに自分の怒っている気持ちを聞いてもらおうと思った。 1 — 2 — 3 — 4 — 5
21. わざとその友だちの前で愛想笑いをしようと思った。……… 1 — 2 — 3 — 4 — 5
22. 「○○してもらえませんか」と自分の気持ちを相手に
    はっきりと伝えようと思った。………………………………… 1 — 2 — 3 — 4 — 5
23. 少し時間を置いて，怒りを静めようと思った。……………… 1 — 2 — 3 — 4 — 5
24. 少し時間を置いて，何が一番よい解決方法か自分で考えよう
    と思った。…………………………………………………………… 1 — 2 — 3 — 4 — 5
25. 問題解決に向けてよい方法を誰かと一緒に考えてもらおうと
    思った。……………………………………………………………… 1 — 2 — 3 — 4 — 5
26. 怒りを感じている相手に反抗しようと思った。……………… 1 — 2 — 3 — 4 — 5
27. 怒りを感じている相手に文句を言おうと思った。…………… 1 — 2 — 3 — 4 — 5
28. そのことを忘れようと思った。………………………………… 1 — 2 — 3 — 4 — 5

	まったく思わなかった	ちょっとは思った	まあまあ思った	わりとよく思った	とてもよく思った

29. 自分のやったことについて反省しようと思った。……… 1 ── 2 ── 3 ── 4 ── 5
30. やけ食いなどをして自分自身にあたろうと思った。…… 1 ── 2 ── 3 ── 4 ── 5
31. キレてしまえと思った。……………………………………… 1 ── 2 ── 3 ── 4 ── 5
32. 自分を高めようと思った。………………………………… 1 ── 2 ── 3 ── 4 ── 5
33. 相手に何か怒る理由でもあるのか尋ねようと思った。… 1 ── 2 ── 3 ── 4 ── 5
34. 怒りを感じた相手に対して「むかつく」と言おうと思った。… 1 ── 2 ── 3 ── 4 ── 5
35. 怒りを感じた相手に対して「うざい」と言おうと思った。…… 1 ── 2 ── 3 ── 4 ── 5

Q4 そのとき，心の中でなく，**実際にどうしましたか？** あなたの気持ちに近いところに○をつけて下さい。

	まったくしなかった	ちょっとはした	まあまあした	わりとよくした	とてもよくした

1. 怒りを感じた相手をなぐった。……………………………… 1 ── 2 ── 3 ── 4 ── 5
2. 怒りを感じた相手に向かってどなった。…………………… 1 ── 2 ── 3 ── 4 ── 5
3. 相手の目の前でわざとドアをばたんと閉めた。…………… 1 ── 2 ── 3 ── 4 ── 5
4. みんなに怒りを感じた相手の悪口を言いふらした。……… 1 ── 2 ── 3 ── 4 ── 5
5. 怒りを感じた相手を無視した。……………………………… 1 ── 2 ── 3 ── 4 ── 5
6. あとでほかの誰かをなぐってうっぷんをはらした。……… 1 ── 2 ── 3 ── 4 ── 5
7. ほかのだれかにやつあたりしてどなった。………………… 1 ── 2 ── 3 ── 4 ── 5
8. 壁をなぐったりけったりした。……………………………… 1 ── 2 ── 3 ── 4 ── 5
9. そんなイヤな人を信じた自分を責めた。…………………… 1 ── 2 ── 3 ── 4 ── 5
10. 気分が悪くなるくらいくよくよ悩んだ。…………………… 1 ── 2 ── 3 ── 4 ── 5
11. 怒りを感じた相手と話し合いをした。……………………… 1 ── 2 ── 3 ── 4 ── 5
12. 怒りを感じた相手との関係を改善するために何か行動を起こした。 1 ── 2 ── 3 ── 4 ── 5
13. 怒りを発散させるために気分転換した。…………………… 1 ── 2 ── 3 ── 4 ── 5

	まったくしなかった	ちょっとはした	まあまあした	わりとよくした	とてもよくした

14. そんなにたいしたことではない，と自分に言い聞かせた。……… 1 — 2 — 3 — 4 — 5
15. 怒りをぶちまけないようにその場から立ち去った。………… 1 — 2 — 3 — 4 — 5
16. 何もなかったかのようにいつもどおりにふるまった。……… 1 — 2 — 3 — 4 — 5
17. 怒りを感じた相手はなにかほかにイライラしていることがあるに違いないと思うようにした。……………………………… 1 — 2 — 3 — 4 — 5
18. 自分はそれについてあまりにもカッカとしすぎていないかと考えた。……………………………………………………………… 1 — 2 — 3 — 4 — 5
19. ただがまんした。………………………………………………… 1 — 2 — 3 — 4 — 5
20. だれかに，自分の気持ちを聞いてもらった。………………… 1 — 2 — 3 — 4 — 5
21. わざとその友だちの前で愛想笑いした。……………………… 1 — 2 — 3 — 4 — 5
22. 「○○してもらえませんか」と自分の気持ちを相手に明確に伝えた。………………………………………………………………… 1 — 2 — 3 — 4 — 5
23. 少し時間を置いて怒りを静めた。……………………………… 1 — 2 — 3 — 4 — 5
24. 少し時間を置いて何が一番よい解決方法かを自分で考えた。… 1 — 2 — 3 — 4 — 5

25. 問題解決に向けてよい方法を誰かに一緒に考えてもらった。… 1 — 2 — 3 — 4 — 5
26. 怒りを感じている相手に反抗した。…………………………… 1 — 2 — 3 — 4 — 5
27. 怒りを感じている相手に文句を言った。……………………… 1 — 2 — 3 — 4 — 5
28. そのことを忘れるようにした。………………………………… 1 — 2 — 3 — 4 — 5
29. 自分のやったことについて反省した。………………………… 1 — 2 — 3 — 4 — 5
30. やけ食いなどをして自分自身にあたった。…………………… 1 — 2 — 3 — 4 — 5
31. キレた。…………………………………………………………… 1 — 2 — 3 — 4 — 5
32. 自分を高めるようにした。……………………………………… 1 — 2 — 3 — 4 — 5
33. 相手に何か怒る理由でもあるのかと尋ねた。………………… 1 — 2 — 3 — 4 — 5
34. 怒りを感じた相手に「むかつく」と言った。………………… 1 — 2 — 3 — 4 — 5
35. 怒りを感じた相手に「うざい」と言った。…………………… 1 — 2 — 3 — 4 — 5

Appendix 8

スペシャルノート

状況場面	あなたの心の中で思うこと	あなたの実際の行動	あなたにとっての結果	相手にとっての結果	相手との人間関係への影響
（例）学校のある日，朝早く目が覚めてしまいました。	もういちどフトンにはいってねたいと思う。	起きて，いつもよりゆっくり朝食を食べた。	いつもよりおちついて朝食を食べることができた。	おかあさんもわたしと一緒にごはんを食べることができてうれしそうだった。	おかあさんと私の関係がちょっとよくなったかもしれない。
親は，あなたの本当の話をうそだと思い信じてくれませんでした。					
あなたにとってのより良い方法					

Appendix 9

JAMP-A（Japanese Anger Management Program-Adolescent）の寸劇脚本

テーマ 「自分の気持ち，人の気持ちとの上手なつきあい方」
A 子：「お母さん，ゲームのソフト買ってきたよ。はいおつり，30円。」
母　親：「たったの30円？　もっと安いはずでしょう？　2000円もあげたのよ。」
A 子：「だって本当にそれだけかかったんだもん。」
母　親：「うそ言うのやめなさい！　本当のことを言いなさい！」
A 子：「本当だよ，本当に30円しかもっていないよ。」
母　親：「どうせ寄り道して帰りになんか別のものを買ったんじゃないの？　うそつきは嫌いですよ，お母さんは。」
A 子：「ウッセーんだよ，うざいんだよ！」
母　親：「なにこの子は，親に口答えして。もうおこづかいあげませんよ。」
（A子，ドアをバタンとしめて出て行く。）

進行役：「はい，ちょっとここで，ストップです。このままでいくとこのA子さんはおこづかいももらえなくなって，自分にとっても不利ですし，お母さんもかんかんに怒っているみたいで，これからこのふたりの関係は難しくなりそうですね。それでは，次にもう1つ，別のやり方をみんなに見てもらいます。」

A 子：「お母さん，ゲームのソフト買ってきたよ。はいおつり，30円。」
母　親：「たったの30円？　もっと安いはずでしょう？　2000円もあげたのよ。」
A 子：「だって本当にそれだけかかったんだもん。」
母　親：「うそ言うのやめなさい！　本当のことを言いなさい！」
A 子：「本当だよ，本当に30円しかもっていないよ。」
母　親：「どうせ寄り道して帰りになんか別のものを買ったんじゃないの？　うそつきは嫌いですよ，お母さんは。」
A 子：「そんなことしていないよ！」
進行役：「A子さんは友だちに電話をして相談にのってもらうことにしました。」（子ども役，携帯電話で友だちと話をする。）
A 子：「あ，もしもし私。今ちょっと時間ある？　愚痴ってもいい？　今日さ，親と喧嘩しちゃって。ゲームのソフト買ったんだけど，親が私のことを信じてくれなくって。ひどくない？　……え？　領収書？　持っていないよ。捨てちゃった。……え？　値段？　ああ書いてある箱に。それ見せたらいいのか。……え？　母親と話すの？　うざいよ。……うん，わかった。じゃ，話してみる。」
A 子：「お母さん，さっきのことだけどさ，この箱にちゃんと値段書いてあるから。」（A子，箱を母親役に渡す。）
母　親：「あらあ，本当，1970円って書いてあるわね。ごめんね，お母さん，疑ったりして。」
A 子：「うん，もういいよ。」

進行役:「さあ，どうでしょう？ お母さんに怒鳴ったり，ドアをバタンと閉めて私は怒っているんだぞってアピールしただけじゃ，解決しなかったかもしれませんね。このA子さんは3つの良い行動をしました。1つめは，友だちに相談して，自分の気持ちを話して聞いてもらったり，良いアドバイスをもらったりしました。だから落ち着いてお母さんと話ができたのかもしれませんね。そうです，2つめの良い行動とは，お母さんと冷静に話したことです。それから，ちゃんと値段も見せてお母さんに自分の言っていることが本当だと納得してもらうために具体的な努力もしました。これが3つめの良い行動です。」

Appendix 10
JAMP-A 理解度アンケート

今日の『自分の気持ち，人の気持ちとの上手なつきあい方』プログラムはいかがでしたか？ 感想をお聞かせください。思ったことを自由に書いてください。

1.「自分の気持ち，特に怒りを感じたときの上手なつきあい方」という先生の話の中で，「心の中で怒りへの反応を考える段階」と「実際に怒りへの反応または行動をする段階」との区別について，理解できましたか？

あなたの気持ちに近いところに○をつけてください。……… 1 ── 2 ── 3 ── 4 ── 5

（まったく理解できなかった／ちょっとは理解できた／まあまあ理解できた／わりと理解できた／とてもよく理解できた）

2.「自分の気持ち，人の気持ち，特に怒りを感じたときの上手なつきあい方」の先生の話について，感想を自由に書いてください。

3. スペシャルノートの書き方について，理解できましたか？
　　あなたの気持ちに近いところに○をつけてください。……　1 —— 2 —— 3 —— 4 —— 5

　　　　　　　　　　　　　　　　　　　　　　　　　　　　　まったく理解できなかった
　　　　　　　　　　　　　　　　　　　　　　　　　　　　　　ちょっとは理解できた
　　　　　　　　　　　　　　　　　　　　　　　　　　　　　　　まあまあ理解できた
　　　　　　　　　　　　　　　　　　　　　　　　　　　　　　　　わりと理解できた
　　　　　　　　　　　　　　　　　　　　　　　　　　　　　　　　とてもよく理解できた

4. 自分の思ったことをスペシャルノートに素直に書くことができましたか？
　　あなたの気持ちに近いところに○をつけてください。……　1 —— 2 —— 3 —— 4 —— 5

　　　　　　　　　　　　　　　　　　　　　　　　　　　　　まったく素直に書くことができなかった
　　　　　　　　　　　　　　　　　　　　　　　　　　　　　　ちょっとは素直に書くことができた
　　　　　　　　　　　　　　　　　　　　　　　　　　　　　　　まあまあ素直に書くことができた
　　　　　　　　　　　　　　　　　　　　　　　　　　　　　　　　わりと素直に書くことができた
　　　　　　　　　　　　　　　　　　　　　　　　　　　　　　　　とても素直に書くことができた

5. 劇(げき)の「自分の気持ち，特に怒りのコントロール方法の良い例，悪い例」の区別について，理解できましたか？
　　あなたの気持ちに近いところに○をつけてください。……　1 —— 2 —— 3 —— 4 —— 5

6. 劇(げき)について，何でも思ったことを自由に書いてください。

Appendix 10　JAMP-A 理解度アンケート

7．ロールプレイで相手の話をよく聞くことができましたか？
　　あなたの気持ちに近いところに○をつけてください。…… 1 ── 2 ── 3 ── 4 ── 5

（選択肢、右から左）
とてもよく聞くことができた／わりと聞くことができた／まあまあ聞くことができた／ちょっとは聞くことができた／まったく聞くことができなかった

8．ロールプレイで「怒りのコントロールについてのより良い方法」についてどのくらい自分の気持ちを話すことができましたか？
　　あなたの気持ちに近いところに○をつけてください。…… 1 ── 2 ── 3 ── 4 ── 5

（選択肢、右から左）
とてもよく話すことができた／わりと話すことができた／まあまあ話すことができた／ちょっとは話すことができた／まったく話すことができなかった

9．劇で「良い例」を見た後，怒りのコントロールのより良い方法についてどのくらい理解できましたか？
　　あなたの気持ちに近いところに○をつけてください。…… 1 ── 2 ── 3 ── 4 ── 5

（選択肢、右から左）
とてもよく理解できた／わりと理解できた／まあまあ理解できた／ちょっとは理解できた／まったく理解できなかった

10．そのほかにこのプログラムについての感想をなんでも自由に書いてください。

＊ご協力どうもありがとうございました！

Appendix 11

JAMP-A-RI（Japanese Anger Management Program-Adolescent Revised Part1）の構成および寸劇脚本

テーマ 「自分の気持ち，人の気持ちとの上手な付き合い方」

　こんにちは。今日皆さんと一緒に考えるテーマは「自分の気持ち，人の気持ちとの上手な付き合い方」です。

〈スペシャルノートパート１記入による体験学習〉

〈ファシリテーターによる講義〉
　自分の気持ちはとても大切なものですよね。嬉しい気持ち，怒っている気持ち，悔しい気持ち，どれも私たちにとって大切な気持ちですね。
　私たちがふだん感じているいろいろな気持ちの中でも，今日は特に怒りについて考えてみましょう。皆，どんな時怒りを感じるかな？（生徒に尋ねる）
　たとえば人から何か危ないことされた時，自分の身を守らなければいけないとき，人は怒りを感じることがあります。つまり怒りは，「なんだか変だぞ」，あるいは「この人が自分にとっている態度や言動はおかしいぞ！」と状況を判断する，そのためのサインである場合があります。ということは……ちゃんと自分の怒りを感じてあげることは大切なことですね。
　それをまず今日は皆さんに覚えておいてほしいのです。

　それでは，さっきの皆さんが記入したスペシャルノートを見てみましょう。怒っているとき，どんなことを心の中で思い，どんな行動をとっているでしょう？
　では実際怒りを感じたときにどのような解決方法があるか寸劇をやってもらいますので，みんなで考えてみましょう。『A子とB子は親友です。A子は大切な人からきれいな写真集をもらいました。A子はその本が好きでとても大切にしていました。ある日親友のB子がその写真集を貸してほしいと言ったので，貸してあげることにしました。ところがB子はなかなかその本を返してくれません。そこでA子はB子に本を返してもらうように頼みました。』

劇スタート。
A子：「ねえ，私が貸してあった本，まだ返してもらっていないんだけど，返してもらえない？」
B子：「忘れてた……はい，これ」破れたA子の本を返す。
A子：本が破れてあるのを見て「あれ？　これ破れてる。」

進行役：ここでちょっとストップです。A子はすごく怒っているみたいですね。みんなだったらこの後どうしますか？　誰かいいアイディアはないかな？（生徒に意見をまず発言させ，その後でファシリテーターが説明する）

こういうとき色々な考え方がありますね。たとえば……
1．B子さんと口をきかない。

２．Ｂ子さんの悪口を言う。
３．Ｂ子さんにどなりつける。
４．我慢する。
５．Ｂ子さんに自分の気持ちを伝えるようにする。

(「どれが一番いい方法かな？」と生徒に尋ねる。)

進行役：ではここで，5番目の「Ｂ子さんに自分の気持ちを伝える」ということについて考えてみましょう。Ａ子さんが怒っているのは，大切な本をそまつに扱われた上に，ひと言も謝ってもらえなかったからです。その気持ちをＢ子さんに伝えることは大切ですよね。でもその気持ちをＢ子さんに伝えるのはＢ子さんを傷つけるためではないし，けんかしたいからでもありません。相手を傷つけずに自分の気持ちを伝えるには，Ａ子さんはどんな言い方をしたらいいのでしょう？　次のような言い方だとどうなるでしょう？」

Ａ子：「ねえ，私が貸してあった本，まだ返してもらっていないんだけど，返してもらえない？」
Ｂ子：「忘れてた……はい，これ」破れたＡ子の本を返す。
Ａ子：本が破れてあるのを見て「あれ？　これ破れてる。」
Ｂ子：「破れたかもしれないけど，そのくらいいいじゃない？」
Ａ子：「あなたっていつもそうやって無責任なんだよね。どーしてくれるのよ！」
Ｂ子：「えー？　破れてしまったものしょうがないじゃない！」
Ａ子：「しょうがなくないよ，弁償してよ。」
Ｂ子：「なによ！　人のせいにして。もう二度とあなたのものなんか借りない。」
Ａ子：「私だって，もう絶対何も貸さないし，口もききたくないよ！」

進行役：はい，ちょっとここでストップです。このままでいくとＡ子さんは怒ったままだし，Ｂ子さんも気分悪いし，Ａ子さんとＢ子さんはせっかくいい友だちだったのに，口もきかなくなるなんて，ふたりにとって嫌な問題が起こりそうですね。嫌な雰囲気で毎日いっしょにすごしていくことになりそうですね。

では，これから皆さんに話し合いをしてもらいます。このＡ子さんはＢ子さんに対してどういうふうに自分の気持ちを伝えたらいいでしょうか。みんなで劇の脚本を作ってみてください。そのとき，Ａ子さんにとっても，Ｂ子さんにとっても，そしてふたりのこれからの関係にとっても，良い結果になるように考えてみてください。では5分あげますので各班で話し合いをしてください。あとでグループごとに発表してもらいますから，誰が発表するかも決めて下さいね。それでは始めて下さい。

皆さん，話し合いましたか？　それではこのグループ，どんな話し合いになりましたか？（指名して，話し合ったことを皆に紹介する。よいコメントに対してはファシリテーターはほめたり，黒板に書いたりする）

では，これから次にもうひとつ，別のやり方を見てもらいます。
劇スタート。
Ａ子：「ねえ，私が貸してあった本，まだ返してもらっていないんだけど，返してもらえない？」
Ｂ子：「忘れてた……はい，これ」破れたＡ子の本を返す。
Ａ子：本が破れてあるのを見て「あれ？　これ破れている。」

B子：「破れたかもしれないけど，そのくらいいいじゃない？」

進行役：A子さんは「よくないよ……」と思っていましたが，それ以上，B子さんの顔を見ているとますます怒って怒鳴り始めそうになったので，いったんその日は家に帰って，お母さんに相談にのってもらうことにしました。
A子：「おかあさん，私せっかくB子に本を貸してあげたのに，破れて返ってきた。ひどくない？」
母親：「それは残念だったわね」
A子：「それでB子に文句言おうと思ったんだけど，そのぐらいいいじゃないって開き直るんだよね」
母親：「B子さんに，本が破れていたけど，これから本を貸してあげるときは気をつけてねと，話してみたら？」
A子：「え？　B子と話すの，うざいよ。」
母親：「でもせっかく今まではB子さんといい友達だったんでしょう？　これで口きかないで友達失ったら，残念よね。つらいかもしれないけど，何が問題でどうしてほしいのかB子さんに話してみるのはあなたの気持ちにとっても大事なことだと思うけど？　いつまでもB子さんに怒っていると，自分ももやもやして気分悪いわよね？」
A子：「うん，わかった。じゃ，話してみる。」

進行役：翌日の学校でA子はB子と話し合うことにしました。

A子：「あの本のことだけど，私破れているのを見て，ショックだったんだよね。大事にしていたから……。これから本貸すときは，気をつけて本読むようにしてくれる？」
B子：「うん，ごめんね。これからは破らないように気をつけるから，また機会があったら他の本も貸してもらえる？」
A子：「うん，いいよ。」
B子：「ありがとう」

進行役：さあどうでしたか？　B子さんは自分のことを攻撃されなかったので，素直に謝ることができました。みんなどう思ったかな？（生徒に意見を言わせる）

　A子さんは3つの良い行動をしました。1つめは，A子さんは「タイムアウト」して，母親に相談して，自分の気持ちを話し，良いアドバイスをもらいました。だから，落ち着いて友達と話ができたのかもしれませんね。このとき相談する相手は信頼できる人がいいでしょうね。この劇ではおかあさんでした。人によってはお父さん，担任の先生，部活の顧問の先生の場合もあるでしょうし，友だちの場合もあると思います。ふだんから，誰だったら相談しやすいか考えておくのも大切なことかもしれませんね。2つめの良い行動とは，怒っている相手と冷静に話すことができたことです。そのとき「私は……本が破れているのを見てショックだったんだよね」というように，「私は」から始めて自分の気持ちを正直に，上手に伝えていますね。3つめは，次に本を貸すときはていねいに扱ってもらうように上手に頼んでいますね。これはA子さんにとっても，B子さんにとっても，これからのふたりにとっても良い結果になりそうですよね。これが3つめの良い行動です。

　ではもう一度復習してみましょう。「せっかく本を貸してあげたのに，本が破れていてしかも友だちは謝りもしなかった」としたら，これはあなたにとっての大切な「問題」です。怒りを感じたら，「何か行動を起こそう」「状況を変えよう」というサインと考えてみましょう。次に自分の行動を実行する前に，自分の選んだ方法について考えてみましょう。たとえばあなたはとっさに「友だ

ちに仕返しをしよう」「友だちが嫌がるようなことをわざとしよう」と思ったとします。でも友だちの悲しそうな顔が浮かびます。そんなことをして自分はうれしいんだろうか。友だちは困るだろうな。友だちと自分との関係は気まずくなるだろうな……。このように，自分のとる行動が自分にとって，相手にとって，相手と自分との関係にとってどのような影響を及ぼすかを考えるようにすることが大切です。とっさに行動に移すのではなく，しばらく心の中で自分の選択について考える時間が大事です。そのとき，友だちを目の前にしていると頭がかっかしていて，落ち着いて考えられないかもしれません。頭を冷やすためにその場を離れたりして，しばらく自分に時間をあげましょう。このことを「タイムアウト」といいます。そして十分に考えた上で，どのように解決するのが一番良い方法かを選んで，実際に「行動」に移します。そうすればあなたは「自分にとって」も「相手にとって」も「相手と自分との人間関係」にとっても大切な方法を選ぶことができるようになります。つまりポイントは「心の中で調節すること」，そしてそのために必要であれば「タイムアウト」をとることです。

　ではスペシャルノートパート2を見てください。皆さんはもう寸劇を見たり，グループでほかの人の意見を聞いたり，私の話を聞いて，いろいろなことが少しわかってきたと思います。もう一度自分の気持ちを振り返って考えながら，上に書いてある例を参考にしてこのスペシャルノートパート2に記入してみましょう。もし記入の仕方がよくわからない場合は手をあげてください。説明にいきます。では5分くらいで書いてみてください。

　では今日のまとめをしましょう。今日は怒りをどのように上手にコントロールできるかを学びました。3つのよい方法がありましたね。1つめは『怒りを感じている相手と落ち着いて話し合いをすること』このとき「私はこう感じます。ですからこうしてもらえませんか？」といった話し合いをするとよいという話をしましたね。2つめは『状況をよくするために行動すること』。そして3つめは『信頼できる人に相談にのってもらうこと』です。あまりにも自分がかっかとしていて急には冷静に話し合いもできないし，良い解決方法も思い浮かばないときに「タイムアウト」をとり，信頼できる人に相談することも助けになるというお話をしましたね。
　それでは最後にアンケートに答えてもらいます。それを記入し終わったら，今日のプログラムは終わりです。

Appendix 12

スペシャルノート改訂版

パート1

怒る理由	あなたの心の中で考えること	実際にどうする？	そのあとあなたはどう感じたか？	相手はどう感じる？
（例）まだ眠いのにお母さんがあなたを起こしにきました。	まだ寝ていたいのにこんなに早く起こして！と不機嫌になる。	起きて、いつもよりゆっくり朝食を食べた。	いつもよりおちついて朝食を食べることができた。	おかあさんもわたしと一緒にごはんを食べることができてうれしそうだった。
あなたが友だちに貸してあげた本が破れて返ってきました。				

パート2

怒る理由	あなたの心の中で考えること	実際にどうする？	相手はどう感じると思う？	相手との関係はどうなる？	では実際にどうする？
（例）まだ眠いのにお母さんがあなたを起こしにきました。	まだ寝ていたいのにこんなに早く起こして！と不機嫌になる。	お母さんに対して気まずくなる。	お母さんも怒る。	気まずくなってしばらく口をきかなくなるかもしれない。	私まだ眠いんだけど……もう少し寝ててもいい？と聞く。
あなたが友だちに貸してあげた本が破れて返ってきました。					

Appendix 13

JAMP-A-RI復習プリント

自分の気持ち，人の気持ちとの上手なつき合い方　パート１

どうして人は怒りを感じるのか？
怒るって悪いこと？

怒りは人間にとって「この人の私にとっている態度はおかしいぞ！」とか「このまま放っておくと私は危ない目にあうかもしれない。」などの**サイン**です。

たとえば・・・
友達に携帯を貸してあげたら自分の友達のうわさがメールで勝手に流されていた。

怒り！

サインは大事。だから無視して、見ないふりするよりは、ちゃんと感じてあげよう。

怒りを感じてあげたら、次はどうするの？

怒りを感じた人と**話し合ってみよう。**

どうやって話し合いすればいいの？

あなたが！から始めるのではなく、私は○○と思ったんだって伝えてみる。

たとえば・・・
私は、メールでうわさを流されて嫌な思いをした、残念だったって伝えてみよう。

Appendix 12　JAMP-A-RI 復習プリント　　191

自分の気持ち，人の気持ちとの上手なつき合い方　パート2

もしカッカとしていて相手と落ち着いて話ができないときはどうしたらいい？

↓

そういう時はタイムアウトをとろう！

↓

タイムアウトって何？

↓

怒りを感じている相手から少し距離をおく。
しばらく時間を置いてみる。

気持ちを静めるだけでいいの？
もし良い解決方法がひとりで思いつかなければどうすればいい？

↓

そういう時は信頼できる人に相談しよう！

↓

自分の気持ちをひとりでなだめるのは難しいときがある。良い解決方法を見つけるのはもっと難しいときがある。ふだんから誰だったら信頼できるか，相談できそうか，考えておこう。

自分の気持ち，人の気持ちとの上手なつき合い方 パート3

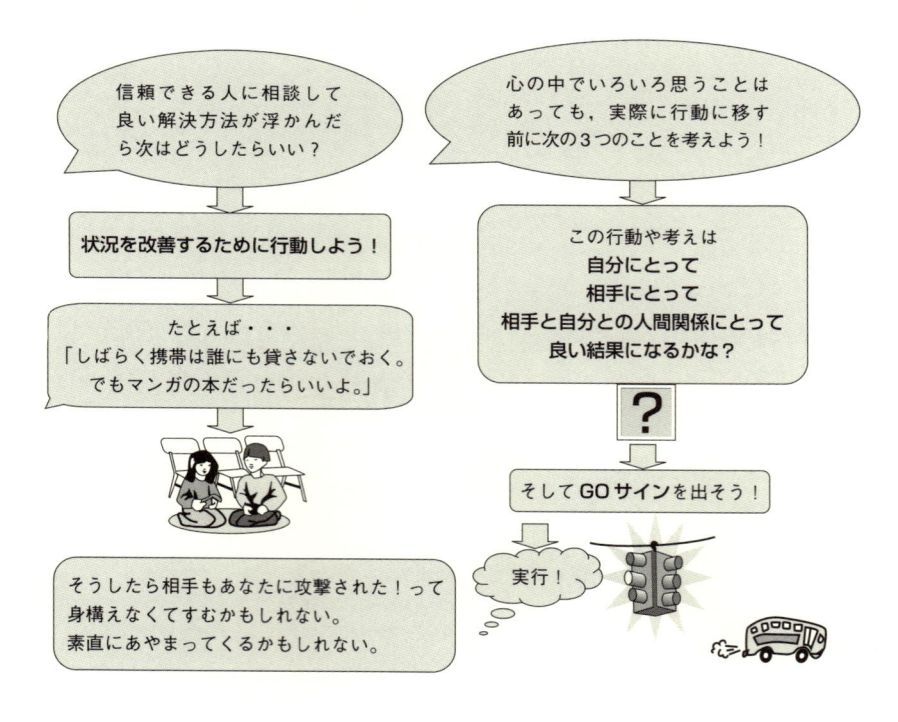

信頼できる人に相談して良い解決方法が浮かんだら次はどうしたらいい？

↓

状況を改善するために行動しよう！

↓

たとえば・・・
「しばらく携帯は誰にも貸さないでおく。でもマンガの本だったらいいよ。」

そうしたら相手もあなたに攻撃された！って身構えなくてすむかもしれない。
素直にあやまってくるかもしれない。

心の中でいろいろ思うことはあっても，実際に行動に移す前に次の3つのことを考えよう！

↓

この行動や考えは
自分にとって
相手にとって
相手と自分との人間関係にとって
良い結果になるかな？

↓

？

↓

そして **GO サイン**を出そう！

実行！

Appendix 14

JAMP-A-RI の Pre-Test, Post-Test の怒りの認知度別効果測定

JARI-A-R 下位尺度	1年生怒りの認知度低群平均値			
	Pre-Test	Post-Test	t	
非建設的意図	6.38	8.9	−2.54*	Pre＜Post
能動的対処意図	5.1	4.76	.63	
鎮静内省的意図	8.9	7.3	1.99	
直接的攻撃	7.83	9.29	9.00	
間接的攻撃	2.83	3.95	−2.10*	Pre＜Post
置換え攻撃	3.48	3.38	.36	
自責的反応	4.1	4.52	−.85	
能動的対処反応	9.95	9.95	0.00	
鎮静内省的反応	16.05	14.4	1.21	
回避的反応	12.9	11.71	.95	

*$p<.05$, $N=21$

JARI-A-R 下位尺度	1年生怒りの認知度中群平均値			
	Pre-Test	Post-Test	t	
非建設的意図	9.10	10.27	−1.51	
能動的対処意図	6.67	6.13	1.02	
鎮静内省的意図	9.10	8.33	1.38	
直接的攻撃	9.60	10.93	−1.45	
間接的攻撃	3.70	4.47	−1.51	
置換え攻撃	3.93	4.27	−1.58	
自責的反応	4.60	4.93	−.59	
能動的対処反応	10.80	13.33	−2.68*	Pre＜Post
鎮静内省的反応	19.13	17.73	1.04	
回避的反応	13.40	12.62	.86	

*$p<.05$, $N=15$

Appendix 14　JAMP-A-RI の Pre-Test, Post-Test の怒りの認知度別効果測定

1 年生の怒り認知度高群平均値

JARI-A-R 下位尺度	Pre-Test	Post-Test	t	
非建設的意図	11.37	12.07	−.52	
能動的対処意図	6.94	5.88	1.13	
鎮静内省的意図	10.06	8.25	2.23*	Pre＞Post
直接的攻撃	9.94	11.56	−.86	
間接的攻撃	4.63	5.19	−.95	
置換え攻撃	3.75	4.25	−.64	
自責的反応	6.06	5.31	1.38	
能動的対処反応	12.19	12.06	.11	
鎮静内省的反応	22.38	17.31	2.73*	Pre＞Post
回避的反応	15.31	13.7	.91	

*$p<.05$, $N=16$

2 年生怒りの認知度低群平均値

JARI-A-R 下位尺度	Pre-Test	Post-Test	t
非建設的意図	6.89	8.57	−1.48
能動的対処意図	6.00	6.00	0.00
鎮静内省的意図	9.12	8.26	.99
直接的攻撃	7.64	8.46	−.99
間接的攻撃	2.68	3.24	−1.49
置換え攻撃	3.99	3.73	.53
自責的反応	5.21	4.91	.37
能動的対処反応	9.28	10.05	−.58
鎮静内省的反応	20.86	17.63	1.49
回避的反応	14.08	12.09	1.51

*$p<.05$, $N=27$

2 年生怒りの認知度中群平均値

JARI-A-R 下位尺度	Pre-Test	Post-Test	t
非建設的意図	9.67	9.33	.31
能動的対処意図	6.50	5.72	1.10
鎮静内省的意図	9.39	8.61	.77
直接的攻撃	8.45	9.17	−.68
間接的攻撃	3.46	3.41	.14
置換え攻撃	3.59	3.83	−.52
自責的反応	5.10	6.49	−1.52
能動的対処反応	11.82	11.33	.45
鎮静内省的反応	20.48	18.33	1.16
回避的反応	14.70	13.56	.71

*$p<.05$, $N=18$

Appendix 14　JAMP-A-RI の Pre-Test, Post-Test の怒りの認知度別効果測定

JARI-A-R 下位尺度	2年生の怒り認知度高群平均値			
	Pre-Test	Post-Test	t	
非建設的意図	12.35	9.35	2.30*	Pre＞Post
能動的対処意図	7.70	6.05	2.51*	Pre＞Post
鎮静内省的意図	9.61	7.55	2.59*	Pre＞Post
直接的攻撃	11.19	9.54	.90	
間接的攻撃	4.05	3.61	.65	
置換え攻撃	4.24	3.47	1.63	
自責的反応	5.80	4.22	2.64*	Pre＞Post
能動的対処反応	14.30	11.56	2.08	
鎮静内省的反応	20.47	16.92	2.08	
回避的反応	14.21	11.98	1.82	

*$p<.05$, $N=16$

JARI-A-R 下位尺度	3年生怒りの認知度低群平均値			
	Pre-Test	Post-Test	t	
非建設的意図	7.33	9.54	−1.97	
能動的対処意図	5.61	5.31	.68	
鎮静内省的意図	8.06	7.70	.39	
直接的攻撃反応	8.06	10.04	−1.38	
間接的攻撃反応	2.72	3.52	−2.13*	Pre＜Post
置換え攻撃反応	4.33	4.26	.10	
自責的反応	5.22	5.27	−.06	
能動的対処反応	10.06	9.79	.23	
鎮静内省的反応	18.61	15.53	1.96	
回避的反応	14.06	11.76	2.14*	Pre＞Post

*$p<.05$, $N=18$

JARI-A-R 下位尺度	3年生怒りの認知度中群平均値			
	Pre-Test	Post-Test	t	
非建設的意図	10.63	9.80	.58	
能動的対処意図	6.86	5.27	1.96	
鎮静内省的意図	9.34	6.80	2.50*	Pre＞Post
直接的攻撃	11.08	8.00	2.30*	Pre＞Post
間接的攻撃	3.96	3.66	.45	
置換え攻撃	4.00	3.40	1.46	
自責的反応	5.48	3.73	2.14*	Pre＞Post
能動的対処反応	13.52	10.50	1.78	
鎮静内省的反応	18.41	13.36	3.04*	Pre＞Post
回避的反応	13.93	10.87	2.05	

*$p<.05$, $N=15$

3年生怒りの認知度高群平均値				
JARI-A-R 下位尺度	Pre-Test	Post-Test	t	
非建設的意図	11.83	11.55	.32	
能動的対処意図	7.50	5.63	3.07*	Pre＞Post
鎮静内省的意図	9.33	7.99	1.82	
直接的攻撃	11.06	11.88	−.76	
間接的攻撃	3.73	4.96	−2.31*	Pre＜Post
置換え攻撃	3.88	4.00	−.26	
自責的反応	4.79	4.92	−.27	
能動的対処反応	15.08	13.13	1.95	
鎮静内省的反応	12.79	16.21	3.18*	Pre＞Post
回避的反応	13.08	13.00	.09	

*$p<.05$.　$N=24$

Appendix 15

「自分の気持ち，人の気持ちとの上手な付き合い方」
JAMP-A-RIⅡ ワークシート
〜自分の「怒り」という気持ちとの付き合い方〜

☆自分の怒りの気持ちをちゃんと感じてあげよう。
例題）まだ朝早くて眠いのに，おかあさんがあなたを起こしました。
その時のあなたの心の中で考えることをもしそのまま実行したら，相手との関係はどうなる？
そのためにあなたはどのような行動を取ろうと，心の中で調整する？　考えてみましょう。

→　スペシャルノートの例題を見てください。

では次に，あなたが考えてみてください。あなたが友だちに貸してあげた携帯電話で，その友だちは「C子うざいよねー」とメールで他の友だちに流していました。そのせいでC子はあなたに対してカンカンに怒っています。さあ，あなただったらどう心の中で感じるでしょう？　そしてもしそのとおりに行動したら，その結果自分や友だち，友だちとの関係はどうなると思いますか？
そのためにはどういう行動を実際にとるといいでしょう？
考えてみましょう。

→　スペシャルノートに書いてみよう。

✿自分の気持ちを大切にすることとは……
　「うれしい気持ち」「怒っている気持ち」「くやしい気持ち」どれも私たちにとって大切な気持ちです。今日は特に「怒り」について考えてみましょう。
◇「怒り」を感じるときはどんなときか？

Appendix 15 「自分の気持ち，人の気持ちとの上手な付き合い方」JAMP-A-RⅡワークシート　　197

> 人にありもしないうわさを流されたり，大切にしているものをこわされたり，傷つけられたり……このように自分の身を守らなければならないとき，人は怒りを感じることがあります。つまり怒りはなんか相手がへんだぞ！と状況を判断するサインです。ということは，怒りをちゃんと感じてあげることが大切です。でも怒りをそのまま相手にぶつけては，相手を傷つけたりお互いの関係が悪くなったり，結果として自分も傷ついたりすることがあります。怒りを感じたときどのような解決方法があるか，寸劇を行いながら，考えてみましょう。

✿　自分の怒りの気持ちをどうコントロールするか。寸劇をやってみよう。（ロールプレイ１）

> 【場面設定】
> 　あなたはある日お祭りに行きました。そこで親友のＢ子に携帯電話を貸してほしいと言われ，Ｂ子が頼んでいるのだから……とあまりよく考えないで携帯を貸してあげました。翌日学校へ行くと，Ｃ子があなたのことを怒っていると友達から聞きました。理由を聞くと昨日メールで「Ｃ子うざいよねー」とあなたが流したというのです。あなたはそのようなメールを流した覚えはありません。そこでＢ子に聞くと，Ｂ子は謝るどころか開き直ってきました。あなたはＢ子のその態度にとても怒りを感じました。さて，あなたはどのような行動をとったらいいと思いますか？

（ロールプレイ２を見てください。）

◯　良い結果になるようにＢ子さんに自分の気持ちを伝えよう。
♡　相手を傷つけずに，自分も傷つけずに，自分の気持ちを伝えるには？
☺　話し合ってみよう。（グループ討議）

　あなたはＢ子に対してどういうふうに自分の気持ちを伝えたらいいでしょう。あなたにとっても，Ｂ子にとっても，そしてふたりのこれからの関係にとって良い結果になるようにしましょう。

あ な た：ねえ，私が携帯貸してあげたとき，「Ｃ子うざいよねー」ってメールで流した？
Ｂ　　子：え？何それ？知らないよ。
あ な た：でも友だち同士でうわさになってるよ。みんな，私が自分で昨日メールで流したって言ってるよ。
Ｂ　　子：ちょっと！どうしていつもそうやって私のせいにするわけ？

　　　～さあ，次にあなたはどのような行動をとったらいいでしょう。
　　　◎こんな方法もあるよ。（ロールプレイ３を見る）

あ な た：＿＿＿＿＿＿＿＿＿＿＿＿＿＿＿＿＿＿＿＿＿＿＿＿＿＿＿＿＿＿＿＿＿＿＿＿
Ｂ　　子：＿＿＿＿＿＿＿＿＿＿＿＿＿＿＿＿＿＿＿＿＿＿＿＿＿＿＿＿＿＿＿＿＿＿＿＿
あ な た：＿＿＿＿＿＿＿＿＿＿＿＿＿＿＿＿＿＿＿＿＿＿＿＿＿＿＿＿＿＿＿＿＿＿＿＿
Ｂ　　子：＿＿＿＿＿＿＿＿＿＿＿＿＿＿＿＿＿＿＿＿＿＿＿＿＿＿＿＿＿＿＿＿＿＿＿＿
あ な た：＿＿＿＿＿＿＿＿＿＿＿＿＿＿＿＿＿＿＿＿＿＿＿＿＿＿＿＿＿＿＿＿＿＿＿＿
Ｂ　　子：＿＿＿＿＿＿＿＿＿＿＿＿＿＿＿＿＿＿＿＿＿＿＿＿＿＿＿＿＿＿＿＿＿＿＿＿
あ な た：＿＿＿＿＿＿＿＿＿＿＿＿＿＿＿＿＿＿＿＿＿＿＿＿＿＿＿＿＿＿＿＿＿＿＿＿
Ｂ　　子：ちょっとふざけただけなんだけど，ごめん。
あ な た：うん，いいよ。
　　　ふたりはその日いっしょに家に帰りました。

> 3つの良いところは？
> その1：怒ったあなたは，怒りを静めるために少し時間を置いて冷静に考えた。
> 　　　　（タイムアウト）
> その2：信頼できる人に相談し，アドバイスをもらった。
> その3：相手を攻撃せずに，「私は○○と思った。」と自分の気持ちを伝え，「自分は○○はできないけど，○○だったらできる」と，自分のできること，できないことを相手に提案した。

Appendix 16
担任教諭へのインタビュー質問項目

1．その生徒と友人との関係はいかがですか。
2．その生徒と教員との関係はいかがですか。
3．その生徒と学級との関係はいかがですか。
4．その生徒の家庭環境はいかがですか。
5．その他何でも先生のお気づきになっていることで，その生徒の問題だと思われることについて，ご自由にお話しください。

Appendix 17

攻撃性が高いと担任から判断された生徒についてのインタビュー

教員から攻撃性が高いと判断された生徒A，男子，中学1年生				
友人との関係	教員との関係	学級との関係	家庭環境	その他
部活の友人と仲がいい。	担任教諭になついているわけでも反発しているわけでもない。担任からの指示は入りやすい。むしろ教員に取り入ろうとする。しかし誰かが授業中に発表するとクラスメートをおちょくり，先生にとっては授業がやりにくい。点取り虫だが，ひねくれている。教育実習生に対してはわざと困るようなことを言っている。ミスをついてくる。	おまえ馬鹿じゃないかと差別したり，人の足を引っ張る。自分はすごいと見せて人を蹴落としていくタイプ。女性蔑視的態度を女子に対してする。	姉も学校で問題がある。親は勉強しろとAにプレッシャーをかけている。	学習意欲はあるが周りが見えていない。精神的にムラがありだらしがないから自分の行動が他人に危害を与えるかもしれないということが言われてもわからない。学校の楽しさを感じていない。

教員から攻撃性が高いと判断された生徒B，男子，中学1年生				
友人との関係	教員との関係	学級との関係	家庭環境	その他
小学校の時から，友人とよく喧嘩をする。よくキレる。小学校の時，自分が悪いのに，友人とのトラブルが問題になると，トイレの壁をなぐりまわっていた。中学に入学してからは，運動会で応援の席でかっとなって拳骨で相手の顔をなぐるというエピソードがあった。友人への嫌がらせが多い。	担任教諭からの指示は聞き入れ，「ごめんなさい」は言う。だがすぐ攻撃行動を繰り返してしまう。先生に対して反感は示さない。	学級で浮いてしまう。女子から「困った人だからあえて仲良くしようとしない」と言われている。靴を投げたり粗雑な行動が多い。本人はマイペース。思いやりがないから信用されていない。学級では軽い存在に見られてしまう。	喧嘩に関して父はどんどんやれと言っている。母は躾をしない。	本人の躾がなっていない。ひとつのことを最後までやりきることをしない。我慢ができない。根気がない。気をつけようという気持ちがない。

Appendix 17 攻撃性が高いと担任から判断された生徒についてのインタビュー

教員から攻撃性が高いと判断された生徒E，男子，中学1年生				
友人との関係	教員との関係	学級との関係	家庭環境	その他
なぐりあいの喧嘩をするが，友人との仲はすぐ戻る。しかし友人の数は少ないほう。	担任教諭からの指示は入りやすい。他の教員とも特に問題はない。	口がたつので一見友人がいそうに見えるが「こいつ嫌だ」と思っている子がいるかもしれない。思ったことですぐ「うざい」と言ってしまう。それにカチンとくる子もいる。	母親が精神的に不安定。	体があまり大きくないので言葉による暴力で他人を傷つける。気分にムラがありカーッとなった時はなぐり合いの喧嘩をすることもある。しかし一方でクラスの雰囲気を明るくするところもある。

教員から攻撃性が高いと判断された生徒F，女子，中学1年生				
友人との関係	教員との関係	学級との関係	家庭環境	その他
友人に対して言語的に攻撃。悪口を言いふらす。	担任に対して口や態度で反発してくる。	何かをやるって感じがない。皆がやるからついていこうという感じ。	家庭環境が，あまりよくないのでは？	心の中で怒りがムラムラ。屈折している。話をしても通じない。「自分は悪くない」って思い込みたいタイプ。

Appendix 18

プログラム効果質問紙より攻撃性が高いと推測される生徒についてのインタビュー

	JARI-A-R 攻撃性が高得点の生徒C，男子，中学1年生
友人との関係	教員との関係	学級との関係	家庭環境	その他
クラスの中で仲のいい友達がいて，その友達がよく考えて行動するタイプ。その友達に良い影響を受けていると思われる。	担任教員に対して積極的に話しかけてくる。	仲間から筆箱を取られてどんどん他の友達にパスされるということがあり，それがきっかけでキレて傘で相手を殴って傘が滅茶苦茶になるということがあった。しかし普通は部活が一緒の友達と趣味の話をしたりして，孤立しているふうでもないし，いじめのターゲットにされているわけでもない。	朝になっても母親は全然起きないなどといった，家族に対して不満があるようだ。生徒Cがキレた時に家に電話して母親と話をしても「あーそうですか」と言ったきりで，特に関心をもって子どもの学校での様子を聞こうとしなかった。	電車や山などの自然が好きで，性格はふだんはおだやかである一方，だらしがない面も見られる。

	JARI-A-R 攻撃性が高得点の生徒D，男子，中学1年生
友人との関係	教員との関係	学級との関係	家庭環境	その他
小学校5年生の頃から給食を食べに学校に来ていた。授業に出ず，不良仲間と行動をともにしている様子である。非行仲間以外の友人はいないようである。	小学校当時，担任教諭にはありとあらゆるきたない言葉を吐き，飛び出すなどの行動が見られた。体育館にいたずら書きをしたり，物を壊したりしていた。小5，6年のときほとんど授業を受けなかった。中学校の現担任には父親を求めて甘える。	学級の中では浮いている。クラスメートからは馬鹿にされている存在。みんなと同じことができない。たとえば運動会の朝練に参加しないで休みをしている。よくキレて胸ぐらを掴んだりにらみ合ったりする。陰で人のものを盗んだり壊したりする可能性がある。	母親が時折酔っ払って悪態をつく。	学校生活が乱れてきている。気分にムラがあり忍耐力がない。学校に禁じられているはずなのに自転車で来ている。不良の傾向が見られる。しかしボランティアで学校に残って掃除を手伝うようなところがある。

Appendix 18 プログラム効果質問紙より攻撃性が高いと推測される生徒についてのインタビュー

	JARI-A-R 攻撃性が高得点の生徒G,男子,中学1年生			
友人との関係	教員との関係	学級との関係	家庭環境	その他
友人との関係は良好。	指示が入りやすい。反抗的な態度もとらない。	学級の中でも受け入れられている。	普通。	短所は特に見当たらない。明るくてはきはきと言う。

	JARI-A-R 攻撃性が高得点の生徒H,男子,中学1年生			
友人との関係	教員との関係	学級との関係	家庭環境	その他
悪くはない。人気者という存在。話題を振りまくので皆が嫌な印象を持っていることはない。	担任が頼んだことはやってくれる。反抗的ではない。	特に問題はなし。	普通。	好きなことならどんどんやっていく。基本的にはまじめ。悩んでやろうとするタイプ。

Appendix 19

プログラムおよびインタビューに参加した教員のコメント

40代男性，教諭，A			
メリット	デメリット	その他コメント	
道徳の授業でプログラムをやったときの生徒の反応がよかった。喧嘩がへたでそのわりに自己主張が正しくできなくなってきているので，道徳の授業としてやるテーマとしてはリアルタイムだった。担任だから生徒に対してはふだんは単調な事後指導としての注意が多いので，答えとまでは言わなくてもグラフや統計を見て冷静に何故このようなタイプの攻撃性が見られるのかということを知るきっかけになった。	男子は特に気分のムラが激しいので，アンケートを記入したその日の本人の気分のムラの影響が大きいのではないか。	夜寝ていない，ちゃんと食事をしていない，礼節をわきまえていないなどの家庭の問題も大きい。うちの学校は先生が管理的ではなく，自由を生徒に与えて，そのかわり行事や部活でアクティブに頑張らせている。だからそういうのにのってやれる生徒は自分の力を出して頑張れるけど，自由が悪く出ることもあって，生徒が悪さをしたり物を盗んだりして指導が大変かもしれない。クラスはたまたま一緒に居合わせた集団だから，相手の嫌がること，たとえば容貌のことを平気で言えるのだろう。最近はメールという手段で情報を操作し，自分の地位を固めようとしたり，相手を傷つけようとする。現在英語の授業でスピーチをさせ，自分の興味，関心についてストレートに表現させる試みをしている。そのようなストレートな自己主張はいじめの対象にならない。ただ自分だけが一方的にしゃべると自己中心的になり攻撃の対象になる。自分を認めて自分をうまく表現することから始まるのではないか。そのためにも自己評価だけに頼るのではなく，グループでほかの人から評価させることも意義があるのではないか。相手への自己主張も「何やってんだよおまえ」など人のミスにつけこんだ自己主張はあっても，提案する自己主張が見られない。そのような他人を攻撃する生徒に対しては「自分の頭の上のハエを払え」と指導している。親も未熟で，担任からの指導待ちである。	
20代男性，教諭，B			
メリット	デメリット	その他コメント	
道徳の授業のときの生徒たちの反応がよかった。アンケート結果をグラフなど視覚的に見ることができるので子どもたちの性格の再確認ができた。	攻撃性の高い生徒について，どういう対応ができればいいかの具体的な事例や示唆があればなおよい。	アンケート上の攻撃性はその時の心的状態ではないか。家庭か学校で何かあったのではないか。担任として自分がその生徒に対して何か見落としている可能性もあり，グラフなどがあると自分の偏った見方に固執するのではなく，その生徒についてより注意深く見るようになるのでよかった。	

Appendix 19　プログラムおよびインタビューに参加した教員のコメント

JAMP-A-RⅢおよびインタビュー参加による担任教諭のコメント

40代女性教諭，C		
メリット	デメリット	その他コメント
中学生は感情の抑制がうまくできない頃なので怒り感情をタイムアウトするということを学んだ所がよかった。I Statement & You Statementを学んだということはどこかで覚えているだろうから役に立つだろうと思った。教員にとっても子どもの怒りのコントロールを指導するときにその概念を使いたいと思う。	攻撃性の高い子どもは欲求不満があり攻撃性をとめたくないと思っているから，すぐに効果が出ない。もう少し時間が必要。もし担任教員がそのテーマに興味があれば折に触れ子どもの教育に使えば，応用範囲が広いので効果があがる可能性がある。	うちの中学校の生徒は家庭で手をかけてもらっている。しかし親子関係が縦の関係で親が子どもを厳しく叱責するというよりは，お友達感覚の横のつながりになってしまっている。それでへたに友人やクラスメートに相談にのってもらうよりは，親のほうが安心して相談できるのだろう。友人や学級との関係でも，自分が維持したい関係では愛想笑いでも何でもして，関係を表面上取り繕うとするが，自分と利害関係のない者に対しては八つ当たりしてもかまわないと冷めている。目立った攻撃行動は見られないが，人間関係について計算高いから，攻撃するときは陰湿になりかねない。

Appendix 20

「自分の気持ち,人の気持ちとの上手な付き合い方」
JAMP-A-RⅢワークシート
～自分の「怒り」という気持ちとの付き合い方～

ワークシート第1回目　心の中と実際の行動との区別と橋渡し

☆自分の怒りの気持ちをちゃんと感じてあげよう。
例題）まだ朝早くて眠いのに,おかあさんがあなたを起こしました。
その時のあなたの心の中で考えることをもしそのまま実行したら,相手との関係はどうなる？
そのためにあなたはどのような行動を取ろうと,心の中で調整する？　考えてみましょう。

→　スペシャルノートの例題を見てください。

　では次に,あなたが考えてみてください。あなたが友達に貸してあげた携帯電話で,その友達は「C子うざいよねー」とメールで他の友達に流していました。そのせいでC子はA子に対してカンカンに怒っています。さあ,あなただったらどう心の中で感じるでしょう？　そしてもしそのとおりに行動したら,その結果自分や友達,友達との関係はどうなると思いますか？
そのためにはどういう行動を実際にとるといいでしょう？
考えてみましょう。

→　スペシャルノートに書いてみよう。

✿自分の気持ちを大切にすることとは……
　「うれしい気持ち」「怒っている気持ち」「くやしい気持ち」どれも私たちにとって大切な気持ちです。今日は特に「怒り」について考えてみましょう。

◇「怒り」を感じるときはどんなときか？

> 人にありもしないうわさを流されたり,大切にしているものをこわされたり,傷つけられたり……このように自分の身を守らなければならないとき,人は怒りを感じることがあります。つまり怒りはなんか相手がへんだぞ！と状況を判断するサインです。ということは,怒りをちゃんと感じてあげることが大切です。でも怒りをそのまま相手にぶつけては,相手を傷つけたりお互いの関係が悪くなったり,結果として自分も傷ついたりすることがあります。怒りを感じたときどのような解決方法があるか,寸劇を行いながら,考えてみましょう。

✿自分の怒りの気持ちをどうコントロールする？
　色々な方法があるよね。無視する,相手をどなる,悪口を言う……

> あまりにも,かっかとしていたらいい案が浮かばないかもしれないね？
> そういう時はどうしたらいい？

Appendix 20 「自分の気持ち，人の気持ちとの上手な付き合い方」JAMP-A-RⅢワークシート

タイムアウト ちょっと時間を置いて怒りを静める。どのような方法がよい解決方法かを探る。

相談 もしひとりではよい案が浮かばなかったら，誰かに自分の気持ちを話してみよう。

怒っている自分の気持ちを表現してみよう。

誰だったら言える？　　　　それはどうして？

では自分の気持ちを「心の中で」言ってみよう。

A子は携帯電話を貸してほしいと親友のB子に言われ，貸してあげた。ところがB子はA子の携帯を使って「C子うざいよねー」とメールで流した。

私が相談にのってもらったら・・

最後にスペシャルノートパート2を記入してみよう。

「自分の気持ち，人の気持ちとの上手な付き合い方」
ワークシート　第2回目
～どんな言い方だったら相手を傷つけなくてすむか？　自分も満足するか？～
～自分はどんなコミュニケーションのタイプを使っているのだろう？～

☆ 自分の怒りを正当に表現するためには？　自分も相手も傷つけない方法は？　自分はどのタイプかな？　誰に対して，どのタイプかな？

「4つのコミュニケーションタイプ」

サメタイプ……暴力・暴言で相手を黙らせて，自分の主張を通してしまいがち。

カメタイプ……自分の意見を言わないし，協調もしないので殻にとじこもりがち。

テディベアタイプ……自己主張は決してしないで，相手のいうことに従順に従う「良い子」。しかしためすぎると体や行動に表れて爆発することもある。

ふくろうタイプ……自己主張もするが，相手の言い分も聞いて互いに納得できる解決策がとれる。

教材　相手による自分の態度の変化

1. あなたは日ごろ次の人たちに対してどのタイプの対応をしていますか？
　　当てはまる箇所に○をつけてください。

相手	タイプ	カメ かかわらない	テディベア 相手の言いなり	サメ 暴力・暴言で打ち負かす	ふくろう 協力して解決
家族	母親				
	父親				
	兄・姉				
	弟・妹				
学校内	担任の先生				
	クラスメート				
	友だち				
その他					

注）本田（2002）より抜粋して，作成した。

2. 上の表を見て，自分は相手によって態度をどのように変えているか，気づいたことをかいてください。

✧ **ふくろうさんのやりかたを真似してみよう。**
1. 交互に言い分を聞きます。相手が話している間は割り込みや批判はしません。
2. 悪口や揚げ足はとりません。自分が冷静に聞くと相手も冷静に話せるからです。
3. 本当の気持ちを話します。わかってもらえない，と思うと気持ちが伝わりません。

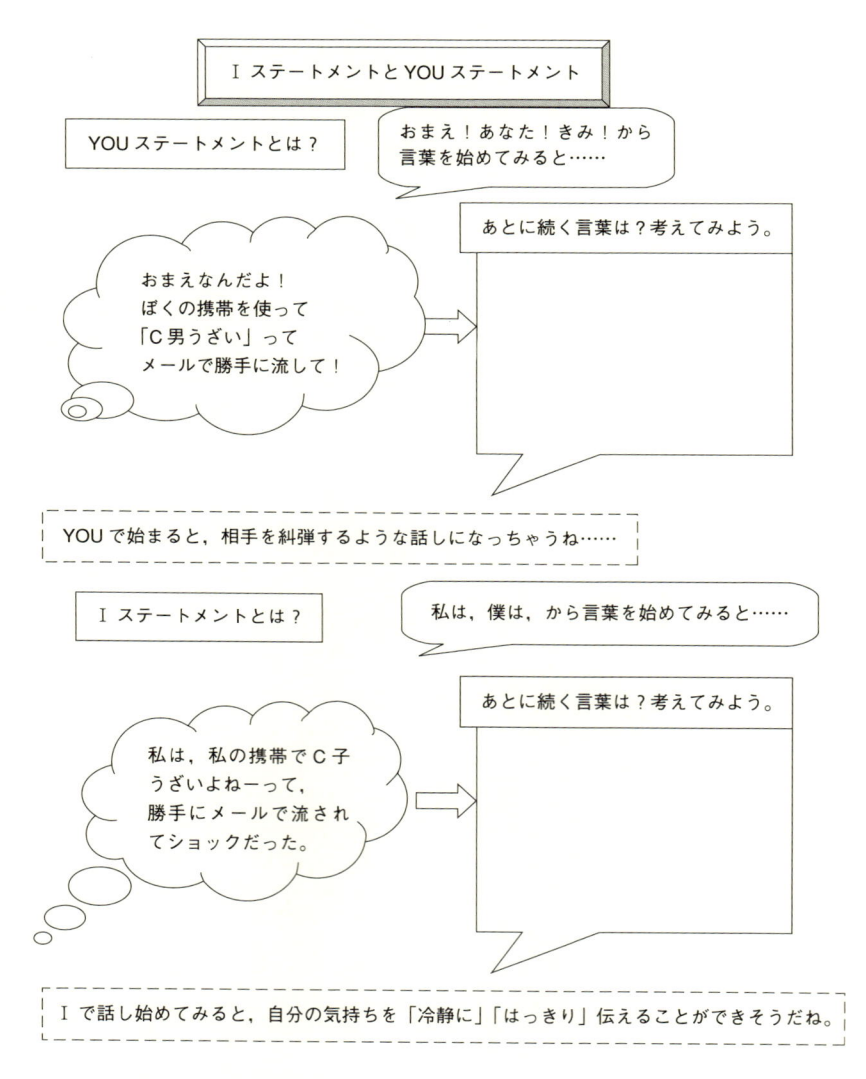

208　Appendix 20　「自分の気持ち，人の気持ちとの上手な付き合い方」JAMP-A-RⅢワークシート

Ⅰステートメントと YOU ステートメント

YOU ステートメントとは？

おまえ！あなた！きみ！から言葉を始めてみると……

あとに続く言葉は？考えてみよう。

おまえなんだよ！
ぼくの携帯を使って
「C男うざい」って
メールで勝手に流して！

YOU で始まると，相手を糾弾するような話しになっちゃうね……

Ⅰ ステートメントとは？

私は，僕は，から言葉を始めてみると……

あとに続く言葉は？考えてみよう。

私は，私の携帯でC子
うざいよねーって，
勝手にメールで流され
てショックだった。

Ⅰで話し始めてみると，自分の気持ちを「冷静に」「はっきり」伝えることができそうだね。

Ⅰステートメントで自分の気持ちを伝えた後は……

「次は○○してもらえない？」「次は○○しよう。」と提案してみよう。

「自分の気持ち，人の気持ちとの上手な付き合い方」
ワークシート第3回目
～自分の「怒り」の気持ちを上手に相手に伝えよう～

☼ 自分の気持ちをどうコントロールし，表現するか？ 寸劇をやってみよう。

【場面設定】
　A子はある日お祭りに行きました。そこで親友のB子に携帯電話を貸して欲しいと言われ，B子が頼んでいるのだから……とあまりよく考えないで携帯を貸してあげました。翌日学校へ行くと，C子がA子のことを怒っていると友だちから聞きました。理由を聞くと昨日メールで「C子うざいよねー」とA子が流したというのです。A子はそのようなメールを流した覚えはありません。そこでB子に聞くと，B子は謝るどころか開き直ってきました。A子はB子のその態度にとても怒りを感じました。さて，A子はどのような行動をとったらいいと思いますか？

ロールプレイ1を見てください。

みんなだったらこの後どうしますか？　誰かいいアイディアはないかな？　考えてみよう。

たとえば……
1．A子はB子と口をきかない。
2．A子はB子に仕返しをして，悪口を他の人に言う。
3．A子は腹いせに家に帰って壁をけとばす。
4．A子はB子に携帯を貸したことで自分を責める。
5．A子はB子に自分の気持ちを伝える。

どれがいい方法かな？

では5番目「B子さんに自分の気持ちを伝える」ということについて考えてみましょう。
　A子さんが怒っているのは，せっかくB子さんに携帯を貸してあげたのに，B子さんにC子さんの悪口を勝手に流されたからです。その気持ちをB子さんに伝えることは大切ですよね。上手に自分の気持ちを伝えるには，A子さんはどんな言い方をしたらいいでしょう？
　次のような言い方だとどうなるでしょう？

ロールプレイ2を見てください。

○ 良い結果になるようにB子さんに自分の気持ちを伝えよう。
♡ 相手を傷つけずに，自分も傷つけずに，自分の気持ちを伝えるには？
☺ 話し合ってみよう。（グループ討議）

Appendix 20 「自分の気持ち,人の気持ちとの上手な付き合い方」JAMP-A-RⅢワークシート

　A子はB子に対してどういうふうに自分の気持ちを伝えたらいいでしょう。A子にとっても,B子にとっても,そしてふたりのこれからの関係にとっても良い結果になるようにしましょう。

A子：ねえ,私が携帯貸してあげたとき,「C子うざいよねー」ってメールで流した？
B子：え？　何それ？　知らないよ。
A子：でも友達同士でうわさになってるよ。みんな,私が自分で昨日メールで流したって言ってるよ。
B子：ちょっと！　どうしていつもそうやって私のせいにするわけ？

　　　～さあ,次にA子はどのような行動をとったらいいでしょう。
　　　あなただったらどうしますか？
A子：＿＿＿＿＿＿＿＿＿＿＿＿＿＿＿＿＿＿＿＿＿＿＿＿＿＿＿＿＿＿＿＿＿＿＿＿＿＿＿
B子：＿＿＿＿＿＿＿＿＿＿＿＿＿＿＿＿＿＿＿＿＿＿＿＿＿＿＿＿＿＿＿＿＿＿＿＿＿＿＿
A子：＿＿＿＿＿＿＿＿＿＿＿＿＿＿＿＿＿＿＿＿＿＿＿＿＿＿＿＿＿＿＿＿＿＿＿＿＿＿＿
B子：＿＿＿＿＿＿＿＿＿＿＿＿＿＿＿＿＿＿＿＿＿＿＿＿＿＿＿＿＿＿＿＿＿＿＿＿＿＿＿
A子：＿＿＿＿＿＿＿＿＿＿＿＿＿＿＿＿＿＿＿＿＿＿＿＿＿＿＿＿＿＿＿＿＿＿＿＿＿＿＿
B子：＿＿＿＿＿＿＿＿＿＿＿＿＿＿＿＿＿＿＿＿＿＿＿＿＿＿＿＿＿＿＿＿＿＿＿＿＿＿＿
A子：＿＿＿＿＿＿＿＿＿＿＿＿＿＿＿＿＿＿＿＿＿＿＿＿＿＿＿＿＿＿＿＿＿＿＿＿＿＿＿
B子：ちょっとふざけただけなんだけど,ごめん。
A子：うん,いいよ。

　ふたりはその日いっしょに家に帰りました。

　　　こんな方法もあるよ。(ロールプレイ3を見る)

　3つの良いところは？
　その1：怒ったA子は,怒りを静めるために少し時間を置いて冷静に考えた。(タイムアウト)
　その2：信頼できる人に相談し,アドバイスをもらった。
　その3：相手を攻撃せずに,「私は○○と思った。」と自分の気持ちを伝え,「私は○○はできないけど,○○だったらできる」と,自分のできること,できないことを相手に提案した。

謝　　辞

　はじめに指導教授のクスマノ・ジェリー先生に感謝いたします。本研究がアメリカの先行研究による質問紙や心理教育のプログラムであったため，予測していた結果が出なくてとまどったときも，文化の違いという視点から積極的な意味を見出すように励ましていただきました。精神的にもよく支えていただき，ユーモアで笑わせてくださり，お蔭様で大変な道のりを乗り越えやすくさせていただきました。

　上智大学大学院各研究室の先生方，中野良顯先生，荻野美佐子先生，道又爾先生，横山恭子先生，藤山直樹先生，そして今は亡き明田芳久先生と中釜洋子先生には的確なアドバイスをいただきましたことを，心より厚くお礼申し上げます。

　北翔大学，大正大学大学院の村瀬嘉代子先生，お茶の水女子大学の伊藤亜矢子先生，現・昭和女子大学教員で，元・上智大学社会心理学研究室助手の藤島喜嗣先生，そして今は亡き，元・上智大学助手でその後，和光大学准教授としてご活躍なさった林真一郎先生には，いつご相談にいっても親切にご指導いただき，多くのご示唆をいただきました。

　調査に快く協力していただいた，各中学校の管理職の先生方をはじめ，諸先生方に深謝いたします。本書のもととなった論文の作成にあたり，質問紙を日本語訳することを快諾してくださったアメリカの社会心理学者，Dr. Tangneyに感謝します。本研究は，安田生命社会事業団の助成金，および平成24年度科学研究費出版助成学術図書を受けて行われました。感謝申し上げます。

　最後に，ここまで研究を支えてくれた私の友人と家族に，特に，私が研究者になったことを誰よりも喜んでくれている今は亡き父親に，本著を捧げます。

2012年6月20日　桜井美加

事項索引

A-Z

ACPモデル　25, 79, 83, 84, 91, 95
Anger Management　4, 19, 20, 21
Anger Response Inventory　7, 82
Anger Resposnse Inventory-Adolescent　6, 18
ARI-A　18, 31-33, 41, 53
BDHI　34
Child Social Desire Scale　35
Cronbachのα係数　38
HAI　35, 61
HAI尺度　34, 35, 38, 39, 43, 65, 68, 72-74
I Statement　23, 59, 60, 88, 92, 94, 103, 105, 106, 109, 113, 115, 117, 121, 126, 129, 133-136
JAMP-A：Japanese Anger Management Program-Adolescent　81, 82, 85-88, 90-92
JAMP-A-R　101, 133
──Ⅰ　90, 93, 95, 100-103, 134
──Ⅱ　102, 103
JARI-A　34-36, 38-44, 47, 48, 49, 55-57, 59, 60, 61, 68, 72, 82, 83, 103
JARI-A-R　56-58, 61, 62, 64, 65, 67, 68-72, 75, 93, 94, 99, 123
JARI-A-R-S　70-75, 77, 78
SCP　35, 61
SCP尺度　34, 35, 39, 40, 41, 43, 60, 64, 65, 67, 68, 69, 72-75
SDSC　35, 38, 61, 65, 74
You Statement　117

あ

アサーション　23, 134, 135
──スキル　9, 130
──トレーニング　23, 133, 134
怒り感情に伴う諸反応　26
怒り感情に伴う反応　6
怒り感情のコントロール方法　3
怒りのコントロール　1, 4, 7, 9, 12, 19, 21, 26-29, 83, 88, 94, 126, 131-133, 136
──スキル　5, 9, 14, 25, 26, 81
──プログラム　1, 12-14, 18-20, 22, 29, 57, 81, 129

か

介入　4
──方法　14, 29
学校適応感　27
感情制御　121
キレる　2, 3, 6, 105
行為障害　14
攻撃行動　4
攻撃性　3, 8, 14, 15, 22, 98, 99
攻撃性適正化プログラム　19
構成概念　70
行動リハーサル　130
校内暴力　111
コーピングスキル　20
コントロールスキル　59

さ

サポート希求　22, 24, 136
──スキル　22, 57, 60, 126
思春期　18
社会的構成主義　5
社会的構築主義　5
社会的情報処理　25
社会的望ましさ　34, 35, 38, 39, 41, 64, 73, 75
──尺度　34
児童用──　35
情報処理プロセスモデル　10
心理教育　9, 10, 12, 20, 26, 27, 90, 95, 100, 133
──的介入　1, 7, 13, 24, 25, 29, 136
──的プログラム　5
スキル訓練　21
スクールモラール・スケール　13, 123
セルフモニタリング　81, 83
セルフコントロール　21
──スキル　21
ソーシャルスキル　14, 20-22, 24, 27, 28, 130, 132
──訓練　21
──トレーニング　19, 21

た

タイムアウト　24, 25, 57, 88, 92, 94, 136
──スキル　22
敵意帰属バイアス　25
敵意的帰属　10
敵意的攻撃インベントリー　34

道具的攻撃　8

な
内的整合性　38
認知行動療法　20

は
反応的攻撃　8
反応的表出（表現）性攻撃　6
反応的不表出（不表現）性攻撃　6
表示規則　1, 9, 12, 29, 60
表出性攻撃　6, 15
フィークス　19
不表出性攻撃　6, 15
文化的自己観　105
文化表示規則　136

ま
モデル学習　82

や
予防的介入　3

ら
ロールプレイ　81-83, 85, 87, 89, 130

人名索引

A
Acosta, O. M.　27
上里一郎　59, 60
相川　充　22
Albus, K. E.　27
安藤有美　23, 135
青山智恵　23, 135
Applegate, J. L.　131
新井邦二郎　26, 120
Averill, J. R.　4, 5, 12, 16, 17, 31, 54

B
Baradaran, L. P.　130
Barlow, D. H.　4
Bass, D.　113
Bauer, G. B.　23
Becker, B.　11, 12, 46, 47, 131
Borenstein, J. K.　4
Brook, L. R.　113
Burleson, B. R.　131
Burney, D. M.　17
Buss, A. H.　15, 34

C
Cairns, R. B.　48
Cairns, B. D.　48
崔　京姫　121

Coie, J. D.　12, 25
Crandall, V. C.　35, 42
Crandall, V. J.　35
Crick, N. R.　10, 125

D
Debaryshe, B. D.　14
Deffenbacher, J. L.　20, 130
Dekovic, M.　130
Delia, J. G.　131
Dodge, K. A.　10, 25
Durkee, A.　15, 34

E
Eagly, A. H.　48
Ekman, P.　1
Ellis, A.　4
江村理奈　133
遠藤利彦　5

F
Frisen, W. V.　1
Fryxell, D.　14
藤井義久　16
福井昭文　1
福光　隆　24, 130
Furlong, M. J.　14, 17

G
後藤吉道　27, 28, 98, 130
Gottlieb, M. M.　4, 9, 25, 88
Gramzow, R.　4
Grotpeter, J. K.　125

H
濱口佳和　15, 25, 55, 113
原田克己　23, 135
秦　一士　15, 34
畑中美穂　105
速水俊彦　54
林　真一郎　2
Herbsman, C. R.　12
日比野　桂　78
平井美佳　1
平野　眞　11
本田恵子　19, 116
堀川徳子　23, 134
Hyde, J. S.　48

I
市川宏信　11
今田里佳　11
稲川洋美　23
石隈利紀　27
磯部美良　2, 114
伊藤亜矢子　27, 114, 115
伊藤　拓　59

Iwata, M.　21

J
Jacklin, C. N.　48
Janssens, M. A. M.　130
Jensen, B.　113
地頭薗健二　1

K
亀口憲治　27
亀澤真一　2
神村栄一　14
神田信彦　2, 47
粕谷貴志　27
Katkovsky, W. W.　35
加藤佳子　133, 135
川喜田二郎　32
河村茂雄　13, 14, 27, 107, 121
Kazdin, A. E.　113
Kemper, C. C.　20
菊浦友美　24
木野和代　12, 70
北村俊則　13
小林正幸　19
小嶋秀夫　131
小島道生　1
小嶋佳子　3
Kromrey, J.　17
Kubany, E. S.　23
工藤　力　1, 2, 28, 29, 32, 33, 59, 133
栗山和広　3
クスマノ, J.　4, 16, 18, 20, 130, 132

L
Lynch, R. S.　20

M
前田健一　133
Maccoby, E. E.　48
Mackinnon-Lewis, C.　130
前川あさ美　2

眞榮城和美　13
Mahon, N. E.　4
Marriott, S. A.　21
Marshall, D. E.　4
松田文子　3
松見淳子　23, 134
マツモト, D.　1, 2, 29, 32, 33, 59
松永一郎　15
松尾直博　26, 111
Mckay, M.　82
目久田純一　133
三田村　仰　23, 134
三浦正江　34
森　敏明　133
森田ゆり　94
向井隆代　14
村上宣寛　24, 130
Muraoka, M. Y.　23
村瀬嘉代子　13, 115

N
中釜洋子　5
中村千秋　1
中野良顕　81
西　敦子　133
西村美佳　81

O
小原達朗　1
大渕憲一　9-13, 16, 33, 54, 55, 133
落合良行　119, 126
Oetting, E. R.　20
小倉左知男　16, 54
岡安孝弘　24
大木桃代　2, 47
Olweus, D.　14
押見輝男　33, 61, 118, 132
大竹恵子　8, 15, 22, 58, 60, 105

R
Rabiner, D.　130

Reynolds, M. W.　27
Richrad, D. C.　23
Rogers, P.　82
Rothman, L.　99

S
酒井　厚　13, 111, 112
坂野雄二　24
桜井美加　4, 10, 14, 16, 18, 20, 24, 113, 122, 130-132
桜井茂男　14, 34, 35, 98, 112
Santner, M. J. T.　4
Saarni, C.　60
佐藤正二　22, 27, 114
佐藤容子　22
佐藤有耕　119, 126
沢崎達夫　24
Sharkin, B. S.　131
柴橋祐子　13, 22, 23, 29
柴田良一　3
柴山謙二　23, 134
嶋田洋徳　2, 15, 24, 34
島井哲志　8, 15, 22, 105
Siegel, T.　113
Smith, D. C.　14, 17
添田みさお　11
曽我祥子　8, 15, 22, 105
Solomon, E. P.　16
園田順一　3
園田雅代　5
荘厳舜哉　5
Spielberger, C. D.　16
Spriggs, D.　27
Steffen, V. J.　48
菅原健介　13
菅原ますみ　13

T
橘　良治　14, 107
Tafrate, R. C.　4
高橋あつ子　19
高橋　均　23, 134
高橋恵子　1

高田利武　105
高山　厳　22, 27
玉木健弘　15
田中輝美　23
田中陽子　3
Tangney, J. P.　4, 6-8, 11, 12, 15, 16, 18, 23, 24, 26, 28, 31-34, 38, 42, 46, 47, 52-56, 58, 59-61, 67, 69-71, 75, 81-84, 94, 96, 131
Teglasi, H.　99
Thomas, C.　113
戸ケ崎泰子　2
朝長昌三　1

土沼雅子　5

U
内田伸子　83
Underwood, M. K.　12
臼井　博　28

V
Valliant, P. M.　113
Volling, B. L.　130

W
Wagner, P. E.　4
渡部玲二郎　23, 133

Weist, M. D.　27

Y
山崎勝之　2, 3, 6, 8, 15, 19, 27, 60
柳田泰典　1
Yarcheski, A.　4
Yarcheski, T. J.　4
八島美菜子　22, 48, 107, 132
吉川由香　2
吉岡和子　24
湯川進太郎　78

【執筆者紹介】
桜井美加（さくらい・みか）
国士舘大学文学部准教授
博士（心理学）
臨床心理士
主要論文に，「思春期版怒りの反応尺度（日本語版）の作成」（心理臨床学研究, 21, 255-265.），「ADHD児の攻撃行動に対する多面的アプローチの効用―米国マサチューセッツ州におけるADHD児3事例の検討を通して―」（心理臨床学研究, 20, 533-545.），「中学生の怒りのコントロールに対する心理教育的介入の試み―思春期版怒り反応コーピング尺度の作成および怒りのコントロールプログラムの開発と中学生への適用―」（研究助成論文集, 37, 80-89, 2001 安田生命社会事業団）など。

中学生のための怒りのコントロール心理教育プログラムの開発

2013年2月20日　初版第1刷発行　　（定価はカヴァーに表示してあります）

著　者　　桜井美加
発行者　　中西健夫
発行所　　株式会社ナカニシヤ出版
〒606-8161　京都市左京区一乗寺木ノ本町15番地
　　　　　　　Telephone　075-723-0111
　　　　　　　Facsimile　075-723-0095
　　　Website　http://www.nakanishiya.co.jp/
　　　Email　iihon-ippai@nakanishiya.co.jp
　　　　　　　郵便振替　01030-0-13128

装幀＝白沢　正／印刷＝創栄図書印刷／製本＝兼文堂
Printed in Japan.
Copyright © 2013 by M. Sakurai
ISBN978-4-7795-0729-8

◎本書のコピー，スキャン，デジタル化等の無断複製は著作権法上での例外を除き禁じられています。本書を代行業者等の第三者に依頼してスキャンやデジタル化することはたとえ個人や家庭内の利用であっても著作権法上認められておりません。